河南省"十四五"普通高等教育规划教材

学习科学理论与实践

朱 珂◎主 编

郑州大学出版社

图书在版编目(CIP)数据

学习科学理论与实践 / 朱珂主编. -- 郑州 : 郑州大学出版社, 2024. 4
河南省"十四五"普通高等教育规划教材
ISBN 978-7-5773-0295-9

Ⅰ. ①学… Ⅱ. ①朱… Ⅲ. ①学习方法 - 高等学校 - 教材 Ⅳ. ①G442

中国国家版本馆 CIP 数据核字(2024)第 072026 号

学习科学理论与实践
XUEXI KEXUE LILUN YU SHIJIAN

策划编辑	宋妍妍	封面设计	王 微
责任编辑	宋妍妍	版式设计	苏永生
责任校对	吴 静	责任监制	李瑞卿

出版发行	郑州大学出版社	地 址	郑州市大学路 40 号(450052)
出 版 人	孙保营	网 址	http://www.zzup.cn
经 销	全国新华书店	发行电话	0371-66966070
印 刷	新乡市豫北印务有限公司		
开 本	787 mm×1 092 mm 1 / 16		
印 张	14.5	字 数	311 千字
版 次	2024 年 4 月第 1 版	印 次	2024 年 4 月第 1 次印刷

书 号	ISBN 978-7-5773-0295-9	定 价	58.00 元

作者名单

主　编　朱　珂

副主编　梁存良　张　瑾　王灵修

编　委　王春丽　胡金艳　谷中秀

　　　　炕留一

前言 >>

伴随着技术和教育的进步,教育教学改革不仅关注教什么、如何教,还应关注学什么、如何学。在这样的变革中,学习科学的研究成果正快速成为重要的支撑力量。同时,学习科学知识普及和专业人才培养对教材建设提出迫切需求。我们参考国内外学习科学领域内的经典、前沿的研究成果,结合团队近年来相关研究经验和成果,对学习科学领域的理论和实践进行了梳理与探讨,最终完成教材的撰写。本教材具有以下特点。

1. 系统性。结合学习科学领域知识体系,将全书架构设计为八章,包含有学习科学领域的核心内容,内容相对系统全面。

2. 实践性。突出实践应用导向,对学习科学相关理论进行梳理,将实践前沿、经典案例等实践性成果有效融入。

3. 教育性。基于学习者认知的一般规律,将各章节设计为"学习导入""内容简介""学习目标"等七个有序衔接的模块,在内容组织上兼顾基础性与拓展性。

教材主要面向教育学相关学科的本科生、研究生,也适合于一线教师或对学习科学感兴趣的研究者。

本教材由朱珂担任主编,对全书进行策划、整理和统稿;梁存良、张瑾、王灵修担任副主编对全书进行架构策划;谷中秀协助主编对全书进行策划、整理和统稿。具体编写人员及分工如下:第一章由朱珂、谷中秀、卢舒晴等完成;第二章由炕留一、李瑞丽、史晓雪等完成;第三章由谷中秀、卞茗慧、闻昕等完成;第四章由谷中秀、杨优、炕留一等完成;第五章由朱珂、黄恣、马长萍等完成;第六章由谷中秀、何孟夏、朱珂等完成;第七章由炕留一、吴雅欣、夏静怡等完成;第八章由谷中秀、杨春慧、胡美琦等完成。

本教材受到河南省"十四五"普通高等教育规划教材项目、河南省研究生精品教材项目(项目编号:YJS2022JC35)、智能教育河南省协同创新中心出版项目、河南师范大学"人工智能助推教师队伍建设试点项目"资助支持。

本教材的出版发行得到郑州大学出版社的大力支持，相关编辑做了大量协调、编校和沟通工作，对他们的无私奉献表达衷心感谢。

由于时间仓促，加之水平有限，内容难免存在疏漏之处，敬请读者批评指正！

朱　珂

2023 年 12 月于河南师范大学

目录 >>

第一章　导论 …… 1

第一节　学习概述 …… 2

第二节　学习科学概述 …… 12

第三节　学习科学相关研究方法 …… 24

第二章　脑与学习 …… 30

第一节　神经元与大脑 …… 31

第二节　脑科学研究 …… 34

第三节　脑科学与学习 …… 41

第三章　学习动机 …… 60

第一节　学习动机概述 …… 61

第二节　学习动机的相关理论 …… 68

第三节　学习动机的激发 …… 78

第四章　学习风格 …… 88

第一节　学习风格的相关理论 …… 89

第二节　学习风格的个体差异 …… 94

第三节　学习风格的测量与应用 …… 102

第五章　学习力 …… 113

第一节　学习力概述 …… 114

第二节　学习力的结构与自主学习 …… 117

第三节　学习力的提升 …… 124

第六章　学习方式 …… 136

第一节　学习方式概述 …… 137

第二节　游戏化学习 …… 141

第三节　探究学习 …… 149

第四节　协作学习 …… 155

第七章　学习环境 …… 164
第一节　学习环境概述 …… 165
第二节　学习环境的分类与构成要素 …… 170
第三节　学习环境的构建 …… 174
第四节　具身认知与学习环境 …… 178
第八章　学习评价 …… 189
第一节　学习评价概述 …… 190
第二节　学习评价的功能与分类 …… 197
第三节　学习评价的方法与技术 …… 203
参考文献 …… 220

第一章 导论

学习导入

一直以来都有人在思考，人类与动物的根本区别是什么？有的人认为，人与动物的主要区别是学习。实则不然，动物也具有一定的学习和认知能力。例如，动物可以通过观察和模仿进行学习，也具有记忆和推理能力。不过，人类在某些方面的学习能力远胜于动物。围绕“学习”，人们开展了持续的研究与探索。那么，什么是学习呢？人和动物的“学习”有什么不同呢？我们开展了哪些关于“学习”的研究呢？

内容简介

本章围绕“什么是学习”这一问题，从人类学、心理学、教育学的视角探讨了学习的内涵。一是从人类学视角出发，通过先天论、后天论等内容介绍了关于学习本质认知的变化过程。二是从行为主义、认知主义、人本主义以及建构主义出发，介绍了有关学习本质的多元化认知。三是基于教育学的视角，对人所特有的学习活动进行了探讨。在认识“学习”的基础上，本章全面介绍了学习科学这一跨学科领域的起源发展、内涵和研究取向，学习科学的基本理论、研究方法和技术支撑，为学习者认识学习科学领域提供参考。

学习目标

1. 了解关于学习本质认知的发展过程。
2. 掌握不同视角下关于学习本质认知的基本观点。
3. 了解学习科学的起源与发展。
4. 熟悉学习科学的相关理论。
5. 熟悉学习科学相关的研究方法。
6. 养成勇于探究、积极思考的学习态度。

第一节　学习概述

人类整体的成长是不断摆脱愚昧走向文明的过程，也是不断深入理解世界并做出适切的反应与行动的过程，人类正是在学习中完成这一成长过程的。从最普遍的意义上说，学习就是人的成长。学习是人以自身整体的生命存在为基础，在与世界的关联中理解世界并发展自身的活动。而在不同视角下，“学习”的内涵并不完全一致。

一、人类学视角下的学习

人类学关注人类社会和文化的多样性，研究人类如何在特定社会背景中获取知识、技能和价值观。从人类学的视角看，学习是文化和社会环境中的一个重要过程。对人的学习研究，第一个面临的问题就是在学习过程中起决定作用的因素是先天的还是后天的。

（一）先天论

在人类社会发展早期，身体强壮程度的影响超过了其他影响因素。伴随着生产力的发展，智力因素则变得愈发重要。以柏拉图（Plato）、查尔斯·罗伯特·达尔文（Charles Robert Darwin）、弗朗西斯·高尔顿（Francis Galton）等为代表的一批学者，认为“先天因素”在个体成长中发挥了决定因素。

古希腊哲学家柏拉图继承了古希腊哲学家苏格拉底（Socrates）的“灵魂不灭”思想，认为灵魂先天存在于个体的肉体之中。从该角度出发，人的发展实质上是先天灵魂的展开。因为人的灵魂等级不同，所以人的受教育性也是不同的。在之后漫长的时间内，这一思想在西方占据主流。

到了近代社会，从 1859 年英国生物学家达尔文所著的《物种起源》出版，到 1911 年，即“优生学”和智力测量奠基人高尔顿去世之日，遗传决定论占据主流地位。达尔文提出了“进化论”，其所提出的“物竞天择”“适者生存”“遗传变异”等观点影响深远。达尔文的“自然选择法则”表达了两方面意思：一是物种的性状分歧是同一物种不同个体对环境的适应造成的，这蕴含了环境或者说文化对遗传的影响，为后来的文化决定论提供了依据；二是自然对修正性的遗传进行选择，优胜劣汰，这是遗传决定论的来源。

《物种起源》介绍

《物种起源》,全名为《论依据自然选择即在生存斗争中保存优良族的物种起源》(*On the Origin of Species by Means of Natural Selection*, *or the Preservation of Favoured Races in the Struggle for Life*),于1859年出版,是生物学家达尔文阐述生物进化论的著作。达尔文积累了关于古生物学、形态学、生物地理学等多领域的研究资料,在书中对于变异、生存斗争、自然选择、生物演替等内容进行了分析阐述。此书一经出版便引起巨大反响。

高尔顿是英国的科学家和探险家,也被称为"优生学之父"。高尔顿认可了达尔文"进化论"中的获得性特质的遗传观点,致力于证明遗传因素的决定性作用,提出了"心智与体质同样能够遗传"的高尔顿法则,创立了优生学和初步的智力测量思想。

高尔顿通过运用谱系调查的方法,对社会成功人士、杰出艺术家和普通民众的家族史进行比较,发现人类智力组成的普通能力和特殊能力都具有遗传的特点,因而认为个体差异存在的原因在于先天的遗传因素差异。高尔顿认为,先天因素在人类特性与文明的形成中具有压倒一切的重要性,并进而提倡种族改良计划,创建了"优生学"。高尔顿的理论不仅在英国盛行,在美国同样得到众多的拥趸。比如,1906 年在时任斯坦福大学校长戴维·斯塔尔·乔丹(David Starr Jordan)的倡议下,美国成立了优生学委员会。

1915 年还发生了一件被认为是具有划时代意义的发现:孟德尔学派证实,某些遗传特性是通过微生物细胞中一种叫作染色体的小机体一代代传递而来,这就是现代生物学研究中的中心问题——DNA 问题。这个突破性的进展,将生物决定论推向了巅峰。基因问题和达尔文的进化论一样,也为生物决定论的颠覆埋下了种子。

(二)后天论

与先天论对立的是后天论,其坚持后天因素在个体成长中起决定作用。古希腊伟大的哲学家、教育家亚里士多德(Aristotle)坚持经验的重要性,英国哲学家、教育家约翰·洛克(John Locke)则直接以"白板说"否定遗传因素的作用而强调后天环境的决定性力量。在 20 世纪之交,高尔顿发起优生学运动之时,英国著名博物学家、生物学家、教育家托马斯·亨利·赫胥黎(Thomas Henry Huxley)等思想家重点突出了达尔文进化论的另外一面,即相信在人类中存在两种相对自主但又紧密相关的进化系统,即遗传系统和外生系统。德国历史法学家魏茨(Waitz, T.)深受狄尔泰、赫尔德以及康德派的影响,认为获得性特质的遗传是人类得以稳固发展的原因,文明条件的改变带来了体质类型的变异,不同民族中不同程度的文化多样性更多地依赖于生活方式。1864 年,英国生物学家阿尔弗雷德·拉塞尔·华莱士(Alfred Russell Wallace)指出,人类很早就能通过使自己适应特定环境，而不是远离自然去选择适合于自己的条件来改变生命，他也因此被认为是第一位注意到外源性过程在人类进化中具有重大意义的生物学家。

当优生学的中心迁移到美国之后，在美国领衔与其对抗的则是人类学家弗朗茨·博厄斯（Franz Boas）。博厄斯在其1911年出版的《原始人的心智》一书中指出，“文化现象是变迁的经验流对传统意义的被迫接受”，并因此“历史性地被学习过程所限定、所传递”。英国芝加哥大学人类学系斯坦-弗莱勒荣誉教授乔治·史铎金（George W. Stocking Jr）认为，这是人们第一次充分认识到文化的外源性本质。而将文化决定论推至极端的则是博厄斯的学生，他们认为“除了有机体生命的进化之外，人类中还存在一个截然不同的非有机体进化过程，而这一过程并非依靠获得性特质的遗传，而是有赖于知识的社会传递和积累”。

20世纪20年代，行为主义心理学的兴起让遗传决定论戛然而止。行为主义的基本原理包括行为和心灵有着彻底的唯物的基本要素，可由实验加以分析。行为主义的基本学说将心理学的范围限制在外显的行为之中，掀起了普遍的反对遗传决定论理论的浪潮。

总之，学习的相关因素既包括先天的（遗传因素）又包括后天的（环境因素），学习过程是先天和后天的综合结果。个体的遗传基因可以影响其学习能力、认知特征和智力水平，遗传因素对于一些学科的天赋和认知特质有一定的影响，例如，某些基因可能与语言学习、数学能力或音乐天赋有关。学习环境、教育经验和社会互动也在学习过程中发挥着关键作用，适宜的教育环境、富有挑战性的任务、亲密的社交关系等都可以促进学习。遗传因素与环境因素之间存在复杂的互动。先天因素提供了个体的基本构建和潜在能力，而后天因素则通过教育、经验和环境塑造着这些潜在能力的发展。因此，学习的过程是一个综合考虑遗传和环境相互作用的动态过程。

二、心理学视角下的学习

到了19世纪，由于物理学的成功和自然科学地位的上升，牛顿-笛卡尔体系似乎成了所有学科的典范，而生理学的研究进展，尤其是反应实验影响的相关研究，使得在心理学中应用物理学的实验方法成为可能。德国心理学家威廉·冯特（Wilhelm Wundt）将一些简单的心理内容由经验性内省交付于实验性内省，从而为实验心理学开启了大门，他的学生和追随者们致力于建构以实证事实为基础的科学心理学，观察术语、理论术语、数学术语成为心理学研究的规范语言。① 自此之后，意识研究逐步让位于行为研究，心理内

① Goulding C. Grounded theory: A magical formula or a potential nightmare[J]. Marketing Review, 2001,2(1):21-43.

容的研究逐步让位于心理过程的研究。

在这个时期，得益于生物进化论的进展，适应心理学得以产生。学习研究也成为心理学研究中的一个重要领域。到了20世纪，学习研究得到快速发展，由于对学习的行为与意识、学习内容与学习过程、还原方法与整体方法的侧重不同，学习研究演化为四大学习理论，即行为主义学习理论、认知主义学习理论、人本主义学习理论以及建构主义学习理论，其中最令人瞩目的是建构主义学习理论。

（一）行为主义：学习是刺激—反应之间联结的加强

行为主义在20世纪上半叶占据了心理学研究的统治地位。尽管在行为主义内部存在着一些分歧，但大都认为“学习是刺激—反应之间联结的加强”，其理论的框架也都基于以下一些共同点之上。

（1）行为主义学习理论秉承了自亚里士多德以来的传统，尤其是英国经验主义和联想主义的原则，只不过把观念的联结替代为外界环境刺激与行为反应之间的联结。

（2）行为主义学习研究关注可观察的行为，把观念和意识看作是心或大脑的功能搁置一旁，研究外部环境刺激所引发的行为动作。从大的方面说，行为主义大致有两种，一是形而上学行为主义，二是方法论行为主义（表1-1）。

表1-1　形而上学行为主义与方法论行为主义的对比分析

	形而上学行为主义	方法论行为主义
产生时间	20世纪20年代至50年代	20世纪30年代至60年代
代表人物	华生、斯金纳	赫尔曼、托尔
主要观点	①拒斥意识，不再使用意识、心理陈述、心灵、内省证实、表象等术语，只是研究刺激—反应形成的行为动作，主张研究行为 ②主张内省，采用实验研究法	①承认意识存在，认为机体内存在着一些导致行为的中介变量 ②拒绝研究这些导致行为的中介变量，因为它们不适合作为科学探讨

（3）行为主义学习理论继承了机能主义的主张，认为学习是有机体对环境的适应，因此学习的决定因素在于外部环境。不论是苏联生理学家、心理学家伊万·彼得罗维奇·巴甫洛夫（Ivan Petrovich Pavlov）的条件反应①，还是美国心理学家伯尔赫斯·弗雷德里克·斯金纳（Burrhus Frederic Skinner）的操作性条件反应，都把情境的种类作为决定反应的前提。当机体对特定的刺激形成固定持久的反应时，联结就形成了，行为便发生持久而稳定的变化，学习也随之发生。

① Saunders B T, Richard J M, Margolis E B, et al. Dopamine neurons create Pavlovian conditioned stimuli with circuit-defined motivational properties[J]. Nature neuroscience, 2018, 21(8): 1072-1083.

(4)学习遵循效果率和练习率。“刺激—反应”联结的形成受到效果率和练习率的影响。

“效果率”是指“对于同一情境所做的若干反应中,出现满足的反应或紧跟着满足的反应,在其他条件相等的情况下,就会愈加牢固地与这种情境相联结,所以,当这情境重新出现时,这些反应将更有可能产生”。斯金纳把它引申发展为强化理论。

“练习率”是指“对一种情境的任何反应,在其他条件相等的情况下,反应将随着与情境联结次数的增多,以及联结的平均强度的增大和持续时间的延长而加强”。

经历过黄金时代之后,行为主义心理学的困境逐步显现,从动物行为推论人类的学习以及黑箱理论都难以令人满意,人们又重新唤起对观念的重视,甚至有人期望心理学成为一门关于“价值观的科学”。在对行为主义学习理论的反思之中,认知主义学习理论和人本主义学习理论应运而生。

(二)认知主义:学习是认知结构的发展

一般而言,倾向于把内在心理活动融入自己理论的学习理论属于认知主义学习理论。认知主义学习理论可以被看作是对行为主义的一种进一步发展和扩展。行为主义关注学习行为和外部刺激之间的关系,而认知主义则更强调学习者的思维和信息处理过程,认为学习涉及更为复杂的思维和内在的认知过程。认知主义学习理论主要可以分为两种:一种是具有认识论倾向的认知主义,瑞士儿童心理学家让·皮亚杰(Jean Piaget)和美国教育心理学家杰罗姆·布鲁纳(Jerome Seymour Bruner)的认知结构主义学习理论就属于这一类别;另一种是计算科学取向的认知主义,信息加工学习理论就属于这种。两者都试图揭示行为主义研究中的黑箱—认识发生的机制问题。

1. 认识论倾向的认知主义

早期的认知主义传统是格式塔研究,其认为学习是一种顿悟,表现为经验场的重新组织。格式塔理论核心是心理场和同型论。其中,第一个概念“心理场”,借用了物理学的场概念,把经验看作是一个由各单元进行动力交互作用的场①,学习意味着对场的整体性把握的基础上所发生的知觉重组,格式塔以“顿悟”来命名,所以格式塔学习理论又称为“顿悟说”。第二个概念“同型论”,认为大脑是一个复杂的电场,而行为场与脑场在功能上是同型的。同型的原因就在于我们通过顿悟所洞察的关系实际上是关于场的本质性的关系。也正因如此,学习的迁移得以发生。这个模型也就是后来认知主义所重点阐述的认知结构。

认识论倾向的认知主义的主要代表是皮亚杰和布鲁纳。皮亚杰认为,任何人类行为

---

① Mohebi A, Pettibone J R, Hamid A A, et al. Dissociable dopamine dynamics for learning and motivation[J]. Nature, 2019, 570(7759): 65-70.

模式，都可以通过具有逻辑或是数学性质的结构来解释，人的发展就是这种认知结构形式发生发展的过程。值得注意的是，皮亚杰的发展阶段理论具有生物学的倾向，他认为，学习从属于发展。而布鲁纳通过三个表征系统理论，继承和发展了皮亚杰的发展阶段理论，并修正了发展和学习之间的关系。

2. 计算科学取向的认知主义

信息加工认知主义源于计算科学的进展，尤其是人工智能的新发展。实际上，自近代以来，一些心理学家一直沉迷于对人与机器相似性的设想。比如，法国数学家布莱士·帕斯卡（Blaise Pascal）认为计算机是能够思维的，法国作家唐纳蒂安·阿尔丰斯·弗朗索瓦·德·萨德（Donatien Alphonse François de Sade）指出人类不过是动物机器，美国科学家赫伯特·亚历山大·西蒙（Herbert Alexander Simon）开发了"通用问题解决者"程序。

3. 认知主义学习理论的共同点

总体而言，认知主义学习理论认为"学习是指认知结构的改变"，其理论的框架都基于以下一些共同点。

（1）认知主义秉持的是柏拉图以来的整体主义的立场。不论是皮亚杰的认知结构还是信息加工理论的信息加工系统，认知主义学习理论都把认知的过程看成是一个整体，而不是做还原的分析。

（2）认知主义在20世纪50年代之后的兴起与其对行为主义的反对有一定关系。不过，认知主义与行为主义并不完全背向发展，至少在坚持经验的科学研究和运用数学或逻辑性质的术语来描述心理过程上保持了科学心理学以来的路径。

（3）认知主义者认为学习是人与环境相互作用的过程。与行为主义学习理论认为个体受环境刺激的被动反应不同，认知理论强调儿童主体在学习中的主动作用。

（三）人本主义：学习是个体自我实现的过程

人本主义于20世纪五六十年代在美国兴起，于七八十年代迅速发展。人本主义学派强调人的尊严、价值、创造力和自我实现，把人本性的自我实现归结为潜能的发挥。人本主义最大的贡献是看到了人的心理与人的本质的一致性，主张心理学必须从人的本性出发研究人的心理。人本主义心理学家试图从行为者而不是从观察者的角度来解释和理解行为。他们所关注的是个人的感情、知觉、信念和意图——这些是使一个人不同于另一个人的内部行为。在他们看来，如果学习内容对学生没有什么个人意义的话，学习就不大可能发生。因此，他们感兴趣的是自我概念的发展、人际关系的训练，以及其他情感方面的内容。① 通过总结，我们发现人本主义学习理论的框架都基于以下一些共同点。

（1）整体主义的立场。人本主义强调人的功能统一体特征。所以，人本主义既反对

---

① 施良方. 学习论[M]. 人民教育出版社. 2001:382-383.

行为主义侧重客观元素的研究，也反对认知主义侧重主观元素的研究，还反对精神分析侧重对非健康态的研究，而是把心理学看成是追求“完整的人的科学”。同时，人本主义还反对静态地看待个体，强调个体通过自我认识的改变可以达成个体的不断成长，进而完成人类追求自由的本性，发挥潜能和创造性。

(2)人本主义赞同行为主义对心理做经验的和客观的科学研究，只不过人本主义认为对于人的客观研究和对于物的客观研究应该采取不同的研究路线。真实性是人本主义特别强调的要求，他们从现象学主观经验出发，研究人的意识经验，认为真正体验和分享相互的情感则需要设身处地的理解，行为只是个体情感、信念、价值的外在体现表象，真正真实的只有这种情感的体验。美国心理学家卡尔·罗杰斯(Carl Ransom Rogers)提倡“移情”的理解，美国心理学家埃里希·弗洛姆(Erich Fromm)更是提出“生产性思维”的概念，把思维对象看成是有自己独特存在方式的个体，要求对研究对象抱有深厚的兴趣和关心，从现象整体去把握观察对象。

(3)人本主义把学习与个体自我实现的过程联系在一起。人本主义者把学习看作是个体知觉的产物，他们认为，学习不仅是对外部刺激的感知，也是个体自我实现的感知，自我概念的建构才是学习的本质。[①] 美国近代社会心理学家亚伯拉罕·马斯洛(Abraham H. Maslow)认为不同层次的需要是个体成长的内在动机，学习的最终目的是自我实现，是达到自我成长和发展的最高境界。罗杰斯则提出了“有意义学习观”，认为人类的学习是意义获得的过程。

(四)建构主义:学习是主动建构的过程

建构主义是认知主义的进一步发展，认知主义更加注重个体的内在认知结构和信息处理，而建构主义强调学习者通过建构意义和理解来获取知识。建构主义和人本主义亦有区别，人本主义更加强调个体的内在潜能和自我实现，强调个体对自己学习的主导作用，而建构主义更注重学习的社会性和与他人的互动。

建构主义认为学习的实质是认知结构的改变，将学习视为社会性过程，强调学习者通过参与社会互动和文化实践来建构知识。它关注知识与个体的认知结构发生联系的解释，以及社会和文化等因素影响个体知识建构的机制，更加强调学习者的主体作用，以及学习的主动性、社会性和情境性，学习的过程就是一个自我建构的过程。

20 世纪 80 年代末，建构主义心理学逐渐兴起。19 世纪意大利哲学家巴蒂斯塔·维柯(Giambattista Vico)的影响最大，而皮亚杰则被认为是直接的奠基人，他指出，人们只能清晰地理解他们自己建构的一切。受到康德图式的启发，皮亚杰把研究焦点集中在图式的发展过程，把知识看成是学习者个体主动建构的结果，同时，他强调个体认知结构的成

① 杨刚，徐晓东，刘秋艳，等.学习本质研究的历史脉络、多元进展与未来展望[J].现代远程教育研究，2019，31(3):28-39.

长既受个体所处发展阶段的影响，也与外部环境因素密切相关。在行为主义者看来，学习是因强化练习而导致的行为的变化，甚至还有人认为单凭练习就足够了，但皮亚杰坚持认为，只有在学习者仔细思考时才会导致有意义的学习。学习的结果，不是知道对某种特定刺激做出某种特定反应，而是对头脑中认知图式的重建。决定学习的因素，既不是外部因素，也不是内部因素，而是个体与环境的交互作用。[①] 在20世纪的教育领域中，对建构主义思想发展做出重要贡献的，还有苏联心理学家维果茨基（Lev Vygotsky）。二人相比而言，皮亚杰认为儿童是在与周围环境的相互作用中逐步建构起关于外部世界的知识，从而使自身认知结构得到发展的。维果茨基则强调人类社会文化对人的心理发展的重要作用，以及社会交互作用对认知发展的重要性。

整体看，建构主义主要秉持如下主张：

（1）知识是主体在认识过程中主动建构的，并不是被动接受。因此，通过设计问题情境和小组项目，可以引导学习者面对实际问题和挑战，从而在学习探索中建构知识。实践性经验则通过提供实际、有意义的学习经历，使学习者能够直接参与并在实践中建构知识。

（2）建构主义学习理论强调学习者对学习过程的反思和元认知。[②] 学习者通过思考学习策略、理解方式以及解决问题的过程，可以更深层次地理解知识。

（3）建构主义学习理论强调评估方式的多元化。避免仅仅依赖传统的标准化测验，而是采用项目评估、表现评估等方式，以更全面地了解学习者的学习成果和能力。理解每个学习者的学习风格和个体差异，并通过提供个性化的学习支持，激发他们的学习兴趣，使他们更积极地参与知识的建构过程。[③]

总体而言，这些理论内容各有侧重。其中，行为主义强调外部刺激和行为响应，认知主义注重思维和认知过程，人本主义关注个体的主观体验，而建构主义强调人通过与社会互动和实践来建构知识。这四种学习理论之间并无明确的分界线，而是在理论和实践中相互交织和影响。在教育实践过程中通常会综合运用多种理论，以便更加全面地理解和促进学习。

三、教育学视角下的学习

相较于心理学，教育学更加关注学习问题。因此，了解教育学视角下的“学习”，有利于促进学习。

---

① 施良方. 学习论[M]. 北京：人民教育出版社，2001：182-183.

② 钟丽佳，盛群力. 建构主义教学理论之科学性探讨[J]. 电化教育研究，2016，37(10)：22-28.

③ Yuanhong X. Research on practical teaching based on constructivist learning theory：take business english majors as an example[J]. Studies in Literature and Language，2022，25(2)：27-31.

（一）教育与学习

教育学视角下的学习，其研究对象是人类的学习活动。人的学习既是个体化的活动又是社会化的活动，学习的内容是获取知识和经验、掌握客观规律。从学习的目的和结果看，学习又是使个体身心获得发展，使个体和人类整体不断实现自我意识与自我超越的过程。

1. 教育与学习的关系

从“学习”这个词语组成来看，“学习”包括“学”和“习”两个字，其中“学”以教育为前提，具体是指学习者在与教师互动中持续获得间接经验；“习”以环境为前提，具体是指学习者在与环境的交互中获得直接经验。从这一角度看，学习的含义比教育的含义要更为广泛。

不同于动物的学习，人类的学习在于教育性学习。换句话说，人类需要通过教育的实施来促进学习。伴随着由“教”到“学”这一持续的转化过程，受教育者的自我学习能力不断提升，其主体作用逐渐提高，而教育者的主导作用在逐步减弱。教育与学习之间这种相互依存、此消彼长的关系，与中国古代“太极图”所代表的阴阳两极的辩证关系有相似之处（图 1-1）。

图 1-1　教育与学习的辩证关系

总之，教育和学习是一对概念，它们共同阐释和说明“人的自身发展”的实现途径，但方向是不同的。

2. 人与学习的关系

人的学习的客体对象，是反映人类总体的本质力量的人化自然。这个“人化自然”是人的学习的完整内容。学习，即要全面地占有人类实践取得的成果，并使之转化为主体自身的内在财富。

学习的主体因素，是个体完整和谐的统一体。在学习中，人这一主体要全身心地投入。同时，人的身心器官又有高度的分化性，对各自的适宜刺激有最高的反应能力，都在学习中发挥着独特的作用。可以说，凡是人的一切需要发展的器官，都是学习器官。只有当学习器官被全面调动时，学习客体的全面丰富性才能转化为主体的内在丰富性。而人的学习过程，就是主客体之间的全息对应和双向建构。人的学习不仅仅是掌握间接经验，还要在实践中掌握直接经验[①]；学习不仅仅是认识活动，它还有身心的全部功能参与；学习不仅仅是掌握知识，它要在掌握知识的同时发展主体的一切特性，而且这种发展是全面和加速的。

人与学习的关系是复杂而深刻的。学习是人类发展的核心驱动力之一，它不仅涉及个体知识的获取和技能的提升，还与个人成长、社会互动以及文化传承密切相关。[②] 在当代社会，个体所需的知识量已经超出了仅靠个人努力所能达到的极限。因此，还需要学校推动人际互动与合作，以推动知识共享。

（二）终身学习理念

如今，科技发展日新月异，知识、信息总量成倍增长。但是学生精力有限，教材容量有限，学生难以“学尽”所有知识。毕业生走出校门进入社会之后，面临着“知识爆炸”的严峻挑战，那种仅靠学校所提供的知识就够终身享用的传统教育观念和模式显然已被淘汰。当然，现代社会带给学习者的不仅是挑战，也拓展了学校以外的学习空间。

1. 当代教育思想发展中的两个里程碑

1972 年联合国教科文组织发表了著名报告——《学会生存》，提出要突破学校教育的狭隘眼界，把教育扩展到人的一生，成为每个人最基本的生存能力，成为整个生命的重要组成部分，同时要把教育发展和社会发展统一起来规划，在终身教育体系的发展中逐步建立起一个“学习型社会”。

在联合国教科文组织（United Nations Educational，Scientific and Cultural Organization，简称 UNESCO）1996 年召开的“联合国教科文组织会议”上，以法国著名教育家雅克·德洛尔（Jacques Derror）为主席的“国际 21 世纪教育委员会”，向联合国教科文组织提交了著名报告——《德洛尔报告》，提出面对急剧发展的未来社会挑战，人类必须围绕四种基本的学习能力来设计未来教育目标：学会求知（learn to know）、学会做事（learn to do）、学会共处（learn to live together）、学会生存（learn to be）。

“终身学习”与“学习型社会”观念和模式的提出被誉为教育发展中的“哥白尼革命”，《学会生存》和《德洛尔报告》则被世界公认为当代教育思想发展中的两个里程碑。

2. 终身学习在未来社会中的地位

终身学习对学校教育，尤其是高等教育的目标模式的影响是极其深刻的，包括对课

---

① Favila S E，Chanales A J H，Kuhl B A. Experience-dependent hippocampal pattern differentiation prevents interference during subsequent learning[J]. Nature communications，2016，7(1)：11066.

② 安德烈·焦耳当. 学习的本质[M]. 杭零，译. 上海：华东师范大学出版社，2015：177-178.

程模式、教学模式、教育评价模式等方面都产生了深刻影响。这样的变革,不仅有利于解决学校所面临的一系列问题和挑战,而且有利于个体发展。

“终身学习”和“学习型社会”对社会生活的影响和改造功能不可低估。建设学习型社会的基本目标是,到21世纪中叶,在全社会建立起最大经济的教育体系,培养出有较高文化技术水平的劳动者,把人们从繁重的体力劳动中解放出来,充分地开发他们的创造性潜能,创造出比目前更多、更丰富的物质与精神财富。而“以终身学习为基础”,则是基于学习型社会的基本要求,将教育和社会作为一个不可分割的整体来考虑,通过“学校—社区—家庭”一体化教育网络体系的建立,将教育与社会有机地结合在一起。

总之,教育和学习密不可分,构成个体全面发展的系统化过程,由教育机构、教育者和学生共同参与。学校等场所通过实施教育活动,学习者得以掌握知识、培养技能,以及形成态度和价值观。学习则是获取知识、技能和经验的主动过程,发生在多种环境中,包括教育机构、工作场所和社交互动。终身学习强调学习贯穿整个生命周期,个体需要持续追求知识和技能。个人通过终身学习实现全面成长,拓宽视野、提高思维能力,培养创造性和解决问题的能力,而建立支持终身学习的文化和体系也将有助于塑造更具活力和可持续发展的社会。

第二节　学习科学概述

学习科学是一个跨学科的领域,它以学习为中心不断深入发展与实践。近年来,学习科学研究取得了显著进展,为教育变革提供了新思想、新技术,为教育创新提供了新方向。

一、学习科学的发展

(一)学习科学的起源与发展

学习科学是一门跨学科的综合性研究领域,旨在研究学习的本质和过程,以提高教育质量和效果。学习科学涵盖了多个学科领域,如心理学、教育学、神经科学、计算机科学等,它整合了这些领域的知识和方法,以揭示学习的内在规律和机制。

20世纪初,心理学家开始研究学习的本质和过程。行为主义心理学家认为学习是通过刺激和反应之间的联系来形成的,而认知心理学家则认为学习是通过信息的加工和存储来实现的。随着神经科学的发展,研究者们开始探索学习的神经机制,揭示了学习过程中大脑的活动变化,这为研究学习产生的原因播下了种子。

20世纪末,随着信息技术的快速发展和人工智能的兴起,研究者开始关注如何利用计算机技术和人工智能方法来改进和优化学习过程。同时,教育者和政策制定者也意识到传统的教育方式和方法已经不能满足当代社会的需求，需要寻找新的方法和手段来提高教育质量和效果。在此时期，出现了关于学习科学的部分成果。1991 年，计算机科学家珍妮特·科洛德纳（Janet Kolodner）创办了《学习科学期刊》，她在描述该杂志及其领域的创建动机时，明确地表明了以行动为导向的立场。其中包括“关于在什么样的情况下，什么样的教育环境是有效的，需要具体的指导方针”以及利用这些指导方针“开发更多创新地使用计算机的方法”的必要性。这一期刊对学习科学的发展做出了贡献。出版于 1999 年的《人是如何学习的：大脑、心理、经验及学校》一书，由美国国家科学院召集的一个委员会撰写，其中包括许多活跃在学习科学领域的学者。这本书以权威的方式整合了关于教育和学习的已知发现，并使教育中的科学研究和实践之间的联系合法化。①

在这样的背景下，学习科学应运而生。学习科学的研究者们整合了多个学科领域的知识和方法，以揭示学习的内在规律和机制。他们研究了学习的认知过程、神经机制、社会互动等方面，探索了如何提高学习效果和优化教育过程的方法。进入 21 世纪后，学习科学得到了快速发展。越来越多的研究者和教育者开始关注学习科学，并将其应用到教育实践中。学习科学的研究者们不仅关注学习的本质和过程，还关注如何将这些理论应用到教育实践中，以提高教育质量和效果。②

（二）学习科学的概念探讨

对于“学习科学”的概念理解，学界有着不同的立场。凡以学习为科学研究对象的学科，都可以说是学习科学阵营中的一分子。然而，当前人们提及“学习科学”一词的时候，并不是泛指任何以学习为对象的研究。③ 可以说，学习科学的概念具有多面性和复杂性。

巴斯德象限模型

长期以来，我们将科学研究分为基础研究和应用研究两大类。但是，普林斯顿大学的学者唐纳德·斯托克斯（Donald Stokes）认为，将科学研究分为基础研究与应用研究这两类，与科学研究的实际情况不相符。他在《巴斯德象限：基础科学与技术创新》（*Pasteur's Quadrant：Basic Science and Technological Innovation*）一书中提出了一个科学研究的巴斯德象限模型。该模型可以用一个二维坐标系来表示，其中横

① 弗兰克·费舍尔，辛迪·赫梅洛-西尔弗，苏珊·戈德曼，等. 国际学习科学手册［M］. 赵建华，尚俊杰，蒋银健，等译. 上海：华东师范大学出版社，2022：13-21.

② 王辞晓，王浩，尚俊杰. 学习科学如何教？：基于 37 门国际著名高校学习科学课程的分析［J］. 现代教育技术，2019，29（8）：25-33.

③ 周加仙. 学习科学：内涵、研究取向与特征［J］. 全球教育展望，2008（8）：17-19+29.

轴代表该项研究在多大程度上面向实用，纵轴代表该项研究在多大程度上面向求知。该模型共分为四个象限：左上方象限代表了纯基础研究；右上方象限代表了应用引发的基础研究；右下方象限代表的是纯应用研究；左下方象限代表的是经验整理（图 1-2）。该模型反映了科学与技术、基础研究与应用研究之间的互动和交混关系。①

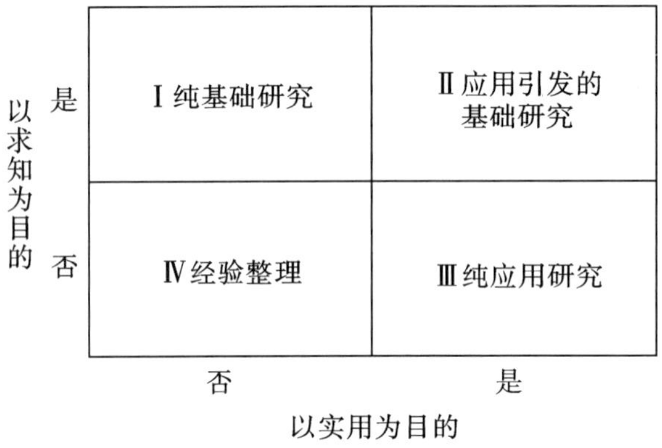

图 1-2　巴斯德象限模型

在国内，韦钰院士是较早对学习科学进行界定的学者。她认为，“学习科学是一门主要由生物科学和教育交叉而形成的前沿学科，旨在建立心智、脑和教育（mind，brain and education）之间的桥梁，将生物科学的最新成果，包括认知神经科学、情感神经科学、基因科学和生物分子学，应用于教育和学习过程，给学习、教育以及政策制定提供科学的指导，以迎接教育的重大变革”。韦钰对学习科学的界定，更加强调和突出脑科学和神经科学等生物科学对学习的研究。

相对而言，国际上较为公认的学习科学的界定是由美国 R. 基思 · 索耶（R. Keith Sawyer）给出的。《剑桥学习科学手册》一书中明确指出，“学习科学是一个研究教与学的跨学科领域。它的研究范围十分广阔，不仅包括学校课堂情境中的正式学习，也包括家庭内、工作中以及同伴之间所发生的非正式学习。学习科学的目的在于更好地理解哪些认知和社会过程可以产生最有效的学习，并利用这些知识来重新设计课堂和其他学习环境，使人们可以更加有效和深入地进行学习”。② 不难发现，学习科学的关注点显然要比一般意义上的学习研究狭窄得多。

学习科学是一个由心理学、教育学、计算机科学和神经科学等多个研究领域及其学

① 王勇，王蒲生. 新型科研机构模型兼与巴斯德象限比较[J]. 科学管理研究，2014，32(6)：29-32.

② R. 基思 · 索耶. 剑桥学习科学手册[M]. 2 版. 徐晓东，杨刚，阮高峰，等译. 北京：教育科学出版社，2021：1.

者组成的联盟,他们的共同兴趣就在于从一个更加广泛的视角来理解人类学习的本质,构造设计和应用学习环境的方式方法。

(三)学习科学中不同领域内容的整合

学习科学整合了不同领域的内容。根据整合情况,大致可以分为以下三类。

1. 整合认知心理学、教学设计、计算机信息技术、智能系统等内容的学习科学

学习科学,这一综合性的多学科研究领域,把真实世界的学习作为研究对象,研究如何最好地促进正式与非正式环境中的学习,认为建构主义、社会建构主义、社会认知以及社会文化等学习理论是学习科学研究的基础。持这一观点的学者把设计具有应用价值的新产品作为学习科学的重要特征,认为其核心要素是设计、认知与社会环境。其中,"设计"侧重新的学习与教学环境的构建。"认知"关注对学习进行科学的建模,以描述心智过程和学习。"社会环境"侧重班级文化、组织和社会动力学以及其他学习情境。将认知心理学、教学设计、计算机信息技术和智能系统融合起来可以创造出更智能、个性化和有效的学习环境。通过融合这些领域,我们可以创造出更具创新性和适应性的学习环境,有助于提高学生的学习效果和兴趣。这种整合还可以促进教育科技的发展,推动学习科学领域的不断创新。

(1)个性化学习路径:基于认知心理学的理解,结合智能系统和计算机信息技术,可以开发个性化学习路径。系统可以分析学生的学习风格、认知能力和兴趣,以提供定制的学习材料和任务,更好地满足每个学生的需求。

(2)虚拟实践环境:利用计算机信息技术创建虚拟实验室和模拟环境,使学生能够在安全的环境中进行实践。这有助于加深他们对特定概念的理解,同时提供实际问题解决和决策制定的机会。

(3)即时反馈和评估:整合智能系统和教学设计,可以实现即时的个性化反馈和评估。系统可以自动评估学生的学习进展,并根据其表现调整教学策略,提供更有针对性的指导。

(4)协作学习和社交元素:利用计算机信息技术促进协作学习,同时结合认知心理学的社会认知理论,可以创建支持学生互动和合作的学习环境。智能系统可以帮助识别学生的合作潜力,并推荐合适的学习伙伴。

(5)实时监控学生进展:结合智能系统和计算机信息技术,可以实时监控学生的学习进展。这有助于教师更好地了解学生的需求,及时调整教学计划,并提供额外的支持或挑战。

2. 整合神经科学、认知科学、认知神经科学、医学与教育领域内容的学习科学

经济合作与发展组织(Organization for Economic Co-operation and Development,简称OECD)认为,学习科学是将研究方法与理论体系完全不同的神经科学、认知神经科学、认知科学、医学和教育学等学科进行融合沟通与深度整合,以形成一套独特话语体系的一

个新兴研究领域。在这一观点下,脑与认知机制的研究是学习科学的核心。学习科学关注脑与认知的发展过程,运用新的实验工具、新的认识论和新的方法来对学习与思维进行研究。将神经科学、认知科学、认知神经科学、医学和教育领域融合起来形成学习科学,可以创建一个更全面、深入的理解学习过程的框架。以下是融合这些领域可能实现的一些方面:

(1)生理基础的个性化学习:基于神经科学和认知神经科学的研究,可以发展个性化学习方法,考虑学生大脑结构和功能的差异。这有助于更好地理解个体差异,并为学生提供更有针对性的支持。

(2)认知过程的教学策略:利用认知科学的理论,可以设计更有效的教学策略,以促进学生的思维、记忆和问题解决能力。这可能包括采用主动学习、问题解决和合作学习等方法。

(3)脑部机制的干预和治疗:整合医学和认知神经科学的知识,可以开发针对学习障碍和神经系统疾病的干预和治疗方法。这有助于提供更有效的支持,使受影响的学生能够更好地参与学习。

(4)个性化医学与教学:将医学和教育领域的知识整合,可以实现个性化医学与教学的交叉。这意味着教学方法和支持措施可以根据学生的健康状况和医学需求进行调整。

(5)实践经验的科学支持:整合教育领域的实践经验,通过科学方法验证教学方法的有效性。这有助于确保学习科学的理论能够在真实的教育环境中得到验证和应用。

3. 整合机器学习、工程技术、人工智能等领域内容的学习科学

侧重机器学习、工程技术、人工智能等的学习科学研究也方兴未艾。例如,波士顿大学的教育、科学与技术学习中心将脑科学、计算神经科学、生物技术和学校的课程教学改革结合起来。该中心侧重四个方面的研究:首先对学习过程的感知、认知、情绪和行为进行量化模拟;然后运用认知与神经科学的跨学科实验来研究这些学习过程,验证模拟的假设;再次研究机器学习的运算法则;最后通过开发心智与脑的课程资源、举办学校教育活动、会议与工作坊等多种形式普及脑与认知科学的研究成果,将脑与认知科学的研究成果编制为适合不同阶段学生学习的课程。将个性化学习和智能辅助教育、预测性分析和干预、虚拟实验和模拟环境、自适应学习系统以及人机交互和智能教育工具融合起来,可以构建一个更智能、灵活、个性化的学习体验。

(1)智能辅助学习路径:结合个性化学习和智能辅助教育,系统可以根据学生的学习风格、弱点和需求,自动生成个性化的学习路径。这确保学生能够以适应其独特需求的方式学习。

(2)早期风险预测和干预:利用预测性分析,系统可以在学术困难发生之前识别学生的学习差距。教育者可以及时进行干预,提供有针对性的支持,以帮助学生克服潜在的难题。

(3)实践虚拟实验和模拟:在虚拟实验和模拟环境中,学生可以安全地进行实践,加

深对实际概念的理解。这种实践经验可以通过自适应学习系统进行评估，并在学生需要时调整教学内容。

(4)个性化挑战与支持：利用自适应学习系统，系统可以动态调整学习材料和任务难度，确保学生在适当的水平上挑战自己，并提供额外的支持，以弥补潜在的学习差距。

(5)交互式学习体验：通过人机交互和智能教育工具，学生可以以更直观的方式与学习内容互动。这有助于提高学习的吸引力和参与度。

目前的趋势是，不同的学科领域之间相互借鉴、沟通与融合。在学习科学研究共同体中，主要分为三个方向：一是认知心理学研究者与认知神经科学方向，关注与学习相关的脑的基本结构与功能，为学习科学提供科学依据。二是为教育技术和教学系统设计方向，侧重设计教学软件，开发学校的学习系统。三是学习相关研究的教育心理学方向，主要在学习评价等方面发挥作用。学习科学不仅仅是知识的传递，更是一个能够理解、适应和支持学生个体差异的智能系统。整合这些领域的学习科学旨在创造更先进、高效的教育环境，建立一个更全面的学习模型，同时提供更个性化和有效的教育策略，使教育更加适应个体差异，提高学习效果。学习科学能够更全面地理解学习的多个层面，为教育提供更精细化、个性化的方法。这不仅能推动教育技术的发展，将先进技术应用于学习科学的研究和实践中，而且有望推动学习科学领域的研究和实践，并为改进教育系统提供更有效的战略。

二、学习科学的相关成果与理论支撑

学习科学的种子在第一代认知科学时期就已埋下，并随着第二代认知科学的兴起而从认知科学中分离出来，成为重要的研究子领域。[①][②] 总体来看，学习科学是一个跨学科领域，由多学科领域的成果和理论支撑。

(一)脑科学

关于大脑的研究表明，大脑有非凡的成长能力。例如有学者发现了伦敦出租车司机所学习的知识——伦敦市区和市郊的每一条街道、每一座地标和建筑物，这些记忆使所有接受检测的司机都比常人拥有稍微大一些的海马体(大脑贮存记忆的部位)。[③] 我们需要了解脑与学习之间的关系，因此必须对脑有一定了解。脑科学的发展直接促成了跨学科性质

① 夏琪，马斯婕，尚俊杰. 学习科学未来发展趋势：基于对美国六大学习科学中心的分析[J]. 现代教育技术，2019，29(10)：5-11.

② 尚俊杰，裴蕾丝，吴善超. 学习科学的历史溯源、研究热点及未来发展[J]. 教育研究，2018，39(3)：136-145，159.

③ 约翰·哈蒂，雪莉·克拉克. 可见的学习反馈的力量[M]. 伍绍杨，译. 北京：教育科学出版社，2021：14-15.

的学习科学的诞生。在脑神经科学领域,关于学习的研究成果主要有以下几个方面。

1. 学习的脑神经机制

从脑神经科学来看,所谓学习是受来自环境的外部刺激构筑中枢神经通道的过程。在脑神经科学发展早期,作为名词使用的学习通常与记忆同义,现在大都认为是信息储存、提取与加工的过程。① 执行学习过程的基本单位是神经细胞或称神经元②,神经细胞之间通过突触来联结,形成神经回路。神经回路之间同样通过突触来联结,从而组成神经网络,或者说形成了神经结构。所以,大脑的学习过程主要由两个过程组成:一是神经细胞形成神经回路,二是神经回路之间的联结。③

2. 学习的大脑功能定位与整体性

大脑功能分区的假设已经被不少实验所验证。如大脑海马区主要处理工作记忆的信息,大脑杏仁与情绪息息相关,大脑左右半球分别负责形象思维与抽象思维,等等。④ 同时,更为重要的是,大脑功能的发挥不仅仅是单一功能区的事情,而是大脑作为一个整体协同参与信息处理的过程。例如,美国南加州大学神经科学与心理学教授安东尼·R. 达玛西奥(Antonio R. Damasio)通过对来自金融、医学、教育等行业从业者的认知行为的长期跟踪性的脑研究,进一步证实了学习的整体性特征。对于认知与情感之间的关联性,他指出:“情感是与推理过程、决策过程相互整合的,要么促进这一过程,要么抑制这一过程。”

3. 学习与大脑发展

大脑是学习的器官,学习是大脑神经活动的结果。大脑的发展也是学习的结果,学习不仅使大脑在细胞层面发生变化,而且改变大脑的神经结构,进而改变大脑的功能,这就是所谓的大脑的可塑性。大脑的可塑性主要体现在神经细胞树突的变化、突触的产生与消失以及结构的变化、神经回路的形成与变化、神经胶质细胞的变化、神经回路间的联结与神经结构的变化等。相应地,由于这些大脑神经生理结构上的变化进而带来大脑的功能的变化。所以不同的人在学习记忆、行为表现、精神状态等方面也会产生差异。例如,研究发现人类学习会在很短的时间内导致大脑结构上的变化。

---

① 王东辉,吴菲菲,王圣明,等.人类脑科学研究计划的进展[J].中国医学创新,2019,16(7):168-172.

② Meade B J. Reply to:One neuron versus deep learning in aftershock prediction[J]. Nature,2019,574(7776):E4.

③ Pan W X,Schmidt R,Wickens J R,et al. Dopamine cells respond to predicted events during classical conditioning:evidence for eligibility traces in the reward-learning network[J]. Journal of Neuroscience,2005,25(26):6235-6242.

④ Ballard I C, Wagner A D, McClure S M. Hippocampal pattern separation supports reinforcement learning[J]. Nature Communications,2019,10(1):1073.

跨领域的合作让研究者们在多个研究方向上取得了重大突破。[①] 比如,在脑数据分析方面,通过构造脑网络的动态图谱,发展了关联分析和因果推断理论,实现了神经环路的精准定位和动态刻画;[②]在类脑人工智能算法方面,基于左右脑高低频神经信息处理机制,开发了一种类人脑的人工智能算法。[③]

脑计划

脑科学和人工智能是全球科学技术发展的战略制高点。世界主要国家都有脑计划研究,其中,美国、日本、欧盟的脑计划研究规模较大。

中国的脑计划具有"一体两翼"的结构(图 1-3),也就是脑科学的三大发展方向。①"一体"。主体结构是脑认知功能的神经基础,也就是网络基础,我们必须知道大脑的图谱结构,弄清楚联接图谱、结构图谱。在此基础上,搭建各种平台,帮助解析上述图谱的功能。为此,我们希望启动一个由中国科学家主导的国际大科学计划,做全脑介观层面上的神经联接图谱。此联接图谱,不仅中国科学家感兴趣,世界各国的科学家都有兴趣。通过该计划,人们能够研究动物特别是模型动物(包括小鼠、猕猴等)的大脑图谱。②第一"翼"。研究脑疾病的诊断与治疗,形成各种新型的医疗产业。③第二"翼"。研究类脑人工智能、类脑计算、脑机接口等与人工智能相关的新技术,该领域研究对未来的人工智能产业具有重大影响。

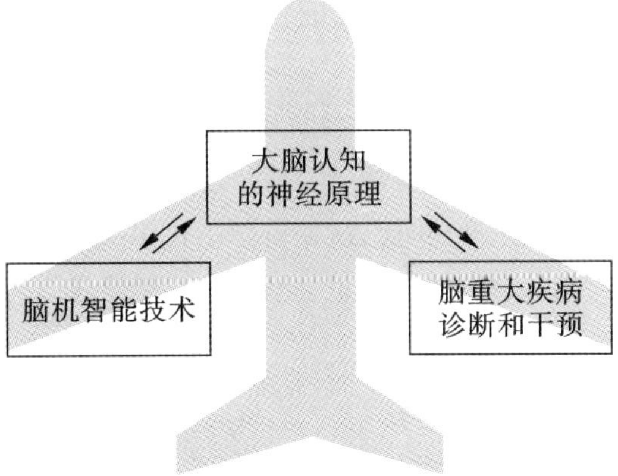

图 1-3　脑计划"一体两翼"的结构示意

① Hiroshi H, Tetsuto M, Shigeki N. Cooperative update of beliefs and state-transition functions in human reinforcement learning[J]. Scientific reports, 2019, 9(1): 17704.

② 马谐,王晓曦,杨舒涵,等.脑科学技术在教育研究中的功能与应用[J].现代教育技术,2019,29(7):32-38.

③ Lin H, Lee H J, Tague N, et al. Microsecond fingerprint stimulated Raman spectroscopic imaging by ultrafast tuning and spatial-spectral learning[J]. Nature communications, 2021, 12(1): 3052.

（二）神经科学

20 世纪 70 年代，随着精神药理学、神经生物学、神经免疫学的兴起和 CT 断层扫描技术的运用，神经生理学和神经解剖学的传统分支学科得到了极大扩展，形成了多层次跨学科脑研究的综合领域——神经科学。

神经科学是研究神经系统的结构、功能与疾病，探讨认知和行为的本质与规律的学科，兼具生物学、医学和交叉科学的属性。① 作为生物学的一门分支，神经科学解析包括初级神经系统功能（如感知觉和本能行为）②，中级神经系统功能（如情感、学习、记忆、注意、思维、决策等）③，以及高级认知功能（如人类智慧起源、自我意识、语言）等在微观、介观、宏观不同层次的工作原理。

神经科学作为一门交叉学科，与心理学、免疫学、遗传学、药学、数学、物理学、化学等学科存在广泛的交叉融合。④ 神经科学界已经认识到生物—心理学—社会医学模式在人口健康和疾病领域中的重要价值，因此神经科学家近年来在心理—行为—神经—内分泌—免疫的总体框架下积极开展研究，以期系统理解人类大脑的基本工作原理以及神经精神疾病。基于大脑工作原理的人工智能技术正成为新一轮科技革命的目标⑤，有望开发低功耗、高效率、强“鲁棒”性的类脑智能产品。

（三）认知科学

认知科学是一个融合了心理活动实验研究（传统的认知心理学）与计算机建模（传统的人工智能科学）的综合学科。⑥ 此外，认知科学还需要考虑社会学和人类学的知识：日常生活环境中人们是如何使用知识的？⑦

1970—1980 年间，认知科学并没有为教育工作者提供非常大的帮助，因为它注重实验室方法论，将学习者与学习情境相分离，关注事实和程序等静态知识，而相对忽略了思考和获知的过程。到了 20 世纪 90 年代，认知科学中许多关键的概念已经成为学习科学的中心概念，如表征、专家的认知基础、反思、问题解决、思维等。

---

① Glasser M F, Smith S M, Marcus D S, et al. The human connectome project ' s neuroimaging approach[J]. Nature neuroscience, 2016, 19(9): 1175-1187.

② Frangou P, Emir U E, Karlaftis V M, et al. Learning to optimize perceptual decisions through suppressive interactions in the human brain[J]. Nature Communications, 2019, 10(1): 474.

③ 伍海燕，王乃弋，罗跃嘉. 脑、认知、情绪与教育：情绪的神经科学研究进展及其教育意义[J]. 教育学报，2012, 8(4): 48-54.

④ 马庆国，王小毅. 认知神经科学、神经经济学与神经管理学[J]. 管理世界，2006(10): 139-149.

⑤ Hassabis D, Kumaran D, Summerfield C, et al. Neuroscience - inspired artificial intelligence[J]. Neuron, 2017, 95(2): 245-258.

⑥ 周昊天，傅小兰. 认知科学：新千年的前沿领域[J]. 心理科学进展，2005(4): 388-397.

⑦ Niv Y, Daniel R, Geana A, et al. Reinforcement learning in multidimensional environments relies on attention mechanisms[J]. Journal of Neuroscience, 2015, 35(21): 8145-8157.

1. 表征

表征是指概念、信念、事实、模式等知识结构。认知科学的中心观点认为,智力活动是基于表征的。

20 世纪 70 年代,认知科学家认为表征是来自于计算机存储技术的隐喻。① 大多数计算机语言的中心特征是指针(pointer),即一个内存区域“指向”(point to)或“连向”(refer to)另一个内存区域的方法。根据这一观点,计算机程序员能开发呈现层次结构的数据结构——最高层的结构包含了指向较简单、较低层结构的指针。例如,一间房子最简单的数据结构包含数百个变量,包括厨房下水道的类型、起居室睡椅的颜色等。但是,通过使用分层式数据结构,可以建成一个更复杂的数据结构,这个数据结构包含了每一个房间数据结构的指针,而每一个房间的数据结构包含了多样家具和装置的指针。这为我们提供了一个关于大脑中如何使知识呈现模块化的结构,这也是一个从计算机科学中借用的关于人类认知的隐喻。

2. 专家的认知基础

20 世纪 70 年代,认知科学领域中一个惊人的发现是:在计算机上表征日常行为比表征专家(expertise)行为难很多。一些成功的人工智能程序已经在医学、制造、通信、经济等知识密集型领域模拟了专家行为。可是,对于日常生活的常识性行为,人工智能的计算机程序还是无能为力。然而计算机程序和互联网的确可以帮助学生增强学习的注意力,因为计算机技术能够调动视觉、听觉和动觉等多种感官的参与,比使用学习任务单更快乐。②

大量的认知科学研究表明,专家的专门知识是基于:①丰富的表征结构;②丰富的程序性知识和计划;③即时应用计划,以及调整计划来适应情境需求的能力;④对正在发生的自我认知过程进行反省的能力。

3. 反思

与新手相比,专家更擅长规划和检查自己的工作——两者都是反思性活动。例如,写作专家能够一边写作一边大声说出思考的过程,他们在写作时,能制定目标和计划,并不断地做出反省和调整。而学生写作文时,不会将时间用于计划和反思。基于这些研究,学习科学研究者认为,学习就是通过使新手掌握专家那样的反思能力,从而将新手转变为专家。

---

① Wimmer G E, Li J K, Gorgolewski K J, et al. Reward learning over weeks versus minutes increases the neural representation of value in the human brain[J]. Journal of Neuroscience, 2018, 38(35): 7649-7666.

② Judy Willis, M. D.. 点燃学生的学习热情:基于脑科学的教学策略[M]. 吕红日,汤雪平,译. 北京:中国轻工业出版社,2016:54-55.

4. 问题解决

关于问题解决的认知基础，其中一个持续最久的理论认为，问题解决取决于人的心理所具有的问题空间表征。[①] 问题空间的表征包含了关于概念、特定行为、外部世界的信念和心理表征。因而问题解决被看作是在问题空间中进行搜索，直到达到目标状态的过程。知识工作大多需要问题解决，因此学习科学中众多的研究都把问题解决作为研究学习的基础。

例如，“认知导师”认为在问题空间中可以使用产生式规则，科洛德纳(Kolodner)的基于案例的推理认为可以使用案例查询和匹配运算规则。

5. 思维

教育工作者常常强调高级思维技能的重要性，然而，强调思维技能的教育课程与训练通常不是基于科学研究得出的，而是根据直觉性的思维技能分类的。因此，他们无法科学地回答为什么要传授那些思维技能的问题[②]。

自 20 世纪八九十年代始，认知心理学开始研究日常推理，即人们在日常生活中遇到不能很容易解决的现实问题时，是如何推理的。他们也开始研究日常决策，发现其实大部分人都会犯日常思维错误。与此同时，发展心理学开始研究人类思考策略，以及在生命过程中这些策略如何发展的问题。他们扩展了皮亚杰的观点，表明儿童思维和成人思维存在区别，这个观点对基于学习科学的教育非常关键。

(四)教育神经科学

教育神经科学是教育科学、认知科学、神经科学，特别是认知神经科学等学科知识与技能的高度整合，它不仅是认知神经科学在教育领域的运用，而且是教育理论研究与实践活动中汲取认知神经科学的研究成果，具有教育科学的特点，是具备独特学科体系的一门新兴交叉学科。

如果说认知神经科学的研究领域是脑认知，那么教育神经科学的研究领域就是教育实践，即掌握认识脑、开发脑的教育路径。因此，教育神经科学首先是要把握教育规律，解决教育问题，不同于其他教育分支学科的是，它运用神经科学、认知科学、分子生物学等成熟的研究技术和手段。从这个角度来看，教育神经科学应该是教育科学的分支学科，而且是其基础学科。

同时，从认知神经科学的发展来看，它的诞生对传统学科如生物学、生理学、心理学等产生了广泛而深远的影响。教育神经科学的诞生，不仅是教育科学汲取认知神经科学

---

① Jonassen, D. H. Instructional design models for well-structured and illstructured Problem-solving learning outcomes [J]. Educatioal Technology: Research And Development, 1997, 45(1): 65-94.

② Kuhn, D. Education for thinking [M] Boston: Harvard University Press. 2005: 192.

营养的发展，也是认知神经科学的教育研究领域的拓展。

（五）情境认知理论

随着认知科学的深入发展，人们对心灵的观念以及人与世界本质结构的把握有了日益丰富的理解，对“认知”含义的阐释从既往秉持一种“认知主义”的基本特征转变为一种对具身性、嵌入性、动态性、生成性、情境性等特征的倡导。①

著名心理学家维果茨基认为，个体的、独立的学习方式存在缺陷，“因为人是社会的产物，因而，缺乏社会的互动，他就永远不可能发展起人类进化中所形成的属性和特征”。社会互动和文化境脉是构成认知过程所必需的。相应的，学习不是独立存在的，我们必须把学习解释为“与中介工具和活动模式的社会文化演进相一致的理解的协作建构过程”。基于维果茨基的心理学理论和其他人类学、社会学和认知科学理论，在 20 世纪 80 年代产生了情境认知理论。

（六）社会文化理论

20 世纪 80 年代，有关人工智能和认知科学的研究兴起之后，很多学者意识到，他们距离理解和利用计算机模拟人类智能的目标仍然很遥远，因此他们对于人工智能的幻想灰飞烟灭。研究人员思考，为什么认知科学没有取得更大的成功？最具影响力的回答是由一组相互关联的方法得出的，包括社会文化理论的方法、情境法、分布式认知方法。社会文化理论的方法已经广泛地影响了与学习科学相关的学科。学习科学家特地运用这些方法来解释非正式学习，即学校以外的学习，又或者是其他基于文化的、有价值的技能学徒班里的学习。社会文化理论创立之初主要是研究儿童的心理发展，其主要观点是社会文化因素决定心理机能发展，强调社会交流互动在认知发展和知识建构过程中的重要性。社会文化理论主张思维认知和社会文化不可分割，认知活动来源于社会活动。因此，对认知发展的研究不能将认知发展与社会文化背景隔离。例如，每个人都有一套自身的先有经验和概念，先有概念并非直接来源于学校，也并非只和涉及的知识相关，而是在接受学校教育之前就已存在了的。它和个人经历有着密切联系，构成了个人身份的基础，并植根于环境文化中。总之，它在和即时环境、社会环境的互动中形成。每个人从自身观察、自身经验、和他人以及客体的关系出发，建立“个人的世界观”，他的情感记忆或社会记忆在其中占有决定性地位。这个解释网络和构建模式使个体得以驯化他的生活环境，这个环境就像一个文化“染缸”，带来共同的偏见。②

（七）社会建构主义理论

建构主义学习理论主要分为两个基本派别：以皮亚杰为代表的个人建构主义和以维

① Farashahi S, Rowe K, Aslami Z, et al. Feature – based learning improves adaptability without compromising precision[J]. Nature communications, 2017, 8(1): 341–316.

② 安德烈·焦尔当. 学习的本质[M]. 杭零，译. 上海：华东师范大学出版社. 2015. 42–43.

果茨基为代表的社会建构主义。个人建构主义观点强调个体内部对于知识的意义建构，重点是研究个体内部进行意义建构的过程和机理。而社会建构主义则认为，个体在一定的历史和社会文化背景下接受影响，并通过与他人的互动来主动建构自己的知识，社会可以为个体的学习发展起到重要的支持和促进作用。社会建构主义主要有以下观点。

1. 知识是建构的

社会建构主义认为，知识需要在师生组成的学习共同体中借助适切的学习情境和学习工具，通过与学习者不断地交互并借助知识建构的方式获得。

2. 知识的建构依赖于活动

社会建构主义理论强调教学活动过程中的社会文化取向，把学习者和教师以及同伴之间的交互活动作为学习者发展的社会源泉之一。因此，教学设计者应该通过增加教学活动中的交互行为，来提高知识建构的质量。

3. 知识建构中的环境支持

社会建构主义学者认为，学习者在其认知发展过程中与其周围的环境有着密不可分的关系。教学设计者可以通过为学习者提供满足需求的学习资源、创建支助氛围、提供讨论平台等方式进行支持。①

第三节　学习科学相关研究方法

学习科学是一门交叉融合的学科，因此，学习科学的研究方法也需要整合，而不是从某个单一角度对人类的学习做出解释。

一、因素研究：传统的方法和技术

因素研究也被称作因素分析，是一种在社会科学、行为科学、心理学等领域广泛应用的统计方法。这种方法主要是通过寻找数据背后的潜在结构或因素，来解释和简化复杂的数据模式。它假设观察到的变量是由一些潜在的、未观察到的因素或变量所影响。通过因素分析，研究者可以发现这些潜在的因素，并了解它们如何影响观察到的变量。例如，在市场研究中，因素分析可以帮助研究者理解消费者购买行为背后的驱动因素。

因素研究的主要步骤包括：选择适当的模型、估计模型参数、解释结果以及验证模型

---

① 贺琴，周加仙. 教育神经科学视角下发展心理学的教学设计[J]. 教育生物学杂志，2021，9(03)：239-243.

等。其中,选择适当的模型是非常关键的一步,因为不同的模型会对数据的解释产生不同的影响。而估计模型参数主要是通过数学和统计方法来计算潜在因素对观察到的变量的影响程度。因素研究常见于心理学领域,尤其是认知心理学,它强调在实验室中操作单一因素,通过实验检验最初的假设,由此检验该因素在统计上是否对学习具有影响。

二、系统研究:教育数据挖掘和学习分析技术

系统研究指的是通过对事物之间关系的考察,来试图解释其中的原因和结果,并把结论建立在科学论证之上。这是一项涉及多个领域和学科的综合性研究方法,其目的在于揭示复杂系统的内在结构和运行规律,以优化系统的性能,预测系统的未来发展趋势。① 这种方法需要将研究对象视为一个整体,分析其组成部分之间的关系和作用,以揭示整体的特征和行为。它需要对系统进行全面的调查和分析,包括系统的结构、功能、行为、环境等方面,以了解系统的整体性能和运作机制。例如,教师采用一种新技术开展教学,学生的学习效果很好,但研究者很难将新技术引发的学生兴趣和技术的作用两者剥离,确认究竟是哪一因素起到了决定性作用。所以,学习科学更应该研究在环境和文化之中的个体是如何学习的。为此,把影响研究对象的所有要素作为一个整体进行处理的,通过系统研究则可以解决这个问题。

近年来,大量数字化工具的使用,积累了大量的学习者开展阅读、写作、交流等信息,引起了教育数据的爆发式增长,为全面理解学习提供了参考。② 同时,随着大数据、数据挖掘和知识发现技术的发展,对情境中显性的和潜在的要素进行分析的教育数据挖掘和学习分析受到学习科学家的高度关注。其中,运用学习分析,可以通过运用大数据和人工智能技术,对学习行为、学习成果和学习环境等进行分析,以提供个性化的学习支持;通过教育数据挖掘,有利于从教育领域的海量数据中提取有价值的信息和知识。

三、微观发生法:学习的细粒度分析技术

微观发生法是一种用于研究认知发展的方法,侧重于考察认知变化的微观过程。具体来说,它关注认知过程中的微小变化,通过对这些变化的精细分析,来揭示认知发展的

---

① Elliott Wimmer G, Büchel C. Learning of distant state predictions by the orbitofrontal cortex in humans[J]. Nature communications,2019,10(1):2554.

② 徐晓青,赵蔚,姜强,等. 过程挖掘赋能教育数据分析:三种挖掘算法的应用探析[J]. 远程教育杂志,2022,40(3):45-55.

机制和规律。这种方法的核心思想是在较短的时间内对个体的认知过程进行多次测量,以观察认知过程中的微小变化。这种方法通常需要对个体进行多次测试,每次测试之间的时间间隔较短,以便能够准确地捕捉到认知变化的瞬间。微观发生法既适用于实验室研究,也适用于自然环境下的研究。可以看出,微观发生法主要关注认知发展的微观过程,而学习的细粒度分析技术则更加全面,涵盖了学习过程中的多个方面。

学习的细粒度分析技术是一种针对学习过程中各种因素进行深入剖析和研究的方法。其目标是通过对学习过程中的细节进行分析,以便更好地理解和优化学习过程,提高学习效果。在学习内容的细粒度分析方面,可以对知识的结构、类型、难度等进行研究,以便更好地设计和组织学习内容。在学习方法的细粒度分析方面,可以对学习策略、思维方式、记忆技巧等进行研究①,以便为学习者提供更加有效的学习方法指导。在学习环境的细粒度分析方面,可以对学习环境中的物理因素、社会因素、心理因素等进行研究,以便为学习者提供更加适宜的学习环境。在学习者特征的细粒度分析方面,可以对学习者的知识水平、认知能力、学习动机等进行研究,以便为学习者提供更加个性化的学习支持和建议。

四、真实情境方法:基于设计的研究

基于设计的研究也称为“设计研究方法(design-based research,DBR)”,是学习科学领域中一种常见的研究方法。它强调通过设计和实施教育介入来深入理解学习过程。这种方法注重在实践中开发和测试新的教育设计、工具或策略,并通过实际的教育实践来获取关于学习的深入见解。DBR 是对一个简单的学习环境进行细致深入的研究。这种深入的研究通常发生在真实的情境中,经过多次的迭代实践,进而发展出新理论、产品和可以在其他学校或者班级推广的实践。DBR 通常主要研究的是特定环境中的学习过程,涉及在实际的教育环境中进行实验,例如学校、课堂或在线学习环境。

DBR 是以直接实践的同时完善理论为目的,在自然环境下研究学习的方法的集合②。在 DBR 中,研究者将设计教育介入项目作为研究的一部分,设计和实施是研究过程的一部分,不仅解决实际的教育问题,还能产生关于学习的理论洞见③。其具体思路为:第一

---

① Davis T, Xue G, Love B C, et al. Global neural pattern similarity as a common basis for categorization and recognition memory[J]. Journal of Neuroscience, 2014, 34(22): 7472-7484.

② Barab S, Squire K. Design-Based Research: Putting a Stake in the Ground[J]. The Journal of the Learning Sciences, 2009, 13(1): 1-14.

③ Fishman B J, Penuel W R, Allen A R, et al. Design-based implementation research: An emerging model for transforming the relationship of research and practice[J]. Teachers College Record, 2013, 115(14): 136-156.

步，研究者设置特定的环境，设计教育介入，系统地对环境做出改变，然后收集数据。第二步，通过分析数据，他们可以调整设计，并在下一轮实验中测试修改后的设计。这种迭代过程有助于不断改进教育介入，通过实际设计和实施，研究者不仅获得了对介入效果的见解，还深入理解了学习的基本原理。将理论和实践紧密整合在一起。即研究者通过实际设计和实施来测试理论，并通过实践经验来丰富和调整理论。

支持 DBR 的一大论点是：在实证研究的理论验证过程中，在情境中展示该理论的价值当属理论验证的关键过程。实验研究在检验理论方面是没有问题的，但它的问题在于仅仅给出某个显著的变量，然而在验证其是否显著的过程中并没有阐述如何将一个特定的变量或者理论在真实世界的实践中执行下去。在学习环境中，如果发现研究与实践相关联，就一定要考虑到会出现的混淆变量。情境不是一个存放学习发生所需要的没有实体的“规律”的容器，而是引起学习发生的复杂的因果机制的有机结合。①

DBR 在学习科学领域中被广泛运用，为研究者提供了更深入、具体和可操作的理解学习过程的途径。这种方法有助于弥合理论与实践之间的鸿沟，推动教育领域的创新。

学习链接

1. 请查阅相关资料，了解学习科学相关的最新研究进展。以下为部分相关文献举例。

（1）李曼丽，丁若曦，张羽等. 从认知科学到学习科学：过去、现状与未来［J］. 清华大学教育研究，2018，39（04）：29–39. DOI：10.14138/j.1001–4519.2018.04.002911.

——这篇论文从认知科学迭代的视角，对一定时期内学习科学的发展进程进行了综述，有利于读者了解学习科学的发展。

（2）钟启泉. 从学习科学看“有效学习”的本质与课题——透视课程理论发展的百年轨迹［J］. 全球教育展望，2019，48（01）：23–43.

——这篇论文从学习科学的视角，考察学校教育中“有效学习”的本质，探讨了“有效学习”模型的演进，并结合相关内容分析了课程理论发展的百年轨迹。

2. 以下为美国的学习科学中心名称及网址，供读者查阅参考。

① R. 基思. 索耶. 剑桥学习科学手册［M］. 2 版. 徐晓东，杨刚，阮高峰，等译. 北京：教育科学出版社，2021：151–153.

表 1-2 美国的学习科学中心名称及网址

学习科学中心	网址
教育、科学与技术卓越中心 (Center of Excellence for Learning in Education, Science and Technology, CELEST)	http://ns.bu.edu/CELEST
匹兹堡学习科学中心 (Pittsburgh Science of Learning Center, PSLC)	http://earnlab.org/
非正规与正规学习环境学习中心 (Center for Learning in Informal and Formal Environments, CLIFE)	http://life-slc.org/
视觉语言与视觉学习学习科学中心 (The Science of Learning Center on Visual Language and Visual Learning, VL2)	http://vl2.gallaudet.edu/
空间智力与学习中心 (Spatial Intelligence and Learning Center, SILC)	http://www.spatiallearning.org/
学习的时间动力学中心 (Temporal Dynamics of Learning Center, TDLC)	http://tdlc.ucsd.edu/index.html

学习总结

1. 人类视角下的学习分为先天论、后天论。先天论认为“先天因素”在个体成长中发挥了决定因素。后天论则坚持后天因素在个体成长中起决定作用。

2. 心理视角下的学习又有行为主义、认知主义、人本主义、建构主义几大学派。行为主义认为学习是刺激—反应之间联结的加强。认知主义任务学习是认知结构的发展。人本主义认为学习是个体自我实现的过程。建构主义认为学习是主动建构的过程。

3. 教育与学习是相互依存、相互消长、不断循环的辩证关系。这种关系既表现在人一生求知学习的纵向过程中,也反映在具体求知学习的活动之中。

4. 学习科学是一个跨学科领域,涉及认知科学、教育心理学、计算机科学、信息科学、生物医学工程、人类学、社会学、教育学等领域。

5. 学习科学不仅研究正规的学校情境中的教与学,而且研究非正规学习。立足真实情境是学习科学区别于以往在实验室中开展学习研究的突出特征。

6. 学习科学不仅重视对真实情境中学习的理解,而且强调通过设计对学习进行干预。因此,它既包括一般意义上的学习的科学研究,也包括学习的设计与开发。

7. 学习科学与脑科学、神经科学、认知科学、教育神经科学、情境认知理论、社会文化理论、社会建构主义理论等相关。

8. 学习科学的研究方法与技术有因素研究(传统的方法和技术)、系统研究(教育数据挖掘和学习分析技术)、微观发生法(学习的细粒度分析技术)和真实情境方法(基于设计的研究)。

学习评价

1. 结合本部分内容,谈谈你对“学习”的看法。

2. 什么是学习科学?

3. 学习科学研究什么问题?

4. 学习科学相关的理论有哪些?

5. 学习科学的研究方法有哪些?

6. 选择一种感兴趣的关于“学习”的视角,和同伴交流探讨如何在这种视角或理论指导下更好地促进学习?

7. 用思维导图梳理学习科学的相关理论。

第二章 脑与学习

学习导入

大脑是人体的神经中枢。人体脏器的活动、肢体的运动、感觉的产生等生理活动，都是由大脑支配和指挥的。当我们看到一个苹果时，大脑会处理这些信息，使我们能够认知、理解和判断这个苹果的颜色、形状和味道等。大脑还负责通过记忆功能将接收到的信息储存起来，以便在将来需要时调用。大脑的存储能力使我们能够学习、回忆和做出反应，从而帮助我们更好地适应环境。人类之所以能够比其他动物更有效地适应环境并积极地改造环境，是因为人类拥有高度发达的大脑。大家经常听到的"人工智能"，也主要是通过模拟人类大脑来处理问题的。

内容简介

本章围绕"大脑"展开介绍，主要涵盖了三个方面的内容：一是从神经元的基本结构、大脑分区和功能方面介绍了大脑的结构与功能，这是理解脑与学习的基础。二是对脑科学进行全面介绍，包括脑科学的研究内容、研究方法等。三是在前述内容的基础上，介绍了大脑的认知规律，分析了学习机制，最后探讨了注意力、记忆力、情绪与学习之间的关系。

学习目标

1. 掌握神经元的结构和功能。
2. 掌握大脑的分区和功能。
3. 熟悉脑科学的应用领域。
4. 了解脑科学的相关研究方法。
5. 熟悉学习机制的定义与特性。
6 熟悉注意力与学习的关系。
7. 熟悉记忆力与学习的关系。

8. 熟悉情绪与学习的关系。

9. 能在脑科学相关理论和方法指导下更好地开展学习。

10. 养成勇于探索、开拓创新的精神。

第一节 神经元与大脑

人类的大脑是一个神奇而复杂的器官,能够接收、储存和处理来自内外环境的各种信息,使我们具备感知、认知①、思考和行动的能力。谈到大脑如何处理信息,不可避免地要提及一个概念,即神经元。大脑是由数百亿个神经元和它们之间的连接构成的复杂网络,神经元是大脑的基本单元,也是信息传递和处理的基本单位。人脑的功能与其自身的结构组成密切相关。深入了解大脑的结构和功能有助于我们更全面地认识和理解学习。

一、神经元的结构与功能

(一)神经元的结构

神经元又被称为神经细胞,是神经系统的基本组成单位,能够执行大脑的基本操作,通过树突得到其他神经元的输入信号,并根据这些信号的模式和强度来决定释放或不释放神经冲动输出,其具有感受刺激和传导兴奋的功能。② 大脑中存在大量的神经元,每个神经元包括一个细胞体以及多个突起,这些突起又可进一步分为树突和轴突(图2-1)。

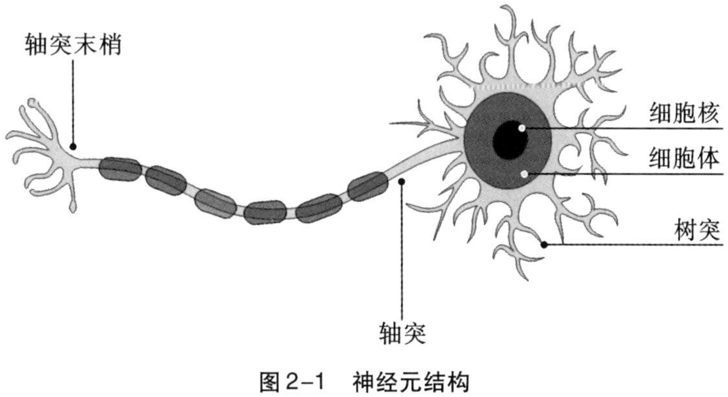

图2-1 神经元结构

① Adams D M, Pilegard C, Mayer R E. Evaluating the cognitive consequences of playing portal for a short duration[J]. Journal of Educational Computing Research, 2016, 54(2): 173-195.

② 安尼尔·赛思. 30秒探索神秘的大脑[M]. 姚乃琳,译. 北京:机械工业出版社,中国科学技术出版社,2017:42-43.

1. 神经元的胞体

神经元的胞体由细胞核、细胞质、细胞膜三部分组成。神经元的胞体可被视为营养及代谢中心，树突和胞体的表面是接受其他神经元传来冲动的主要部位。[①]

2. 神经元的突起

神经元的突起包括树突和轴突，负责神经元之间的冲动传导。从形态上看，树突由胞体扩张突出，呈现树枝状；轴突为较细长的突起。单个神经元一般不止一个树突，但是只有一个轴突。就功能而言，树突主要负责接收其他神经元传来的信号，而轴突则负责将信号传递给其他神经元或效应器官。神经元之间的信号传递通过突触完成。突触是神经元之间的连接点，通常由一个轴突末梢和一个树突棘或细胞体组成。当一个神经元被激活时，它会释放一种称为神经递质的化学物质，该神经递质横跨突触间隙，与另一个神经元上的受体结合，从而改变其电位，使其兴奋或抑制。

（二）神经元的分类

大脑的功能实现与不同神经元的功能发挥有关。根据神经元的功能，可将它们分为三类：一是感觉神经元，也叫传入神经元，胞体位于神经节内，其功能是接受刺激，并将神经冲动传入中枢；二是运动神经元，也称传出神经元，胞体位于中枢神经内，其功能是把神经冲动从中枢传至效应器（肌肉或腺体）；三是联络神经元，又叫中间神经元，联络神经元胞体位于中枢神经内，其功能是在感觉和运动神经元之间起联络作用。

二、大脑的结构与功能

脑是中枢神经系统的主要部分。从整体结构看，人脑包括端脑、小脑、脑干、间脑。

端脑，俗称“大脑”，位于整个脑的最上方，包括大脑皮层、边缘系统等部分。其中，大脑皮层由数以亿计的神经元组成，它位于大脑的最表层，其中央有一条缝，将大脑分为左右两个半球。小脑位于颅后窝内，与端脑枕叶相邻，是人体重要的运动调节中枢。脑干下方与脊髓相连，上方与大脑相接，与人的意识、呼吸、心跳等活动相关。间脑是左右大脑半球之间的脑组织，主要功能是接受内脏感觉冲动，控制自主神经和内分泌等。

每个大脑半球又进一步通过大脑皮层的褶皱和凹陷被划分成枕叶、顶叶、颞叶和额叶等几个高度分化的脑叶，这些脑叶各司其职，负责特定的任务（图 2-2）。

---

① 高秀来. 人体解剖学[M]. 2 版. 北京：北京大学医学出版社，2009：240.

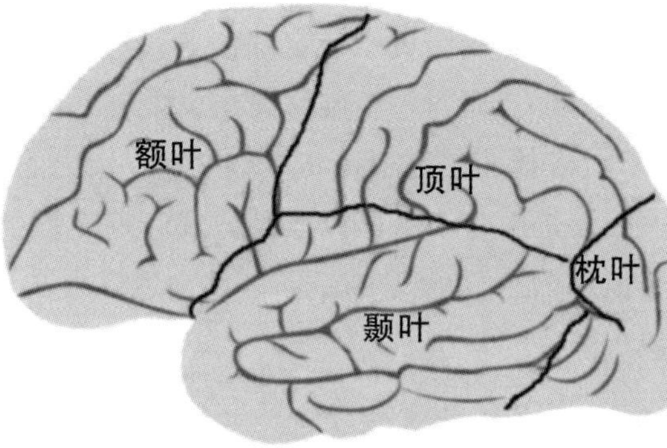

图 2-2　大脑脑叶示意

（一）枕叶

枕叶位于大脑皮层的后部，主要负责处理视觉信息。视觉信息从视网膜光感受器传导到大脑枕叶视中枢的通路被称为“视路”。当枕叶受到损害时，通常表现为视力下降和视野缺损等症状。例如，右半球初级视觉皮层大面积受损可能导致左侧视野的皮质盲。枕叶皮质盲患者拥有正常感光的眼睛、正常的瞳孔反射和眼动能力，但却缺乏模式知觉或视觉表象的能力。相比之下，眼睛受伤导致后天失明的人，如果他们的枕叶皮层没有受到损害，仍然保留有视觉表象的能力，能够想象视觉场景并在梦中经历视觉体验。

（二）顶叶

顶叶位于枕叶和额叶之间，主要负责处理触觉和身体位置的信息。当顶叶受损时，可能导致精神性体像障碍，表现为对自身空间的失认，包括肢体失认、痛觉失认和脸面失认等。例如，当人们需要利用触觉和身体位置信息来解释视觉和听觉信息时，顶叶监控眼睛、头部和身体位置的信息，并将这些信息传递到负责运动控制的部位。

（三）颞叶

颞叶位于两个大脑半球的最外侧，主要负责处理听觉信息，尤其是左侧颞叶对理解口头语言至关重要。此外，颞叶还参与处理复杂的视觉信息、记忆、情感等，包括对运动的知觉和人类面孔的识别。颞叶受损可能导致听力障碍、言语障碍、视野缺损、记忆障碍等症状。

（四）额叶

中央沟将额叶与顶叶分隔开来，额叶位于中央沟以前，是大脑最大的一个脑叶。额叶的主要功能涵盖躯体运动、言语表达、记忆、情绪和意志等方面。它能够支配对侧半身的随意运动，比如控制手指的移动。当额叶受损或发育不成熟时，可能导致行为冲动、对复杂系列动作的控制能力下降,以及不断重复某些行为,但不具备灵活的应变能力。①

学习活动发生时,特定的脑区皮层负责特定的任务,但是每一种任务的完成都与多个脑区皮层形成的神经网络相关,而同一个脑区皮层又能参与多个神经网络的活动中。正如英国神经科学家苏珊·格林菲尔德(Susan Greenfield)指出的:"大脑并不是以一群微型脑的集合进行活动的,而是由多个脑区以某种方式行使不同的功能,从而整体上对信息进行并行性的处理,但是,无人知晓脑的不同区域是怎样来产生一个完整的东西的,但可以肯定的是,它不单是部分的总和。"②

布洛卡区与威尔尼克区

布洛卡区与威尔尼克区是人类的言语区。其中,布洛卡区位于额下回,与语言的产生、言语加工和言语理解有关,主要功能是口语表达和深层次的语法,如果布洛卡区受损,那么人的表达能力就会出现严重问题,会导致运动性失语症或表达性失语症。

威尔尼克区与布洛卡区相连,该区域位于左半球颞叶颞上回处。威尔尼克区是大脑的言语理解中枢,负责语言的记忆与理解,其主要功能是分辨语音,形成语义,与言语理解和语言的接受有密切的关系。如果威尔尼克区受损,就会出现听觉性失语症。

第二节 脑科学研究

一、脑科学及其应用领域

脑科学,又称神经科学,是对大脑和神经系统的结构和功能进行研究的学科。它涵盖了心理学、生物学、化学、计算机科学③和物理学等多个学科,旨在深入了解大脑和神经

---

① 经济合作与发展组织. 理解脑:新的学习科学的诞生[M]. 周加仙,等译. 北京:教育科学出版社,2014:38-39.

② 安德烈·焦尔当. 学习的本质[M]. 杭零,译. 上海:华东师范大学出版社,2015:36.

③ Bennett R E, Wadkins J R J. Interactive performance assessment in computer science: the advanced placement computer science(APCS) practice system[J]. Journal of Educational Computing Research, 1995, 12(4):363-378.

系统的运作机制。脑科学包括多个研究分支，如分子神经生物学（涉及化学物质）、细胞神经生物学、系统神经生物学和行为神经生物学。

美国神经科学学会将脑科学定义为研究大脑、心理现象以及规律的科学，被认为是具有重大科学和哲学意义的学科。[①] 脑科学与类脑技术在国际科技前沿成为热点，各国纷纷将其视为新的经济增长点。我国也明确提出要重点布局脑科学与类脑研究等领域。脑科学的应用领域涉及计算机脑科学、脑的生物信息学、脑仿生学等新兴研究方向。当前，脑科学在许多领域的应用日益扩大，为科技创新和经济增长创造了新的机遇。当前，脑科学的应用领域主要有以下方面。

（一）脑机接口

脑机接口技术（brain-machine interface，BMI）允许直接将人脑与计算机或其他外部设备连接，以实现脑波或神经信号的读取和解释，从而实现与外部设备的直接交互。BMI通常被用作辅助生活设备，以帮助那些运动或感觉受损的个体。例如，对于行动不便的残疾人，脑机接口可以通过思维控制轮椅、假肢或机器人，从而实现他们的行动需求；或者将人的大脑与计算机连接，通过思维随心所欲地操纵机器，或者借助计算机将人与人的大脑相连，使之无需语言就能彼此沟通交流等，是脑机接口研究的目标之一。实际上，脑机接口最初的研究目的是有效地恢复患者因疾病或外伤而丧失的运动功能和交流能力。这项技术主要应用于医疗、康复和护理等领域。

脑机接口可分为感觉型（输入型）和运动型（输出型）两种。感觉型脑机接口将外界信息通过传感器转换为电信号，然后通过植入脑内的电极将该信号传递给感觉神经，从而实现感觉功能的重建。例如，对于听觉障碍患者，可以在其耳部植入小型传声器，将采集到的声音信息通过植入听神经的电极传入脑内（人工耳蜗），以恢复听力。在临床上，这种技术已应用于改善听力效果不佳的患者，如佩戴助听器。运动型脑机接口通过思维来驱动机器。当需要进行某个动作时，计算机通过读取大脑运动区的信号，直接驱动机器。通常情况下，脑机接口指的是运动型脑机接口，多数人对脑机接口的想象也主要是与运动相关的。

脑机接口技术有望迎来快速发展，未来可能实现脑与外部网络的直接连接。例如，将类似超小型智能手机的设备植入脑内，实现通过脑直接对其进行操作，而无须手持设备。

---

① 周延萌，张汉霆. 探索，发现，交流，分享：浅谈美国神经科学学会年会［J］. 神经药理学报，2019，9（1）：63-64.

全球首例 AI+脑机接口技术

在一项名为“Brain-Computer Interface Restory of Arm and Voice”(脑机接口恢复手臂和语音)的研究中,BRAVO1 成为第一个受试者。在 20 岁时,他因严重的脑干中风而瘫痪且失语,只能进行有限的头、脖子和四肢活动,但大脑的认知功能保持完好。

研究人员与 BRAVO1 合作,开发了一个包含 50 个单词的词汇表,其中包括在日常生活中常见的高频单词。然后,通过外科手术在他的大脑感觉运动皮层上植入了一个高密度电极。在接下来的几个月里,研究小组记录了他试图说出这50 个单词时的神经活动,并使用自然语言技术建立了相应的数据模式。

(二)仿生学

仿生学是通过观察、模拟自然界中的生物结构、行为以及机制,在工程上实现并有效地应用的一门学科。当前,仿生学已被应用于多个领域,如仿生心脏起搏器、仿生心脏瓣膜等医疗器械的设计与制造等。

例如,在潜艇设计原理中,借鉴了海豚的体形或皮肤结构,特别是游泳时能使身体表面不产生紊流的特性。这种设计原理可以帮助潜艇在水中更有效地减少水流阻力,提高潜艇的运动效率。另外,苍蝇的生物特性也为科技创新提供了启示。苍蝇的楫翅被模仿用于设计天然导航仪。苍蝇的复眼结构启发人们制造了“蝇眼透镜”,这是一种新型光学元件,该透镜由成百上千块小透镜组合而成,可以用于制造“蝇眼照相机”,一次就能照出大量相同的相片。这种技术在印刷制版和电子计算机微小电路的大量复制中得到了应用,显著提高了工作效率和产品质量。

仿生眼让盲人“重见光明”

“仿生眼”,又称为“视皮层视觉假体(visual cortical prosthetic)”,是一种模仿生物眼睛结构和功能的技术。这种技术的目标是设计和制造能够模拟人眼或其他生物眼睛功能的人造眼睛,帮助盲人或视力受损的人部分恢复视力。其原理是将外界光信号转换为电信号,然后通过电极刺激大脑皮层,以绘制字母或图像的轮廓,使患者能够更清晰地识别外界输入的信息,从而产生视觉感受。

仿生眼的应用领域包括医疗、机器人技术、计算机视觉等。在医疗领域,仿生眼可以被用作人造眼或视觉辅助设备,帮助失明或视力受损的人重获视觉。在机器人技术中,仿生眼可以用于提高机器人对环境的感知能力。在计算机视觉领域,仿生眼的概念也被用于改进计算机系统对图像和视觉信息的处理方式。

（三）人工智能

人工智能（artificial intelligence，AI）是一种技术，旨在使计算机能够模拟人类的智能，包括感知[1]、理解、推理、学习、创造和解决问题等活动并完成各种任务，其基本方法包括符号推理、机器学习、进化算法和神经网络。符号推理基于逻辑推理，使用符号和规则来表示和处理知识。机器学习让计算机从数据中学习，包括监督学习、无监督学习和强化学习。进化算法模拟生物进化理论，包括选择、遗传和变异等机制。神经网络模拟人类神经系统，通过多层神经网络的组合实现复杂的任务和决策。

尽管 AI 及其应用在自然语言处理[2]、机器学习、计算机视觉、自动化决策等领域已取得显著进展，但与人类智能仍存在差距。人工智能目前仍缺乏高级认知和深度学习能力，这需要对脑科学进行更深入的研究。因此，从脑科学到人工智能，从了解大脑到模拟大脑，需要持续深入的研究。

聊天机器人——ChatGPT

ChatGPT（图 2-3）是由 OpenAI 开发的一种基于 GPT（generative pre-trained transformer）架构的聊天型语言模型。GPT 是一种使用深度学习进行自然语言处理的模型，它在大量的文本数据上进行了预训练，然后可以用于各种自然语言任务。

ChatGPT 被专门设计用于处理对话和生成连贯的文本响应。在多轮对话训练的基础上，ChatGPT 可以更好地理解上下文和生成更有连贯性的回复。这使得 ChatGPT 非常适用于对话型场景，如提问、回答、闲聊等。它的基本工作原理是根据输入的文本上下文生成下一个单词或短语，使其在给定的语境中合理且有逻辑。它采用了 Transformer 架构，这是一种在自然语言处理领域取得巨大成功的深度学习模型。

图 2-3　ChatGPT

需要注意的是，ChatGPT 并不具备持久的记忆，因此在长对话中可能会有一些上下文理解的限制。它是一个生成式模型，意味着它能够生成全新的文本，而不仅仅是在训练数据中看到过的内容。

---

① Wang Y Y，Weng T H，Tsai I F，et al. Effects of virtual reality on creativity performance and perceived immersion：A study of brain waves［J］. British Journal of Educational Technology，2023，54（2）：581-602.

② Smith G G，Haworth R，Žitnik S. Computer science meets education：Natural language processing for automatic grading of open-ended questions in ebooks［J］. Journal of Educational Computing Research，2020，58（7）：1227-1255.

(四)教育领域

脑科学在教育领域的融合与应用是教育改革的应有之义。① 研究大脑和教育之间的关系有三个层面:脑、思维和行为。这三个层次分别对应于人脑的内部结构、内部功能和外部功能。相应地,神经科学、认知神经科学和认知心理学是这三个层面的学科。通过综合研究这三者之间的关系,目的是在深入了解脑组织的结构和功能的基础上,通过控制外部行为来促进知识和技能的获得。只有通过科学的方法进行教育,才能更好地促进学生的脑发育,达到更好的教学效果。②

教师与学生的同步性研究

在一项研究中,研究者对一个老师和12个学生的生物课堂进行了连续11天的教学追踪。学生穿戴便携式脑电仪记录脑活动,并随后完成问卷调查。结果显示,学生的注意力、喜好和交流条件同时影响学生群体的脑间同步("脑间同步"是指互动双方大脑活动模式在时间和频率上趋近相似)。在教学中,调动学生的积极性,促使有效的学生间交流,有助于教学的有效开展。在另一项研究中,研究者关注教师与学生的互动。在随后的一个学期中,记录了六堂课上教师和12名学生的表现。研究发现,相比教师讲授教学,在视频教学中,学生更容易集中注意力。与其他学生脑间同步性更强的学生在测验中得分也更高。在教师授课过程中,如果学生更喜欢教师,那么他们与教师的同步性也更强。而师生间的亲密度也会预测随后的测验分数。较高的师生亲密度与更高的测验分数相关。

二、脑科学相关研究技术和方法

(一)神经影像学相关技术

神经影像学技术是一组用于观察和测量大脑结构和功能的技术。这些技术通过获取关于脑活动、代谢或结构的图像来帮助研究人员了解大脑在不同条件下的功能发挥。

功能性磁共振成像(fMRI):通过测量脑部血流变化,揭示特定任务执行时活动的脑区域。这是一种通过测量血液流动来监测脑部活动的技术。当某个区域的神经活动增加时,该区域的血流也会增加,导致局部血氧水平的变化。fMRI可以在整个大脑或特定区域产生高空间分辨率的图像,用于研究特定任务执行时的活动模式。

① 贺晓玲,陈俊.从神经科学到教育研究[J].宁波大学学报(教育科学版),2019,41(6):123-128.

② 王亚鹏,董奇.基于脑的教育:神经科学研究对教育的启示[J].教育研究,2010,31(11):42-46.

结构性磁共振成像(sMRI):提供大脑结构的高分辨率图像,用于研究不同脑区的形态学特征。通过磁场中的氢原子的相互作用,sMRI 提供了大脑高分辨率的结构图像。这使研究人员能够观察和测量不同脑区域的体积、形状和连接。

脑电图(EEG):记录大脑表面的电活动,用于研究事件相关电位和脑波。通过在头皮上放置电极来记录大脑皮层的电活动。EEG 提供了高时域分辨率的数据,可以检测到与特定刺激或任务相关的电位变化,用于研究大脑的实时活动。

(二)神经生理学相关方法

神经生理学方法是研究神经系统结构和功能的一系列技术和实验手段。这些方法允许科学家观察和测量神经元的活动、神经传递物质的释放以及其他与神经系统相关的生理过程。

单细胞记录:在活体动物中记录单个神经元的电活动,以了解其对不同刺激的响应。通过将微电极插入活体动物的脑组织,科学家可以记录和分析单个神经元的电活动。这种方法允许研究人员了解特定神经元对刺激的响应以及它们在特定任务中的活动模式。

脑电图(EEG):通过在头皮上放置电极记录大脑表面的电活动。EEG 是一种非侵入性的方法,适用于研究脑电活动的实时变化,如脑波和事件相关电位。

脑磁图(MEG):检测的是神经元活动时产生的脑磁场信号,是一种非侵入性的检测技术。MEG 可以被用于对脑功能定位及评价等方面。

神经元成像:使用钙指示剂等物质标记神经元,并通过成像技术(如两光子显微镜)观察神经元的活动。这种方法允许研究人员在活体动物中实时观察神经元的钙信号。

脑刺激技术:包括经颅磁刺激(TMS)和经皮电刺激(tDCS),这些技术通过对大脑施加磁场或电场来干预神经活动,从而研究神经系统的功能。

脑内微流控技术:使用微型流体系统控制神经元环境,以模拟和观察神经元之间的相互作用。

(三)分子生物学和遗传学相关方法

聚合酶链式反应(PCR):PCR 是一种用于扩增 DNA 的技术,通过复制 DNA 片段,使其在实验中变得更容易分析。这对于基因克隆、基因测序以及其他分子生物学实验非常重要。

基因克隆:将特定基因从一个生物体复制到另一个生物体中。这通常涉及将 DNA 片段插入载体(如质粒)中,然后将其引入宿主细胞。

基因测序:确定 DNA 序列的方法,可以提供对基因组的详细了解。现代测序技术,如 Sanger 测序和下一代测序(NGS),使科学家能够快速而准确地测定 DNA 的序列。

蛋白质电泳:通过电场将蛋白质分离为带电的条带,允许对其进行定量和质谱分析。

核磁共振(NMR):用于研究蛋白质和核酸结构的技术,通过测量分子的核磁共振信号来提供关于其三维结构的信息。

免疫学方法:包括免疫印迹、免疫组织化学和流式细胞术等,这些方法利用抗体与特定蛋白质或细胞的相互作用,以检测、定量和定位生物分子。

基因编辑技术:如 CRISPR-Cas9,允许科学家精确编辑生物体的基因,用于研究基因的功能以及治疗基因相关疾病。

原位杂交:使用标记的 DNA 或 RNA 探针将特定序列与生物组织中的相应序列结合,用于检测基因的位置和表达。

(四)计算建模

计算建模是一种使用计算机工具和技术来模拟和分析现实系统的方法。这种方法通常涉及建立一个数学模型,该模型基于系统的特定规律、关系或行为,并使用计算机程序进行模拟。[①] 计算建模的目标是通过模拟系统的各个方面来获得对系统行为的深入理解。

神经网络模型:使用计算模型来模拟和理解大脑的信息处理机制。它是一种计算模型,灵感来源于生物神经系统的结构和功能。它由多个相互连接的神经元层组成,每个神经元与其他神经元之间的连接具有权重。神经网络模型在机器学习和人工智能领域被广泛应用,用于处理复杂的模式识别、分类、回归等任务。

(五)眼动追踪技术

随着测量仪器的发展以及精密程度的提升,有关眼动方面的研究得到了快速发展。[②] 眼动追踪技术是利用眼球的生物特征,探索眼球本身的规律及认知心理规律。该技术可以通过追踪个体在注视过程中眼睛的运动轨迹,经过一系列的算法来重现在注视时眼睛的具体位置信息,分析这些信息从而可以反映出该过程中的认知加工活动。针对"何为眼动的本质"这一问题,不同学者都提出了自己的看法,其中"眼—心理"(Eye-Mind)假说得到了学者们的广泛认可。该假说认为在进行信息加工的过程中,个体眼球的运动和注意力是密切相关的,也就是说个体眼球的运动为注意力的分配情况提供了动态的信息指标。[③]

在眼动追踪技术和教育学领域的整合研究中,主要分为两大方向。一是在认知负荷理论的基础上对个体阅读时的眼动状态进行研究,其中包含通过对眼动数据进行分析,

---

① Chou T L, Tang K Y, Tsai C C. A Phenomenographic Analysis of College Students' Conceptions of and Approaches to Programming Learning: Insights From a Comparison of Computer Science and Non-Computer Science Contexts[J]. Journal of Educational Computing Research, 2021, 59(7): 1370-1400.

② 陈庆荣,周曦,韩静,等.眼球追踪:模式、技术和应用[J].实验室研究与探索,2012,31(10):10-15.

③ 余沁,刘龙繁,熊艳,等.文字强调方式对多媒体学习的影响:基于眼动追踪技术[J].生物医学工程研究,2018,37(1):96-100.

研究了快速阅读模式和阅读成绩之间的关系，探索了进行快速眼动训练是否会对提高阅读效率产生影响，还探讨了年龄和阅读水平对阅读的眼动模式的影响等；二是在多媒体学习理论的基础上利用眼动技术研究多媒体的学习效果，如多媒体学习原则是否会对学习效果产生影响等。

第三节 脑科学与学习

一、基于脑科学的认知发展规律

(一)认知发展与大脑发育

个体认知能力的发展与大脑结构发育成熟的顺序一致。在人脑发育过程中，首先发育的是与基本功能相关的感知觉皮层和运动皮层，随后是与空间定向、语言发展和注意力相关的颞顶叶联合皮层。最后，与执行功能、注意力和协调运动相关的前额叶和侧颞叶皮层逐渐发展。这一顺序反映了大脑不同区域在认知能力形成中的逐步参与和贡献。

从年龄阶段来看，在0~3岁时段的婴幼儿是听觉迅速发展、语言能力爆发的时期，也是听觉感知能力发展的关键时期，如果让婴幼儿在这一时期进行早期识字、背单词等则违背了大脑发育的规律。[①] 学前阶段(3~6岁)是孩子基本认知能力发展的重要时期，如果在这一时期孩子不具备良好的沟通能力，基本的数学、阅读能力，不能很好地集中注意力，家长要给予适当帮助，帮助孩子的最好方法就是与孩子互动、交谈、提问、阅读、游戏。小学(6~12岁)也是培养孩子基本认知能力的重要时期，但并不适合进行超前或额外学习。[②③] 中学阶段(12~18岁)，大脑神经网络经历重新组织以适应成人认知需求，同时灵活性、抽象思维、问题解决[④]等执行功能在这一阶段继续发展，影响决策、计划和自我控制。在成年期(18岁以后)，大脑的结构和功能逐渐趋于成熟，表现为神经元的连接和网络的巩固，形成更为稳定和成熟的大脑结构。尽管大脑在成年期逐渐成熟，但仍然具有一定程度的可塑性。这意味着大脑在面对新的经验和学习时仍然能够发生一些结构

① 薛贵.脑科学与学习变革[J].教育家,2018(4):60-63.

② Blakemore S J. The social brain in adolescence[J]. Nature Reviews Neuroscience,2008,9(4):267.

③ 鞠恩霞,李红,龙长权,等.基于神经成像技术的青少年大脑发育研究[J].心理科学进展,2010(6):907-913.

④ Ismail N M. The Effects of Mind Mapping with Cooperative Learning on Programming Performance, Problem Solving Skill and Metacognitive Knowledge among Computer Science Students[J]. Journal of Educational Computing Research,2010,42(1):35-61.

和功能上的调整。

总而言之，在儿童和青少年时期，认知发展与大脑发育密切相关。在婴儿期，大脑迅速形成基本的神经网络，通过感知和运动经验建立对周围环境的认知。随着进入幼儿期，重点转向语言和社交发展，同时控制和调节注意力、记忆、规划和问题解决的执行功能逐渐发展。学龄期大脑区域的加强支持学习和记忆的不断改善。儿童和青少年期大脑发展促使抽象思维和社交认知的提高，青春期经历神经网络的重新组织，执行功能进一步发展。成年期大脑逐渐成熟但保持可塑性，经验和学习在整个生命周期中影响认知功能。这种相互作用构成了一个动态而复杂的过程。

（二）脑的可塑性

大脑可塑性（brain plasticity）指的是大脑能够根据环境的变化、学习经验和外部刺激来调整自身的结构和功能，以更好地适应新的情境和任务。① 结构上的可塑性是指大脑神经元和突触之间的连接关系可以改变，新的突触可以形成，而不同的神经元之间的连接强度也可以调整。这种结构上的变化对于学习和记忆等认知功能至关重要。② 功能上的可塑性是指大脑区域在执行特定任务时的活动水平和模式可以发生变化。通过不断的练习和经验积累，特定任务相关的大脑区域可以更加高效地工作，表现出更强的功能性活动。③

此外，大脑的可塑性存在关键期，如果在关键期内大脑得不到足够的刺激，其功能就得不到充分开发。④ 大脑的可塑性在不同的生命阶段都存在，但在儿童和青少年时期尤为显著，这是因为大脑在这个时期处于发育的高峰期，更容易受到外部刺激的影响。然而，成年期和老年期的大脑同样表现出一定程度的可塑性，只不过相对较小。大脑的终身可塑性强调了终身学习的重要性。

需要注意的是，由于大脑的生长和发育是基因和环境共同作用的结果，所以其可塑性并不意味着后天学习都能改变脑结构。对此，“认知神经科学之父”迈克尔·加扎尼加指出：“脑对于不同形式的外界刺激和经验都会做出不同的反应，并且每个人都有着独特的脑网络系统，因此并不能简单认为可塑性就是脑的自我重新联结。”对脑生长和发育的实验研究和观察表明，神经回路的可塑性在某个年龄或者生活阶段受到基因的调控作用。个体出生后，脑的可塑性会以独特的方式支持神经回路的形成和发育，这种调控基

---

① Kolb B，Gibb R，Robinson T E. Brain plasticity and behavior[J]. Current Directions in Psychological Science，2003，12(1)：1-5.

② Zatorre R J，Fields R D，Johansen-Berg H. Plasticity in gray and white：neuroimaging changes in brain structure during learning[J]. Nature neuroscience，2012，15(4)：528.

③ 霍丽娟，郑志伟，李瑾，等. 老年人的脑可塑性：来自认知训练的证据[J]. 心理科学进展，2018，26(5)：846-858.

④ 王亚鹏，董奇. 脑的可塑性研究及其对教育的启示[J]. 教育研究，2005(10)：35-38.

于个体的遗传和外界环境的共同刺激。

总之,可塑性的概念强调了学习、经验和环境对于大脑功能和结构的塑造作用,良好的学习环境可以激发兴趣、培养创造力,并促使大脑建立更强大的神经网络,经验的质量和多样性对于大脑的可塑性和发展至关重要。一方面,为了充分开发大脑潜能,我们需要创造丰富而适当的环境。这包括提供丰富的学习机会、多样的刺激和挑战,以促进认知、感知和运动技能的全面发展。另一方面,我们也应该努力避免对个人发展不利的经验,如经验剥夺或忽视,对大脑可能造成负面影响。确保个体接触到多样化的经验和知识,避免单一性的学习经历,有助于建立更为健康和灵活的大脑连接。因此,为了最大程度地促进大脑的潜能开发,我们需要综合考虑提供良好的学习环境、丰富的经验和避免负面影响,以帮助个体在各个方面取得全面的认知和情感成长。①

(三)镜像神经元与社会认知

意大利帕尔马大学的神经生理学家贾科莫·里佐拉蒂(Giacomo Rizzolatti)等人最初在猕猴大脑中发现了镜像神经元,镜像神经元是指当我们观察到他人执行同样的活动时,自己执行的行为神经元也会被激活。② 例如,看到他人遭遇不幸时,我们会感到悲伤甚至哭泣;听到别人的欢声笑语时,我们也会微笑。③ 后来的研究中利用脑成像技术发现,人脑中有一个镜像神经系统,能将观察到的行为与自己的行为相匹配。④ 镜像神经系统的核心特征是通过激活相应的脑区,从而"体验"观察到的他人行为,实现理解他人行为、意图和情绪的功能,这在模仿、语言理解和社会交往中也发挥着重要作用。⑤

第一,模仿行为,发展基本社会技能的关键是模仿。⑥ 镜像神经元的活动与个体执行动作和观察他人执行相同动作时的模仿行为相关,人通过模仿、观察来进行学习,其中,镜像活动性质的初级运动皮层发挥了关键作用。⑦

---

① 王亚鹏,董奇. 脑的可塑性研究及其对教育的启示[J]. 教育研究,2005(10):35-38.

② Rizzolatti G, Fadiga L, Gallese V, et al. Premotor cortex and the recognition of motor actions[J]. Cognitive brain research, 1996, 3(2):131-141.

③ 经济合作与发展组织. 理解脑:新的学习科学的诞生[M]. 周加仙,等译. 北京:教育科学出版社. 2014:20-211.

④ Iacoboni M, Woods R P, Brass M, et al. Cortical mechanisms of human imitation[J]. science, 1999, 286(5449):2526-2528.

⑤ 胡晓晴,傅根跃,施臻彦. 镜像神经元系统的研究回顾及展望[J]. 心理科学进展,2009(1):118-125.

⑥ Meltzoff A N, Decety J. What imitation tells us about social cognition: a rapprochement between developmental psychology and cognitive neuroscience[J]. Philosophical Transactions of the Royal Society of London. Series B: Biological Sciences, 2003, 358(1431):491-500.

⑦ Stefan K, Cohen L G, Duque J, et al. Formation of a motor memory by action observation[J]. Journal of Neuroscience, 2005, 25(41):9339-9346.

第二,理解他人意图,镜像神经系统的发现支持了模仿论,即我们对他人意图的理解不是通过概念的推理,而是通过镜像神经系统对观察到的事件直接模仿。通过模仿,个体能够更好地理解他人的行为背后的动机和情感状态。

第三,情感共鸣,镜像神经元的活动还与观察到的情感体验相关。当观察他人的情绪时,镜像神经系统也参与其中,当我们看到他人的情感表达时,镜像神经元的激活可能导致我们产生类似的情感体验,促进情感共鸣。

第四,社会交往方面,社会互动也会涉及镜像神经系统的激活。镜像神经元在社交互动中发挥作用,帮助个体更好地适应社会环境。它们可能有助于建立共鸣和理解,从而促进良好的社会关系。

总之,镜像神经元是社会关系的神经基础。镜像神经元的研究为我们提供了一种认识个体与社会互动之间神经基础的途径。当前,这仍然是一个活跃的研究领域,科学家们正在进一步深入了解镜像神经元在社会认知中的确切作用和机制。

二、基于脑科学的学习机制

学习机制是用来阐释学习活动是如何运作的。从脑科学视角看,人的学习活动的开展是十分复杂的,与注意力、记忆、情绪等多个因素密切相关。

(一)学习机制概述

学习机制是指学习活动在内部基础和外部因素的共同作用下顺利运作的过程。有关学习方式的研究直到二十年前才开始出现进展,这些成果分散在不同领域的出版物中,这些领域之间有时还存在分歧。① 也有研究者偏向于从学习过程的角度来分析学习,但是这种理解不免混淆了学习机制和学习过程这两者之间的异同。②

1. 学习机制的特性

第一,相互作用性。在认知神经科学视域下,学习的最终结果是学生心智的变化。学生的心智活动和脑、身体、社会环境之间有着密切的联系。学习机制的运行离不开内部基础和外部因素之间的相互作用,这些不同的相互作用都是基于学生的心脑系统而相互联系起来的,学习机制的顺利运行也依赖于这些相互作用的发挥。无论是发生在心脑系统内部的相互作用,还是心脑系统外部的相互作用,各种因素之间的反应都是相互关联和相互影响的。以心脑之间的相互作用为例,脑神经内部的放电活动和随之引起的一系列化学反应是各种心理活动的物质基础,对心理活动的展开起着决定性的作用,即每

---

① 安德烈·焦尔当.学习的本质[M].杭零,译.上海:华东师范大学出版社,2015:5-6.

② 陈佑清.多维学习与全面发展:促进全面发展的学习机制探讨[J].教育研究,2011,32(1):45-49.

种心理活动都具有相应的脑神经机制；反过来，每种心理活动都伴随着一系列的神经冲动，这些神经冲动又对神经元之间的连接起着重组和塑造功能。因此，学习机制正是在这种相互作用的基础上而展开运行的。

第二，动态复杂性。认知神经科学关于学习的研究已经发现，许多发展都可以用动态系统理论进行解释，这是一种用非线性的动态模型来模拟学习的相关过程。[①] 教育研究者试图努力理解学习这一复杂过程，而这不可避免地涉及如何将学习机制简化到人类思维可以理解的程度的问题。简化学习过程复杂性的一般办法就是将其线性化，把学生看成是独立的主体，完全按照一个标准的发展顺序不断进行。而学习机制的动态系统观则决定了学生的多种特征与环境相结合，进而产生了学习行为的各个方面；另外，各种变化为理解接下来的学习行为提供了重要信息。因此，学习机制的动态运行非常关注学生在一个学习情境中的所有行为变化，因为环境总是在塑造行为，同时行为也在塑造环境。也就是说，特定的学习行为是由学生个体和环境相结合而涌现出来的，随着涌现所产生的行为变化不一定是连续的，而是会随着心智网络的调整而产生新的形式。在这样一个动态运行的学习机制中，学习过程会产生比其本身更为复杂、更为完整的系统构建。另外，学习机制的这种复杂性之所以存在，是因为脑本身也是一个复杂系统。

第三，网络协调性。在学习中，知识的获取不是自动并且立刻实现的。尽管"行动的内化"是皮亚杰提出的最周密机制之一（因为这一机制中包含了反馈），但这种观点太过乐观，学习本身就是一个复杂的过程，不能被简化为唯一的模式，它涉及多重机制。[②] 学习机制并不仅限于对一般机能和守衡状态的描述，还涉及学生是如何调用旧的心智网络来构建新的心智网络的问题。

2. 学习机制的分类

第一，学习的认知神经机制。在认知神经科学领域，学习是脑对信息加工的过程，是脑对刺激产生的反应，它包括脑对信息的感知、处理和整合。认知神经科学的研究表明，个体的心智是一个网络系统。个体在刚来到甚至即将来到这个世界的时候，大脑内部的神经元就建立起了联系，并组成了原始的网络系统，从而形成了对外界环境的先天应答机制，这也为学生的学习做好了准备。随着学生与环境及社会的互动增强，所积累的经验不断丰富，大脑会动态地扩展、重塑、调整网络来反映新环境和新信息。[③] 知识以网络的形式储存在学生的头脑中。在整个心智网络的形成过程中，那些新的知识和经常被使

---

① 安东尼奥·M. 巴特罗，库尔特·W. 费希尔，皮埃尔·J. 莱纳. 受教育的脑：神经教育学的诞生[M]. 周加仙，等译. 北京：教育科学出版社，2011：72-83.

② 安德烈·焦尔当. 学习的本质[M]. 杭零，译. 上海：华东师范大学出版社，2015：29.

③ Chettaoui N, Atia A, Bouhlel M S. Exploring the impact of interaction modality on students' learning performance[J]. Journal of Educational Computing Research, 2022, 60(1): 4-27.

用的知识是最活跃和稳定的,那些旧的知识和很少被使用的知识在网络中逐渐被清除和遗忘。在这一过程中,大脑不断适应环境和社会发展,从而发展出最佳的心智网络结构系统。从这个角度看,大脑的神经网络为学习提供了一个核心的生理基础,学习即心智网络的形成,或者说,学习就是发生在脑和社会双向互动过程中的一种活动。综上,在认知神经科学视域下,可以把学习理解为个体心智网络在脑与环境相互作用下而形成的活动,强调从大脑层面的变化来解释学习机制的运行。

第二,学习的心理机制。尽管学习以大脑的神经系统为生理基础,但是也同样离不开学生内部心理活动的分析和综合。学习过程中由脑支配的心理活动主要经历了:知觉信息—建构信息—外化信息—评估信息四个阶段。其中,对信息的知觉是大脑学习的开始,是一个从外到内的感知阶段;对信息的建构是学习的关键,是一个内部不断延伸、构建的阶段;对信息的外化是学习的结果,是一个从内到外的实践阶段;而对信息的调控和评估管控着每个阶段的信息处理,贯穿整个学习过程。总之,受大脑支配的心理过程不但包含了脑内的信息加工,而且也包括了感受、理解、评估和调控等意识活动。学习往往从外界环境获取信息开始,经过脑内的信息构建、意义理解、评估调控等,支配学习行为并将学习结果外化于个体所处的情境中。

第三,学习的具身机制。在学习过程中,真正把身体从边缘地带提升到核心层面的证据则是大脑镜像神经元系统的发现。神经科学家们普遍认为,人之所以能理解别人通过身体表现出来的行为甚至情感,是因为其看到了别人行为或者感受到了特殊的情感,这会引起镜像神经元系统的激活,从而引发人们做出和别人类似的行为或怀有相似的情感体验。可以说,人类大脑镜像神经元系统的发现为具身学习提供了科学支撑。镜像神经元的发现者为此也提出了具身模仿理论。这一理论的核心观点是:各种类型的镜像神经元系统调节着主体关于自身和他人身体的体验性知识,这种知识帮助主体直接理解他人动作的意义。同时,这种主体感知他人的能力取决于一个有意义的共享空间——共享簇,它从功能层面上可以被解释为具身模仿。具身模仿是个体通过外部动作学习的一种关键机制,当主体看到他人动作时,头脑中会启动相应的一系列镜像神经元系统对这些动作进行识别、表征和预见,从而完成对他人动作意图的推断。具身学习把个体身体和社会环境看作是学习系统的构成成分。学习中如果没有学生自身身体与外部世界的互动,大脑将不能完成高级认知活动。从这个角度说,心智同身体和外部环境交织在一起,形成功能耦合体来支撑学习活动的运行。

第四,学习的社会互动机制。每一个个体都产生于特定的社会文化背景中,并通过各种社会互动过程而获得相应的社会角色,包括学习者这一角色。学习过程一般是由个体所经历的对环境的感觉而产生的冲动开始的。由此,学习可以被看作是一种身体与环境之间的连接,这种连接使得有机体能够对变化着的环境做出适当的反应。英国学习研究者彼得·贾维斯(Peter Jarvis)就强调,“学习发生在个体与社会之间的张力领域中,学习过程产生于人们的生物环境以及与他们所处社会文化环境之间的接触中，因为经验就发生在那里”。[①] 学生个体需要依其心智结构来塑造自我时，个体行为及社会环境又反之成为塑造心智结构的新方式。换句话来说，个体从社会环境出发进行自我建构，反过来，也建构了所处的社会环境。从这个角度来看，学习并不仅仅发生在个体身上，而是嵌入在一个社会性的情境中。学习正是在个体与社会的互动中得以实现的。

（二）注意力与学习

高效学习往往要求学习者在诸多刺激中选择需要学习的信息，将注意力持续集中于这些信息，并将注意力合理分配于多种任务之上。

1. 注意和注意力

“注意”是指个体对环境中某一刺激或信息的选择性处理和集中注意力的过程。“注意力”则是指在感知和认知过程中，个体对某一特定刺激或信息的集中处理能力。[②]

“注意”有三个主要特征：选择性、持续性与可被分配性。在复杂的环境中，个体需要从众多刺激中选择特定的对象或信息进行关注，忽略其他不相关的刺激。注意力可以是短时的，如瞬间的关注，也可以是长时间的，如对某个任务的持续关注。此外，注意力可以被分配到不同的感觉通道或认知任务上，使个体能够选择性地在视觉、听觉等感觉通道之间分配注意力。

根据以上特征，“注意”可以分为选择性注意（selective attention）、持续性注意（sustained attention）和注意的分配性（divided attention）。在“选择性注意”中，个体从多种刺激中选择一种进行关注，而忽略其他刺激。“持续性注意”强调注意的稳定性，表示在一段时间内保持对某个对象或活动的关注。“注意的分配性”则指个体同时关注两种或多种刺激，并将注意力分配到不同的任务上。这三种注意力类型相互关联，共同影响我们的日常学习和工作。

2. 注意力网络及神经机制

长期以来，注意力都是心理学研究的一个热点。心理学家们先后提出并发展出了过

① 克努兹·伊列雷斯. 我们如何学习：全视角学习理论[M]. 孙玫璐，译. 北京：教育科学出版社，2013：109.

② Yang X, Cheng P Y, Lin L, et al. Can an integrated system of electroencephalography and virtual reality further the understanding of relationships between attention, meditation, flow state, and creativity? [J]. Journal of Educational Computing Research, 2019, 57(4): 846-876.

滤器理论①与晚期选择理论②,强调注意力容量的有限性和在认知的不同阶段对于输入信息的筛选。③ 理查德·艾伦·波斯纳及其同事进一步发展了注意力网络(attention networks)理论④,他们将注意力看作是一个包括警觉性网络(alerting network),导向性网络(orienting network)和执行功能网络(executive control network)在内的多网络系统。警觉性网络主要负责维持清醒警觉的状态,使个体随时准备做出相应的反应;导向性网络主要负责在众多刺激中选择出有关的信息;执行功能网络则与计划(planning)、工作记忆(working memory)、冲突解决(conflict solving)以及抑制控制(inhibitory control)有关,负责对信息处理活动进行监控。三种注意力网络相互独立,又互相联系,共同作用。⑤

认知神经科学的相关研究表明,不同的注意力网络激活大脑的不同区域。其中,警觉性网络的激活脑区主要位于丘脑,个体警觉状态下大脑额叶及顶叶相应区域也会有所激活。⑥ 导向性网络的激活区域广泛⑦,主要包含了顶叶上部,颞顶联合区,上丘脑及额叶眼动区。⑧ 而执行功能主要对应前扣带回及外侧前额叶等区域。⑨

3. 注意力的发展

婴幼儿及学龄前时期是注意力快速发展的时期。随着年龄的增长,婴幼儿的注意时间变长,注意范围变大,有意注意的比重增大。婴幼儿不仅可持续性注意目标物,而且不易被干扰。⑩

---

① Treisman A M. Strategies and models of selective attention[J]. Psychological review,1969,76(3):282.

② Deutsch J A,Deutsch D. Attention:Some theoretical considerations[J]. Psychological review,1963,70(1):80.

③ Eriksen B A, Eriksen C W. Effects of noise letters upon the identification of a target letter in a nonsearch task[J]. Perception & psychophysics,1974,16(1):143-149.

④ Posner M I,Petersen S E. The attention system of the human brain[J]. Annual review of neuroscience,1990,13(1):25-42.

⑤ Fan J, McCandliss B D, Sommer T, et al. Testing the efficiency and independence of attentional networks[J]. Journal of cognitive neuroscience,2002,14(3):340-347.

⑥ Fan J,McCandliss B D,Fossella J,et al. The activation of attentional networks[J]. Neuroimage,2005,26(2):471-479.

⑦ Corbetta M,Shulman G L. Control of goal-directed and stimulus-driven attention in the brain[J]. Nature reviews neuroscience,2002,3(3):201.

⑧ Corbetta M. Frontoparietal cortical networks for directing attention and the eye to visual locations:Identical,independent,or overlapping neural systems? [J]. Proceedings of the National Academy of Sciences,1998,95(3):831-838.

⑨ Botvinick M M, Braver T S, Barch D M, et al. Conflict monitoring and cognitive control[J]. Psychological review,2001,108(3):624.

⑩ 林宜亲,李冠慧,宋玟欣,等. 以认知神经科学取向探讨儿童注意力的发展和学习之关联[J]. 教育心理学报,2011,42(3):517-541.

学龄期是注意中执行功能的主要发展时期①,此时注意力的发展与执行功能的提升密切相关。孩子们逐渐能够更长时间地保持注意力,同时也开始展现出更强的抑制力,能够抑制不相关的刺激。

青少年期注意力逐渐从外界刺激转向更复杂的认知任务。孩子们能够更好地处理抽象思维、逻辑推理和问题解决,这与前额叶的发展有关。② 此时期是大脑神经网络重新组织和执行功能进一步发展的时期。注意力变得更为灵活,能够更好地适应成人的认知需求,同时执行功能的提升也对决策、计划和自我控制产生影响。

在成年期,注意力的发展进入相对成熟的阶段。大脑结构和功能逐渐趋于成熟,但注意力仍然受到外界环境和任务要求的影响。

需要注意的是,个体的注意力发展存在差异,受到遗传、环境和个体经验等多种因素的影响。因此,注意力的发展是一个复杂而多维的过程。

4. 注意力和学习

注意力与个体的学习密切关联。一方面,学习者需要从环境中提取并维持有效的信息。另一方面,学习者也要避免无关信息及干扰物的影响。金志成等研究者对学困生的选择性注意加工的机制进行研究,发现其注意力的主要问题集中于对分心刺激抑制能力较弱,学习中易受无关信息的干扰。③

有研究者发现,持续性注意可以对学生语言、阅读与数学能力进行有效的预测④,注意力中的执行功能对学生整体课业表现、阅读能力以及计算能力有着深远的影响,小学五六年级学生的执行功能与其课堂整体表现具有显著的关联。⑤ 另外,注意力不仅影响学生当下的学习,对于未来的学习也有较好的预测作用。研究发现,学前期学生的注意

① Rueda M R, Fan J, McCandliss B D, et al. Development of attentional networks in childhood[J]. Neuropsychologia, 2004, 42(8): 1029-1040.

② Wu C H, Hwang G J, Kuo F R, et al. A mindtool-based collaborative learning approach to enhancing students' innovative performance in management courses[J]. Australasian Journal of Educational Technology, 2013, 29(1): 128-142.

③ 金志成,陈彩琦,刘晓明. 选择性注意加工机制上学困生和学优生的比较研究[J]. 心理科学, 2003, 26(6): 1008-1010.

④ West G, Shanks D R, Hulme C. Sustained attention, not procedural learning, is a predictor of reading, language and arithmetic skills in children[J]. Scientific Studies of Reading, 2021, 25(1): 47-63.

⑤ St Clair-Thompson H L, Gathercole S E. Executive functions and achievements in school: Shifting, updating, inhibition, and working memory[J]. The quarterly journal of experimental psychology, 2006, 59(4): 745-759.

力水平能有效预测其小学阶段的阅读[①]及计算[②]能力;工作记忆水平较高的学生,在阅读速度、正确率、回忆文字广度以及文章理解的准确性方面也较好;而具有阅读障碍的学生在工作记忆、冲突解决和计划方面也存在一定程度的障碍。美国社会心理学家戴维·麦克利兰(David C. McClelland)的研究认为,儿童期注意力的预测作用甚至可以持续到大学阶段。[③]

注意力缺陷多动障碍

注意力缺陷多动障碍(attention deficit hyperactivity disorder,ADHD),俗称多动症,是一种较为常见的注意力障碍。它的特征是"容易分心,难以专注""过度的活动"或"难以控制自身的言行举止",且不符合患者年龄该有的成熟度,其症状通常出现在12岁左右且持续超过六个月并在至少两种情境中出现。此外,注意力缺陷多动障碍往往体现在注意网络,特别是警觉性网络和执行功能网络缺损,而对注意力缺陷多动障碍往往采用药物与行为治疗相结合。

5. 注意力训练和注意状态训练

对于如何提高儿童的注意力,注意力训练和注意状态训练均是有效的方法。

注意力训练是针对注意力特定功能而进行的重复性练习,强调通过重复练习的方式增强注意执行功能,其效果可能提升相应的注意力功能,并有可能类化,迁移并提升其他的认知能力。[④]

注意状态训练是用不同的感觉输入使得儿童产生身体状态与心理状态的变化,从而提高注意力水平,其主张通过调节身心状态来改善个体注意力表现。与传统的注意力训练相比,注意状态训练加入了对儿童自我调节能力的训练与测量,注重儿童在不同压力情境下的情绪与反应(表2-1)。[⑤] 注意状态训练主张面向自然与正念,强调消除压力,调整情绪,自我放松,力图通过良好的身心状态恢复并提高注意的效率,其对注意力的提升

---

① Horn W F, Packard T. Early identification of learning problems: A meta-analysis[J]. Journal of Educational Psychology, 1985, 77(5): 597.

② Swanson H L. Cognitive processes that underlie mathematical precociousness in young children[J]. Journal of Experimental Child Psychology, 2006, 93(3): 239-264.

③ McClelland M M, Acock A C, Piccinin A, et al. Relations between preschool attention span-persistence and age 25 educational outcomes[J]. Early childhood research quarterly, 2013, 28(2): 314-324.

④ Posner M I, Rothbart M K. Research on attention networks as a model for the integration of psychological science[J]. Annu. Rev. Psychol., 2007, 58: 1-23.

⑤ Anderson P. Assessment and development of executive function (EF) during childhood[J]. Child neuropsychology, 2002, 8(2): 71-82.

效果也得到了实证研究的验证。①

表 2-1 注意力训练与注意状态训练特点比较

注意力训练	注意状态训练
训练注意执行功能网络	产生身心状态变化
需要定向注意与有意识的控制	早期需要有意识的控制,而后期则不需要
目标为提升非自动化控制系统	有意识的练习,包括自动化的系统
容易产生心理疲劳	目标在于活得轻松与平衡的状态
训练可以迁移到其他认知能力之上	训练可以迁移至认知、情绪与行为上

注意状态训练结合中国传统医学中身心一体的思想与冥想、正念的方法,可发展出一套整体身心调节训练(integrative body-mind training,IBMT)。② 这种训练强调身心关系在注意力中的重要作用,其设计目的在于调节并获得平衡、积极的身心状态,进而提升注意力及日常表现,其效果得到了实证研究的支持。有研究发现,连续 5 天,每天 20 分钟的整体身心调节训练能够显著提升大学生注意中执行功能的表现,并且其效果显著优于一般性放松训练。③

注意力对儿童和青少年的学习和发展具有重要作用。如今,如何将研究成果应用于教育教学是注意力研究面临的新挑战。要实现这一目标,就要使研究、技术、课堂教学和教育决策等互动与整合。④

结合以上内容,在教学中,教师要基于注意力的发展规律,设计学习材料、学习任务,促进注意力的发展。家长与老师应及时关注儿童身心状态,疏导儿童所面临的压力,促进注意力的提升。

(二)记忆与学习

1. 记忆

学习涉及记忆问题。记忆是指人们感知过的事物、思考过的问题、体验过的情感以及操作过的动作,都能以映像的形式保留在头脑中,在必要的时候又可以重现,在人脑中

---

① Gailliot M T, Baumeister R F, DeWall C N, et al. Self-control relies on glucose as a limited energy source: willpower is more than a metaphor[J]. Journal of personality and social psychology, 2007, 92(2): 325.

② Tang Y Y, Posner M I. Attention training and attention state training[J]. Trends in cognitive sciences, 2009, 13(5): 222-227.

③ Tang Y Y, Ma Y, Wang J, et al. Short-term meditation training improves attention and self-regulation[J]. Proceedings of the National Academy of Sciences, 2007, 104(43): 17152-17156.

④ Ansari D, Coch D. Bridges over troubled waters: Education and cognitive neuroscience[J]. Trends in cognitive sciences, 2006, 10(4): 146-151.

对过去经验的保持和提取的过程。经历事件或学习新信息时，大脑中的神经元形成特定的连接模式。这些连接模式通过重复激活和强化形成记忆。记忆是确保过去经验被记住的认知过程，包括获取新信息（记忆痕迹形成阶段）和记住信息（记忆痕迹提取阶段）两个过程。记忆痕迹激活程度越强，记忆信息越稳固，越不容易被遗忘。①

2. 记忆的分类

第一，根据记忆内容保持时间的长短进行分类。在此分类下，记忆可分为感觉记忆、短时记忆和长时记忆。感觉记忆的容量几乎是无限的，但是如果信息加工不立即开始，记忆痕迹将快速衰退；短时记忆又被称为工作记忆，能将有限的信息保持约几秒钟，有 5 ~9 个独立的信息单元；长时记忆时间较长，甚至终生不忘。②

知识学习的信息加工模型

从现代认知心理学看，学习是一个信息加工的过程，而信息加工的结果是个体获得了知识并将其储存在记忆中。美国心理学家加涅等人提出了一个有关知识学习的信息加工模型（图 2-4）。③ 该模型主要包括三个成分：一是信息储存库，这是用来保存信息的，具体包括感觉记忆、短时记忆以及长时记忆；二是认知加工过程，即将信息从一个储存库转换到另一个储存库的处理活动，具体包括注意、知觉、复述、组织编码以及检索等；三是元认知，即对认知过程的认知。这控制和协调了将信息从一个储存库转换到另一个储存库的各种认知加工过程。④

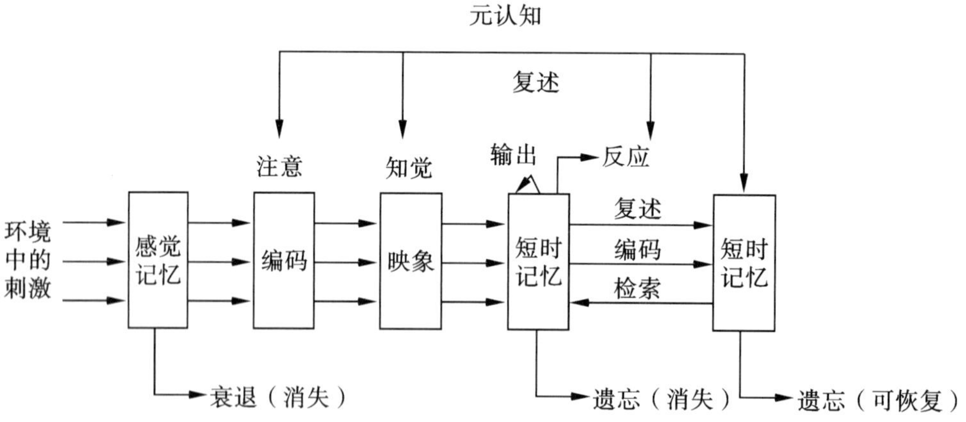

图 2-4　加涅等人有关知识学习的信息加工模型

---

① 经济合作与发展组织. 理解脑：新的学习科学的诞生[M]. 周加仙，等译. 北京：教育科学出版社. 2014：291-301.

② 莫雷. 教育心理学[M]. 北京：教育科学出版社. 2007：80.

③ 莫雷. 教育心理学[M]. 北京：教育科学出版社. 2007：79.

④ 同上。

第二，根据记忆的内容和特点进行分类。在此分类下，记忆可分为陈述性记忆和程序性记忆。陈述性记忆指的是我们对事实、概念和一般知识的记忆，涉及我们个人经历和事件的记忆，通常包括了发生的时间和地点，比如记得三角形的定义或记得在某个特定的生日聚会上发生了什么事情。程序性记忆涉及我们学会的技能和动作的存储，通常是无意识的，它能使我们能够执行各种任务而无须深思熟虑，程序性记忆不容易用语言准确地表达，而是通过实际的行动和练习来体现，比如骑自行车、弹奏乐器或打字。

第三，根据记忆的内容和经验对象进行分类。在此分类下，记忆可分为形象记忆、逻辑记忆、情绪记忆、动作记忆。其中，形象记忆是对视觉信息的存储和回忆，包括对图像、图形、颜色和空间布局等方面的记忆，如记忆人脸、场景或图表；逻辑记忆是对逻辑关系和事实的存储和回忆，侧重于对信息的理解和推理，包括对概念、规则和逻辑结构的记忆，如了解历史事件的发展脉络和影响；情绪记忆涉及对与情绪体验相关的信息的存储，比如记得高考时的紧张心情；动作记忆是对运动和动作技能的存储和回忆，能使我们能够学会和执行各种动作，如走路、游泳或打篮球。

3. 记忆的神经机制

不同类型记忆的神经机制不同。比如，陈述性记忆和程序性记忆具有不同的大脑神经基础。陈述性记忆由海马-颞叶系统调控，而程序性记忆由纹状体和其相连的基底节控制。[①]研究发现，内侧颞叶的海马是加工记忆的关键脑区，参与记忆的编码、存储和提取。研究表明记忆能力与海马结构的大小、海马的激活强度，以及海马中新神经元的产生速度有关。[①] 那么海马是如何促进记忆的呢？海马的神经回路会将不同脑区、不同感觉通道结合到一起，并对这些关系属性进行编码。因此，海马主要将彼此间的关联性存储下来，以使我们记住事物的要领。[②]

4. 记忆的可塑性

传统的记忆理论认为，巩固是一次性过程，在巩固后愈发稳定。但近年来研究发现，记忆具有可塑性，巩固好的记忆也会变得不稳定，需要巩固和再巩固过程一起作用，促进记忆的稳定和更新。[③] 记忆巩固过程中神经元会再次被激活。研究发现，加工特定记忆的神经元在学习过程中和学习之后会被反复激活，并且会提高记忆成绩。[④] 另有研究表

---

① Deng W, Aimone J B, Gage F H. New neurons and new memories: how does adult hippocampal neurogenesis affect learning and memory? [J]. Nature reviews neuroscience, 2010, 11(5): 339.

② 约翰·G. 吉克. 教育神经科学在课堂[M]. 周加仙，主译. 上海：上海教育出版社. 2020: 56-57.

③ 王英英，朱子建，吴艳红. 记忆的动态变化：记忆的编码、巩固和遗忘[J]. 科学通报，2016, 61(1): 12.

④ Rasch B, Büchel C, Gais S, et al. Odor cues during slow-wave sleep prompt declarative memory consolidation[J]. Science, 2007, 315(5817): 1426-1429.

明,激活后的记忆需要新的蛋白质帮助其再巩固,如果破坏了再巩固则可能彻底毁坏记忆[①],这也为消除创伤性记忆提供了方法。[②]

5. 学习和记忆

记忆在学习中具有重要作用。既然记忆需要被不断巩固,那么重复学习不失为记忆巩固的良好方式。在学习方式上,分散学习、提取学习等方式都有助于学习的长期保持和迁移。分散学习(spaced learning)是指将学习材料分散在不同的时间进行学习。艾宾浩斯(Hermann Ebbinghaus)最先提出了分散学习效应(spacing effect),是指重复学习的项目之间有间隔时的记忆效果更好。[③] 分散学习可以降低神经上的重复抑制,从而增强了重复呈现的项目在编码阶段的神经活动以及更好的随后记忆。

另外,提取学习(retrieval practice)也可以提高学习和记忆的成绩。[④] 提取学习时,学习者需要在没有线索或提示的情况下回忆信息。提取学习是一个获得、加工、整合和巩固语义关系的过程,充分调用认知和情感、皮层与皮层下机能,同时还发挥语义和情景记忆优势来促进学习与记忆。[⑤] 与简单重复学习相比,提取学习时前额叶、顶下叶、颞叶及一些皮层下结构(如腹侧纹状体、海马等)的脑激活更大。

结合以上内容,教师在教学中要基于记忆作用的机制,设计学习材料、学习任务,促进记忆的形成。家长与老师应及时关注记忆的方法,通过多种感官联系进行记忆,促进长时记忆的形成。

(四)情绪与学习

1. 情绪

我们常说的喜、怒、哀、乐等都属于情绪的范畴。情绪的概念较为复杂。情绪是由客观现实与人的需要间的关系所引起的感受,在狭义上是指与生理需要相联系的情绪,而在广义上还包括情感。[⑥] 研究者主要关注的情绪类别有两种,一种是将人类的情绪按基

---

① Nader K, Schafe G E, Le Doux J E. Fear memories require protein synthesis in the amygdala for reconsolidation after retrieval[J]. Nature, 2000, 406(6797): 722.

② Xue Y X, Luo Y X, Wu P, et al. A memory retrieval-extinction procedure to prevent drug craving and relapse[J]. Science, 2012, 336(6078): 241-245.

③ Cepeda N J, Pashler H, Vul E, et al. Distributed practice in verbal recall tasks: A review and quantitative synthesis[J]. Psychological bulletin, 2006, 132(3): 354.

④ Karpicke J D, Roediger H L. The critical importance of retrieval for learning[J]. science, 2008, 319(5865): 966-968.

⑤ 梁秀玲,李鹏,陈庆飞,等. 提取学习有利于学习与记忆的认知神经基础[J]. 心理科学进展, 2015, 23(7): 1151-1159.

⑥ 袁加锦. 情绪效价强度效应及神经机制研究[D]. 西南大学, 2009: 10.

本形式划分为六种，包括高兴、悲伤、愤怒、恐惧、厌恶和惊讶，具有跨文化的普遍性。① 另一种是按维度划分，Osgood 等人②将情绪分为效价（愉悦—不愉悦）和唤醒度（情绪体验的强度高—低）两个维度。Davidson 等人根据情绪引发的行动和目标划分，不同情绪反应或者状态可以驱使我们去接近（如高兴）或者远离（如厌恶）某个场景。③

2. 情绪的神经机制

情绪活动具有自身独特的生理机制，除了大脑皮层在情绪的主观体验、认知评价以及情绪调节中发挥作用，皮层下的丘脑、下丘脑、网状激活系统等也具有重要作用。④ 其中，位于颞叶前内侧、侧脑室下角前端上方的杏仁核是最重要的情绪中枢，负责编码刺激物的情绪效价并指导行为⑤，对于探测具有生存意义的恐惧情绪刺激尤为敏感。⑥ 当处于高压和焦虑的学习中，杏仁核会过度反应。因此在课堂要尽量避免过度刺激杏仁核，保持适中的学习难度和挑战，以此激发学生的好奇心和参与度，把杏仁核调适到理想的活动状态，提高信息进入记忆存储区域的速度和效率。只有在情绪因素和智力因素两者之间找到平衡点，结合兴趣和好奇心，课堂才能有效促进学生对学习材料的理解和联系。⑦ 此外，杏仁核与海马的交互系统对情绪记忆的编码、巩固和提取都非常重要。⑧ 一项研究发现，人脑杏仁核—海马神经环路在工作记忆编码和维持阶段呈现出两个明显的功能特点。

第一，“各司其职”：杏仁核在工作记忆编码阶段表征记忆内容，而海马在材料消失后的维持阶段保持了记忆信息的表征。

第二，“守望相助”：杏仁核和海马在编码和维持阶段相互协作，相互传递信息。杏仁核与海马分工协作，可以更好地解码出工作记忆负载。⑨

---

① Ekman P, Friesen W V. Constants across cultures in the face and emotion[J]. Journal of personality and social psychology, 1971, 17(2): 124.

② Lindgren H C. The Measurement of Meaning[J]. Audio-Visual Communication Review, 1957, 2(7): 503-4.

③ Davidson R J, Ekman P, Saron C D, et al. Approach-withdrawal and cerebral asymmetry: emotional expression and brain physiology: I[J]. Journal of personality and social psychology, 1990, 58(2): 330.

④ 同①

⑤ Dolan R J. The human amygdala and orbital prefrontal cortex in behavioural regulation[J]. Philosophical Transactions of the Royal Society B: Biological Sciences, 2007, 362(1481): 787-799.

⑥ 同上。

⑦ Judy Willis, M. D.. 点燃学生的学习热情：基于脑科学的教学策略[M]. 吕红日，汤雪平，译. 北京：中国轻工业出版社，2016: 27-28.

⑧ Buchanan T W. Retrieval of emotional memories[J]. Psychological bulletin, 2007, 133(5): 761.

⑨ Li J, Cao D, Yu S, et al. Functional specialization and interaction in the amygdala-hippocampus circuit during working memory processing[J]. Nature Communications, 2023, 14(1): 2921.

3. 情绪与学习

情绪可以调节注意和影响记忆,从而影响学习。

一方面,情绪可以通过调节注意范围和注意偏向影响学习。其中,注意范围是指个体在同一时间内知觉到对象的数量。注意范围在阅读中具有重要作用。有研究发现,相比于中性和消极情绪,积极情绪能扩展注意范围①,在注意偏向中,具有情绪色彩的刺激比不带情绪色彩的刺激更能吸引注意。② 比如,高自尊个体经常得到肯定和赞扬,更注意积极信息。而低自尊个体经常处于消极评价和反馈之中,并且其更注意消极信息,这种注意偏向上的差异可能会导致个体在学习上的差异。

另一方面,情绪影响记忆。情绪会在记忆的各个加工阶段影响记忆③,在感知加工的早期,人们更加注意情绪事件④;当情绪信息被登记后,情绪信息更有可能被反复思考、精细复述和选择性检索。⑤ 情绪信息的记忆增强效应既存在于短时记忆中,也存在于长时记忆中。⑥ 此外,情绪还会影响工作记忆,研究发现,在诱导正常人的焦虑情绪后,其空间工作记忆被损害。⑦⑧ 而工作记忆对于语言理解、学习、推理、思维等复杂活动的完成起着关键作用。

4. 情绪调节

情绪调节是指通过改变情绪体验的强度、持续时间和品质等来调整情绪反应的个体行为。⑨ 常见的情绪调节策略包括认知重评和表达抑制。认知重评发生在情绪产生的早期,主要通过改变对情绪事件的理解和情绪事件个人意义的认识,以减缓或减轻情绪反应。而表达抑制则发生在情绪产生的晚期,主要通过抑制将要发生或正在发生的情绪表达行为,从而减轻主观情绪体验。

---

① Rowe G, Hirsh J B, Anderson A K. Positive affect increases the breadth of attentional selection[J]. Proceedings of the National Academy of Sciences, 2007, 104(1): 383-388.

② 彭晓哲,周晓林. 情绪信息与注意偏向[J]. 心理科学进展, 2005(4): 488-496.

③ 张钦,王岩,罗峥,等. 记忆活动中情绪调节的效果和认知神经机制[J]. 心理科学进展, 2011, 19(9): 1259-1266.

④ Schupp H T, Stockburger J, Codispoti M, et al. Selective visual attention to emotion[J]. Journal of neuroscience, 2007, 27(5): 1082-1089.

⑤ Mather M, Knight M. Goal-directed memory: The role of cognitive control in older adults' emotional memory[J]. Psychology and aging, 2005, 20(4): 554.

⑥ Hadley C B, MacKay D G. Does emotion help or hinder immediate memory? Arousal versus priority-binding mechanisms[J]. Journal of Experimental Psychology: Learning, Memory, and Cognition, 2006, 32(1): 79.

⑦ Lavric A, Rippon G, Gray J R. Threat-evoked anxiety disrupts spatial working memory performance: an attentional account[J]. Cognitive therapy and research, 2003, 27(5): 489-504.

⑧ Shackman A J, Sarinopoulos I, Maxwell J S, et al. Anxiety selectively disrupts visuospatial working memory[J]. Emotion, 2006, 6(1): 40.

⑨ Gross J J, Thompson R A. Emotion Regulation: Conceptual Foundations. [J]. J. j. gross Handbook, 2007, 21(3): 431-441.

相关研究表明，认知重评和表达抑制都能降低情绪体验，但认知重评会减弱生理反应和交感神经系统的激活，降低杏仁核的激活，但不影响其他认知活动。而表达抑制却会增强生理反应和交感神经系统的激活，杏仁核的激活也并未降低，还会干扰记忆等认知活动的完成。[①] 因此，长远来看，认知重评策略是优于表达抑制策略的。

考试恐惧症

考试恐惧症是一种较为常见的心理障碍，主要症状包括考前产生紧张、焦虑、恐惧、烦躁等负面情绪，并可能伴有身体上的反应，如头痛、胃痛、手汗等。这些不良反应会影响考生的思维、注意力和记忆力，从而影响考试成绩。这反映了情绪对学习的影响。这些负面情绪可以影响学生的学习积极性和学习效果，导致他们无法充分展示自己的学习能力。另外，学生的情绪问题也可能会影响他们的专注度、判断力和创造力。如果一个学生长期处于焦虑、抑郁等负面情绪中，可能会对他们的学习产生不利影响，进而影响他们的学业和未来。

综合以上内容，教师在进行学习环境设计和学习材料设计时，以及在教学过程中，应关注学生的情绪因素，以有效促进学生的学习体验和成就。了解并挖掘学生的情绪状态，有助于调动其积极情绪，提升学习的效果。以下是一些建议。

情绪友好的学习环境设计：教室氛围和布置可以对学生的情绪产生影响。创造积极、鼓舞人心的环境，例如使用明亮的颜色、激励性的标语，有助于激发学生学习的兴趣和积极性。

巧妙选择学习材料：教师在选择学习材料时，应考虑材料对学生情绪的影响。有趣、生动、与学生生活经验相关的材料更容易引发学生的兴趣，提高学习的参与度。

情绪调节技能培养：在教学中，教师可以教授学生一些简单的情绪调节技能，例如深呼吸、积极思考、目标设定等，帮助学生更好地处理学习中的挑战和压力。

个性化关怀和支持：对于存在消极情绪的学生，及时给予关怀和支持是至关重要的。了解学生的个性和需求，采取个性化的教育方式，帮助他们建立积极的学习态度。

激发学习动机：积极的情绪有助于激发学生的学习动机。教师可以通过设定有挑战性但可达成的目标、提供及时的正面反馈等方式，培养学生对学习的兴趣和渴望。

通过关注情绪因素，教师可以更全面地理解学生，提高教学的效果，培养学生全面发展所需的认知和情感技能。

---

① 程利，袁加锦，何媛媛，等．情绪调节策略：认知重评优于表达抑制[J]．心理科学进展，2009，17(4)：730-735.

学习链接

1. 请查阅各国脑计划研究内容，了解其研究热点与应用。可以通过扫描如下二维码，了解部分国家的脑计划。

(1)欧洲的大脑计划。

(2)美国的大脑计划。

2. 请查找阅读相关文献，了解脑科学与学习的相关研究进展，以下为部分文献示例。

(1)曾文婕. 德育课程创新何以可能：来自脑科学的启示[J]. 南京社会科学，2021(2)：141-149.

——本文分析了脑科学视野下的德育课程观念，并从设计、实施、研究等不同方面探讨了基于脑科学的德育课程创新。

(2)郑丽芬，靳伟，卢春明，等. 脑科学视域下课堂教学的本质、机制与实践策略[J]. 教育发展研究，2023，43(4)：56-63.

——本文在脑科学视域下，探讨了课堂教学本质的三重内涵，分析了课堂教学的脑间同步机制，并提出了相应的课堂教学实践策略。

学习总结

1. 神经元不同功能与大脑的不同功能有关，根据神经元在神经活动中所处的位置和功能特点，可将它们分为三种：感觉(传入)神经元、运动(传出)神经元、联络神经元或中间神经元。

2. 脑是中枢神经系统的主要部分。从整体结构看，人脑包括端脑、小脑、脑干、间脑。大脑皮层可被分为枕叶、顶叶、颞叶和额叶四部分。在人脑发育过程中，首先发育的是与基本功能相关的感知觉皮层和运动皮层，随后是与空间定向、语言发展和注意力相关的颞顶叶联合皮层。最后,与执行功能、注意力和协调运动相关的前额叶和侧颞叶皮层逐渐发展。

3. 大脑可塑性指的是大脑能够根据环境的变化、学习经验和外部刺激来调整自身的结构和功能,以更好地适应新的情境和任务。

4. 脑科学的应用包括脑机接口、仿生学、人工智能、教育领域等。脑科学的研究方法包括神经影像学相关技术、神经生理学相关方法、分子生物学和遗传学相关方法,以及计算建模等。

5. 学习机制是指学习活动在内部基础和外部因素的共同作用下顺利运作的过程。即学习机制是用来阐释学习活动是如何运作的。学习机制具有相互作用性、动态复杂性、网络协调性等特性。

6. 注意被认为是心理活动或意识对一定对象的指向与集中,注意力则被定义为心理活动指向和集中于某种事物的能力。注意有两个主要特点:指向性与集中性。注意根据其特征可以分为选择性注意、持续性注意和注意的分配性。

7. 记忆是指人们感知过的事物、思考过的问题、体验过的情感以及操作过的动作,都能以映像的形式保留在头脑中,在必要的时候又可以重现,在人脑中对过去经验的保持和提取的过程。根据记忆内容保持时间的长短,记忆可分为感觉记忆、短时记忆和长时记忆。根据信息加工和存储方式,可分为陈述性记忆和程序性记忆。根据记忆的内容和经验对象,可分为形象记忆、逻辑记忆、情绪记忆、动作记忆。

8. 情绪是一种以个体需要和愿望为中介的心理活动。情绪调节是指通过改变情绪体验的强度、持续时间和品质等来调整情绪反应的个体行为,常用的情绪调节策略有认知重评和表达抑制。认知重评发生在情绪产生的早期,主要通过改变对情绪事件的理解和情绪事件个人意义的认识,来降低情绪反应。表达抑制发生在情绪产生的晚期,主要是通过抑制将要发生或者正在发生的情绪表达行为,从而降低主观情绪体验。

学习评价

1. 大脑的基本结构是什么?

2. 什么是学习机制?

3. 脑科学的研究方法有哪些?

4. 记忆和学习之间有什么关联?

5. 情绪和学习之间有什么关联?

6. 脑科学领域中,有哪些研究方法?

7. 为什么说人工智能仍然缺乏高级认知和深度学习能力?主要体现在哪些方面?

8. 请查阅脑科学的相关研究资料,和同伴交流如何从脑科学的角度更好地促进学习。

第三章 学习动机

学习导入

在教学过程中，如果教师发现部分学生的学习积极性不高，对学习感到厌倦和无趣，会采用哪一些方法来激发学生的学习动机？动机与学习的关系十分密切，它使学生参与促进学习的活动中去，了解学习动机的教师也能够采用更科学的方式去激发学生的学习动机。那么，什么是学习动机呢？如何能够更好地激发学习动机？通过本章内容的学习，相信大家会对学习动机有更深入的理解。

内容简介

本章内容聚焦"学习动机"，首先介绍了学习动机的含义、影响学习动机的相关因素以及学习动机的分类及作用等，让学习者对学习动机有初步了解；其次，分别从行为主义、认知主义、人本主义等不同视角，分析了与学习动机相关的理论内容，加深学习者对学习动机的理解；最后，探讨了学习动机激发的方式与应用，为学习者应用学习动机相关内容提供参考。

学习目标

1. 掌握学习动机的含义。
2. 掌握动机的分类。
3. 熟悉影响学习动机的相关因素。
4. 熟悉学习动机的相关理论内容。
5. 熟悉激发学习动机的方式。
6. 养成乐学善思的学习态度。

第一节 学习动机概述

学业成绩的影响因素众多,其中不仅包括智力水平等认知层面的要素,也包括学习动机和情绪等非认知层面的要素。[①] 学习者在学习时是受一定的动机影响的,但动机因人而异。本节将对学习动机的含义、相关因素、动机的分类,以及动机在学习中的作用等进行探讨,使学习者对学习动机有初步了解。

一、学习动机的含义

动机是影响学习的关键因素之一,它起源于拉丁文"movere"。国外诸多研究者对学习动机进行了相关研究与实践,形成了对于学习动机的多样化认识。例如,美国心理学家品特里希(Pintrich)和舒克(Sehunk)将动机定义为心理活动过程,表现在以目标为导向来激发与维持个体的行为。[②] 英国语言学家德尔涅伊(Dornyei)认为动机是由诱因引起的行动,且该行动在没有外力干扰的情况下可持续下去,直至达到预定目标。[③] 比如,学习者为了获得好成绩,每天都会认真努力学习,这种行动在没有外力干扰的情况下也持续进行。

国内学者对学习动机同样开展了研究,形成了对学习动机的多元认识。例如,陈琦等认为,动机是指引发、导向并维持活动的倾向,而学习动机是指激发学习行为,并使之导向了一定的学业目标,并且维持了这一行为的动力倾向。[④] 莫书亮等认为,学习动机是推动学习活动的内在原因,具体包括对学习客观必要性的认识、对学习的直接兴趣等两方面。[⑤] 吴鹏泽认为,学习动机指的是唤起个体进行学习活动,引导个体行为朝向学习目标,并且对这种学习活动进行维持、调节以及强化的内在历程或内部心理状态。[⑥]

此外,不同学习者的学习动机是具有强度和方向上的差异的。其中,"动机强度"是

---

① 姜怡.高中生学习动机发展模态及其对学业成绩的影响[J].华东师范大学学报(教育科学版),2022,40(11):80-91.

② Pintrich P R,Schunk D H. Motivation in education:Theory,research,and applications[J]. Routledge,1996,95(4):667.

③ Dornyei Z. Motivation in Second and Foreign Language Learning [J]. Language Learning. 1998(3):117-138.

④ 陈琦,刘儒德.当代教育心理学[M].3版.北京:北京师范大学出版社,2019:158.

⑤ 莫书亮,孙葵,周成,等.中学生考试焦虑与学习动机和人格特质的关系[J].教育研究与实验,2009(6):56-59.

⑥ 吴鹏泽.远程学习者内部学习动机的激发策略[J].现代远距离教育,2011(2):58-59,66.

指动机的力度,有高低之分;“动机方向”指对某种物体或目标的趋近或回避力。[①] 动机的强度和方向是相互的。一般来说,如果学生的学习动机非常强烈,他们就会努力地投入学习,从而取得好的学习成果。但是如果学生的学习动机过于强烈,则可能会使个体过于焦虑和压力过大,也可能会使个体过于固执己见,只关注自己的想法和目标,而忽略其他可能更有用的信息和建议。相反,如果学生的学习动机不足,他们可能就会缺乏学习的动力和决心,导致学习效果不佳,对自己失去信心。

综上,学习动机并没有一种非常明确的定义。结合上述内容,我们在本书中将学习动机定义为:学习动机是指激发、调节和维持学习者学习行为的倾向。

二、影响学习动机的相关因素

学习动机既与个人的情感、需要、兴趣等主观因素相关,也与考试、升学等客观环境要求紧密相关。

(一)兴趣

兴趣是个体趋向于认识与掌握某种事物,并力求参与活动,以及具有积极情绪色彩的一种心理倾向。[②] 研究者们对兴趣的关注已久,其中得到广泛认可的是个体兴趣和情境兴趣。[③] 因个体的具体知识、信念或价值观而产生的兴趣被称为“个体兴趣”,这种兴趣是稳定的、持久的。而当环境中的某些条件有吸引力、任务具有挑战性、材料新异或者能够满足一时需要时,个体会产生兴趣。这种由任务或材料本身所引发的兴趣被称为“情境兴趣”。情境兴趣一般是不稳定的,一旦学生的需要得到满足后,就会失去兴趣。在某种条件下,情境兴趣可以转变为个体兴趣。例如,当拥有足够的学习配套资源时,学习者可能会在探索和学习过程中逐渐对某个主题或领域产生更浓厚的兴趣。这种情境兴趣可能会随着时间的推移和个人投入的增加而转变为个体兴趣。

(二)需要与诱因

需要和诱因共同构成了动机的内因和外因。其中,需要指的是人体组织系统中的一种缺乏、不平衡的状态;诱因指的是能够激发起机体的定向行为,并能够满足某种需要的外部条件或刺激物。[④] 当人的某种需要没有得到满足时,就会产生“动机”,来促进人去满足需要。除“需要”外,“诱因”也会引发“动机”。例如,当一个人在学习中表现出色,得到了同学和老师的赞扬或奖励,这种诱因可能会激发他更加努力学习。

---

① 颜心雨.情绪的动机维度对情绪调节策略选择的影响[J].心理学进展,2021(2):563-570.
② 陈琦,刘儒德.当代教育心理学[M].3版.北京:北京师范大学出版社,2019:159.
③ 涂阳军,何旭明.学习兴趣测量研究述评[J].大学教育科学,2013(1):52-58.
④ 陈琦,刘儒德.当代教育心理学[M].3版.北京:北京师范大学出版社,2019:159.

(三)态度

态度的构成包括认知、情感和行为倾向等三方面因素。① 例如,当你在商场看到内心非常想要的物品,但价钱让人望而却步,此时情感和行为出现不一致,个体的态度就发生了改变。

(四)期望

期望指的是一种对事件未来状态的信念。② 期望与绩效具有一定关系。无论是在经典动机理论中,还是积极心理学中,积极的期望都与积极结果的产生有关。③ 例如,当团队成员对某项工作成功的期望较高时,他们会倾向于付出更多努力以获得成功,这就可能促进了积极结果的产生。

(五)价值观

价值观是系统化、理论化的价值取向,也可以说是关于价值问题的根本观点和总的看法。④ 个体的行为往往会受到价值观的影响。人一般会优先选择做自己认为比较重要的事情。例如,如果一名学生梦想成为一名工程师,那么这名学生可能就会认为在当前的学习中,数理化学科的成绩很重要,这样他就会花费更多时间、付出更多努力去学习这些学科。

三、学习动机的分类

在不同的分类依据下,动机可以被分为多种类型。

(一)根据动机的动力来源进行分类

根据动机的动力来源,动机可以被分为内在动机和外在动机。其中,内在动机是指对学习本身的兴趣所引起的动机。拥有内在动机的学生往往会采取主动的学习策略,有更高的学习投入,这在一定程度上促进了学习效果的提高。

外在动机是指由外部诱因所引起的动机。拥有外在动机的学生可能会受到外部奖励或惩罚的影响,从而采取被动的学习策略,而且个体对学习的态度和投入度可能也会有所波动。

对学习有内在动机的学生可以积极、稳定地参与学习过程,他们在解决问题时具有独立性。而对学习仅有外在动机的学生一旦达到了设定目标,学习动机便会下降。为了

---

① 陈琦,刘儒德.当代教育心理学[M].3版.北京:北京师范大学出版社,2019:160.

② 姚琦,马华维,乐国安.调节匹配对期望与绩效关系的影响[J].应用心理学,2010,16(1):73-79.

③ 姚琦,马华维,乐国安.期望与绩效的关系:调节定向的调节作用[J].心理学报,2010,42(6):704-714.

④ 陈新夏.价值观的含义、特性和作用新探[J].当代中国价值观研究,2023,8(4):5-14.

达到目标,他们往往采取避免失败的做法。当然,内在动机和外在动机可能存在相互影响,一项学习任务也可以同时由两种动机驱动。美国心理学家德西(Deci)与瑞安(Ryan)的“自我决定”理论实验就证明了这一点。

德西与瑞安的“自我决定”理论实验

1970 年,德西与他的同事瑞安在罗彻斯特大学招募了一些大学生作为被试者参加实验。他们在实验房间准备了立体积木拼图,还有各种娱乐杂志。立体积木拼图是一种非常有趣的智力小游戏。

该实验分为三个阶段:

第一阶段:抽调的全部学生在解题时都不给予任何外界的奖励。

第二阶段:开始进行分组,实验组的学生每解答出一道难题后,便得到 1 美元的奖励,而对照组的学生仍像原来那样解题,不给予他们任何外界的奖励。

第三阶段:在每个学生自由休息的时间,研究人员观察学生是否仍在做题,以此作为判断学生对解题兴趣的指标。

实验结果显示,无奖励组的学生比奖励组的学生在休息时愿意花费更多时间继续投入解题中。也就是说,奖励组对解题的兴趣衰减得快,而无奖励组在进入第三阶段后,仍对解题保持了较大的兴趣。

这项实验说明,当被试者进行一项自己感兴趣、自发性的活动时,如果提供外部的物质奖励,反而会减少他们对事情的兴趣程度。

以上实验给教师以启发:在教学中,教师需要以内在动机为主,以外在动机为辅,逐渐将外在动机转换为内在动机。

(二)根据动机的成分进行分类

根据动机的成分,美国教育认知心理学家奥苏贝尔(Ausubel)将学校情境中的成就动机分为:认知内驱力、自我提高内驱力和附属内驱力。

认知内驱力指的是以求知为目的,探索解决问题途径的动机,或说是个体想要理解对所要求掌握的知识的一种渴望。[①] 在有意义学习中,认知内驱力可能是一种最重要和最稳定的动机。

自我提高内驱力是个体因自己胜任能力或工作能力而赢得相应地位的需要。自我提高内驱力属于一种外在动机,这是因为其并不直接指向学习任务本身,而是将成就看

① 谭秋霞.基于认知内驱力的高中生地理学习兴趣培养策略探究[D].武汉:华中师范大学.2019:4.

作赢得地位与自尊心的根源。出于维护自尊等原因,学生的自我提高内驱力将驱使其在学业上做出长期努力。

附属内驱力是指学习者为了获得教师、家长等长辈或集体的赞许或认可,而表现出要把学习或工作做好的一种需要。这种动机在年龄较为幼小的儿童的学习活动中比较突出,其目的在于得到他人的赞扬和认可,具体表现为儿童追求良好的学习成绩。

(三)根据动机来源及持续时间的不同进行分类

根据动机来源及持续时间不同,动机可以被分为个人动机和情境动机。

个人动机是与个体自身的需求、信念和价值观以及性格特征(自主需求、成就动机、自我效能感、自我价值和归因风格等)密切相关的动机。它比较稳定、持久,贯穿于学校生活的始终乃至毕生,广泛存在于对各学科、课题和学习活动之中。

情境动机是与情境因素(外在刺激的吸引力、奖励和评价等)密切相关的动机。它是暂时的、不稳定的,往往表现在某一具体学习活动中。

个人动机和情境动机在学生的学习过程中都有作用,而且两种动机可以相互影响和相互作用,共同推动学生的学习和发展。例如,学习者参加了一个英语角,与其他英语爱好者交流互动,互相学习。在这个情境中,这位学习者可能会受到他人的影响,激发了他的学习兴趣和动力,让他更加努力地提高自己的英语口语能力。在这种情况下,他的学习动机既受到个人内部需求的影响,也受到情境因素的影响。

(四)根据动机作用的范围不同进行分类

根据动机作用的范围不同,动机可以被分为一般动机与具体动机。其中,一般动机是指学习者对所有学习活动都具备的、相对稳定地努力掌握知识经验的动机。例如,学习者对学习任务和内容持有积极态度、努力提高自我能力等。一般动机较为稳定、持久,且广泛存在于各种学习活动中,与其价值观念和性格特征紧密相连,也被称为性格动机。具体动机则是指在某一具体学习活动中表现出的动机,可能只对某一个或某几个学科或内容感兴趣,受外界情境因素影响较大,作用是暂时的、不稳定的。①

四、学习动机的作用

在学习中,有两种因素发挥重要作用,一是智力因素,如观察力、思维能力等,这类因素对学习的影响是直接的;二是非智力因素,如动机、性格等,这类因素对学习的影响是间接的。其中,学习动机作为一种非智力因素,间接影响学习。研究表明,学习动机有加

① Gagné M, Deci E L. Self-determination theory and work motivation[J]. Journal of Organizational behavior, 2005, 26(4): 331-362.

强学习的作用。

（一）学习动机强化学习行为本身

学习动机可以强化学习行为本身，使学习者形成“学习—动机—学习”的良性循环。正如奥苏贝尔（Ausubel）所说：“动机与学习之间并非一种单向性的关系，而是典型的相辅相成关系。”在学习中，学习者不仅获得了知识、掌握了技能，同时也满足了求知、自尊、受到他人赞扬等心理需求，这也促使学习者产生更大的学习动机，以通过进一步的学习来获得个人需要的满足。

（二）学习动机间接影响认知建构过程

学习动机产生后，主要以提升学习准备、集中学习注意力、增强学习意志、唤醒学习情绪、增加学习投入等为中介，间接影响人的认知建构过程。

（1）学习准备。学习准备是指一个人寻求新知识和改变行为以适应变化的可能程度，也泛指学习者在学习前所具备的与学习有关的准备情况。[①] 学习者做好学习准备，有助于激活其相关的背景知识，降低对事物的知觉阈限，从而提高学习效率。

（2）学习注意力。注意力是构成智力的基本因素之一，它和学生的学习成绩和效果密切相关。学习注意力的集中有助于人们将学习活动指向认知内容和目标，克服分心刺激的影响。

（3）学习意志。学习意志在一定程度上反映学生学习需要的强弱，学习意志的增强会使其在完成挑战性任务时持续努力。

（4）学习情绪。学习情绪是学生认识客观要求和自身需要之间关系时所伴随的态度体验。在对学习产生积极情绪时，会促使人喜欢学习。

学习情绪及分类

根据愉悦度和唤醒度两个维度，学习情绪可以分为四种类型：积极、消极、兴奋和厌倦（图 3-1）。[②] 当学习需求与客观要求相符或接近时，学生会体验到积极情绪，表现为对学习有浓厚兴趣，享受学习过程；反之，如果两者相悖或无关，学生则会产生消极情绪，对学习持有消极态度。

---

① 李娟，李文娟，查文英，等. 成人远程学习准备度的实证研究[J]. 开放教育研究，2014，20（3）：88-97.

② Pekrun R, Goetz T, Titz W, et al. Academic emotions in students ' self - regulated learning and achievement: A program of qualitativeand quantitative research[J]. Educational Psychologist, 2002, 37(2): 91-105.

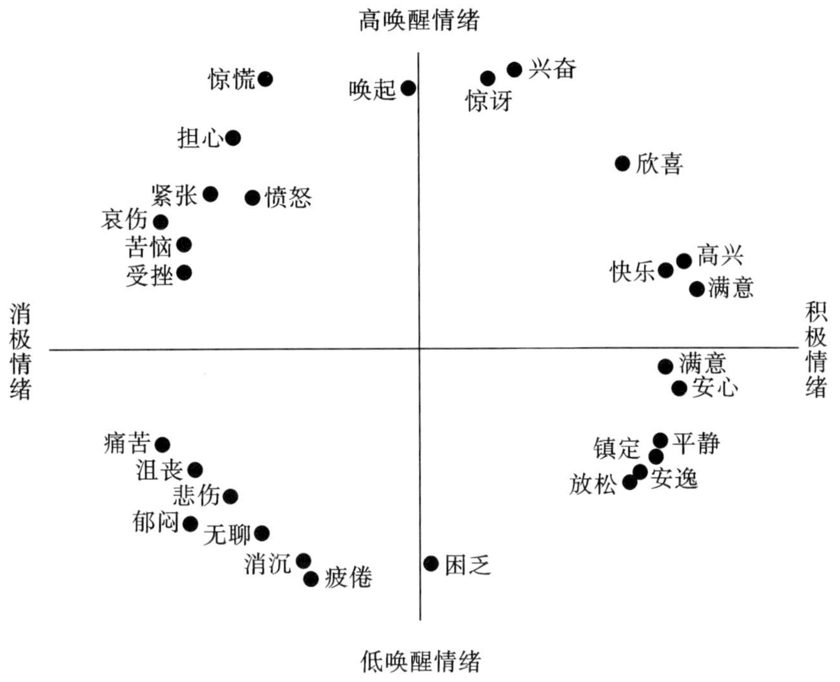

图 3-1　学习情绪的分类

（5）学习投入（student engagement）。学习投入是指个体在学习中积极参与学习活动，并进行思考、应对挑战，同时伴随着积极的情感体验，是认知投入、行为投入和情感投入等相互作用的统一体。[①] 学习投入受学习动机的影响，同时又是预测学习质量与学业成就的有效指标之一。

认知投入：指学生在知识掌握，学业技能提高上的心理努力以及对学习的自我调节[②]。

情感投入：指学生在学习活动中的情绪反应（兴趣、倦怠、幸福、伤心、焦虑等）和情感体验（归属感、认同感等）。

行为投入：指完成有关学习任务的努力行为和效果，是认知投入与情感投入的前提和载体。[③]

---

① 韩宝平．大学生学习投入影响因素分析［J］．国家教育行政学院学报，2014（8）：77–82．

② 刘丹，郭莹莹，张熙曼．混合学习环境中学业情绪对认知投入的影响因素研究［J］．数字教育，2023，9（3）：49–56．

③ 刘哲雨，王志军．行为投入影响深度学习的实证探究：以虚拟现实（VR）环境下的视频学习为例［J］．远程教育杂志，2017，35（1）：72–81．

耶克斯-多德森定律

耶克斯-多德森定律(The Yerkes-Dodson Law,图3-2)显示,学习效率随学习动机强度的增加而提高,直至达到最佳水平,之后则随学习动机强度的进一步增加而下降。动机强度的最佳水平会随学习活动的难易程度而有所变化。一般来说,从事比较容易的学习活动,动机强度的最佳水平点会高一些,而从事比较困难的学习活动,动机强度的最佳水平点会低一些。不仅如此,动机强度的最佳点还会因人而异。进行同样难度的学习活动,对有的学生来说,动机强度的最佳水平点高一些更为有利,但对于另一些学生来说,最佳水平点低一些则更为有利。

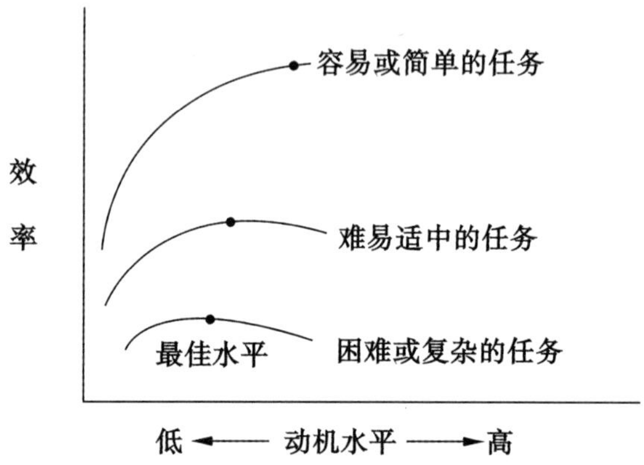

图3-2 耶克斯-多德森定律曲线

第二节 学习动机的相关理论

学习动机不仅会影响学习者的学习方向、学习进程和学习效果,也会影响其心理发展。本节从三种视角出发,阐述学习动机的相关理论内容。

一、从行为主义视角看学习动机

从行为主义视角看,动机是由外部线索刺激引起的一种对行为的反应,并特别重视用强化来说明动机的激发与作用。人的某种学习行为倾向完全取决于先前的这种学习行为与线索刺激因强化而建立起来的稳固联系。强化可以使人在学习过程中增强某种反应发生的可能性。具体来看,与动机相关的理论有内驱说、强化论和自我效能感理论。

（一）内驱说

内驱说认为，人的动机来自于内部的驱动力。人们会因为自身需要达到某个目标而产生一种内驱力。这种内驱力激发人们去行动，以满足自身的需要。当需要得到满足时，内驱力就会下降，从而减少个体的紧张和焦虑。

（二）强化论

强化论由美国著名心理学家斯金纳（Skinner）提出，他通过长期对人和动物的学习实验研究，总结出了强化理论，又叫操作条件反射理论。该理论主张以学习的强化原则为基础，理解和修正人的行为。

根据强化论，学习的过程可以被视为是塑造和调整行为的过程，通过使用正面或负面的强化刺激，来鼓励或抑制特定的行为。正面的强化刺激可以包括奖励、鼓励、肯定等，而负面强化刺激则包括惩罚、批评、否定等。

斯金纳认为，强化是可以增加行为反应概率的一种操作，他发现强化和行为之间有着非同一般的关系，如果强化的时间和比例不同，强化的作用效果也不相同。而对反应预先安排的强化形式被称为强化程式。强化程式可以分为：连续强化，即每当合乎需要的反应一出现时便给予强化；间隙强化，即在合乎需要的反应出现一段时间之后才给予强化。间隙强化又可分成定比与定间隔强化，不定比与不定间隔强化。研究发现，使用连续强化，行为及行为倾向建立快，但消退也快；使用定比与定间隔强化，行为与行为倾向建立慢，但消退也慢；而使用不定比与不定间隔强化，行为与行为倾向建立极慢，消退也极慢。

行为主义心理学家认为，人类和动物的行为倾向是由于之前的行为结果得到了强化或惩罚。学习行为的动机也受到强化影响。如果学习行为得到正强化，如好成绩和赞扬，学生会增强学习动机；如果学习行为没有得到强化或受到惩罚，如嘲笑，学生会缺乏或产生逃避学习的动机。

（三）自我效能感理论

20 世纪六七十年代，美国心理学家阿尔伯特·班杜拉通过对历史关系和传统行为主义的继承与批判提出了社会学习理论，自我效能理论即为该理论的组成部分。自我效能是在当时新兴的认知心理学的影响下，针对传统行为主义陷入危机去做出反应而提出的。它主要强调决定认知潜能发挥的因素——主体因素，同时也强调了人类学习的必要性。

班杜拉在他的动机理论中指出，人的行为受行为的结果因素与先行因素的影响。行为的结果因素就是通常所说的强化，但他认为，在学习中没有强化也能获得有关的信息，形成新的行为。而强化能激发和维持行为的动机以控制和调节人的行为。在班杜拉看来，影响行为的决定性因素是期待，他把期待分为效能期待和结果期待。效能期待又被称为自我效能感，指个人自信地认为能够顺利进行某种行为并产生期待的结果；结果期待是指个人预测到某种行为将会产生的可能结果。①

班杜拉指出自我效能的形成主要受以下因素的影响：个人自身行为的成败经验、替代经验、言语劝说、情绪唤醒等。

（1）个人自身行为的成败经验（direct experiences）。这个因素对自我效能感的影响最大。一般来说，成功经验会提高效能期望，反复的失败会降低效能期望。但实际情况却并不这么简单，成功经验对效能期望的影响还要受个体归因方式的影响，如果归因于外部机遇等不可控的因素就不会增强效能感；把失败归因于努力等内部可控的因素不一定会降低效能感，归于能力等内部不可控因素则会降低自我效能感。因此，归因方式直接影响自我效能感的形成，归因于外部机遇不会增强效能感，归因于自我能力不一定降低效能感。

（2）替代经验（vicarious experiences）。替代经验即与自己水平相当或者弱于自己水平的他人的经验。当个体看到与自己的能力水平相当或弱于自己水平的人在活动中取得成功时，便相信当自己处于类似活动情境时，也同样能获得成功，从而提高自我效能感。人的许多效能期望是来源于观察他人的替代经验。

（3）言语劝说（verbal persuasion）。因其简便、有效而得到广泛应用。言语劝说的价值取决于它是否切合实际，缺乏事实基础的言语劝说对自我效能感的影响不大，在直接经验或替代性经验基础上进行劝说的效果会更好。如果以鼓励或肯定性言语劝说学生，学生会提高自我效能感。相反，如果通过一味地对学生施以打击性言语，学生就会怀疑自己的能力，降低自我效能感。

（4）情绪唤醒（emotion arise）。在充满紧张、危险或负荷较大的情况下，会有高度的情绪唤起，这时通常会伴随紧张的生理状态，会妨碍行为操作，降低自己的实际表现水平，从而使成绩降低。研究表明，焦虑水平较高的人往往低估自己的能力，烦恼、疲劳则会使人感到难以胜任所承担的任务。当个人处于过度焦虑或恐惧状态下，会产生恶性循环，无能感会不断得到加强，也即影响到了自我效能感。

班杜拉的自我效能理论强调个体的自我信念和自我效能感对学习和行为表现的影响，鼓励教育者关注学生的心理状态和情感因素，从而帮助学生获得成功的体验，从而提高教学效果和学习成果。

① 阿尔伯特·班杜拉.思想和行动的社会基础：社会认知论[M].林颖，译.上海：华东师范大学出版社，2001：421-438.

关于自我效能的案例

有一个女孩从小就对数学不感兴趣，她的数学成绩一直很差。她没有信心和兴趣学习数学。但在一位新老师的启发、引导和多次鼓励下，她开始发现数学的美和趣味性，对数学学习的信心逐渐增加，她的自我效能感也逐渐提高。她开始主动参与数学学习活动和讨论，数学成绩有了明显的进步。此外，她还参加了数学竞赛并获得了奖项。这个关于自我效能感的案例说明了自我效能感对于学习动机和成就的影响。

二、从认知主义视角看学习动机

（一）成就动机理论

20 世纪 40～50 年代，美国心理学家戴维·麦克里兰（David C. McClelland）通过对人的需求和动机进行研究，提出了成就需求这一概念。这种需求推动人们不断努力和进步。追求成功的驱动力就是成就动机，表现为个体对成功的渴望、追求、目标和满足感。[①] 成就动机是一种追求成功的驱动力量，是个体在完成任务过程中力求达到完美的内部驱动力，面对个体认为有价值、有意义的事情时愿意为之付出努力的内部推动力量。[②]

麦克里兰的成就驱动实验

在麦克里兰的成就驱动实验中，儿童手拿着许多绳圈走进一间屋子，去套屋子中间的一个木桩。他们可以自由选择站立的位置，并需要预测自己能够套中多少绳圈。结果发现，追求成功的儿童选择了距离木桩适中的位置，而避免失败的儿童却选择了要么距离木桩非常近、要么距离木桩非常远的位置。

麦克里兰对此做出了这样的解释：追求成功的儿童选择了具有一定挑战性的任务，并保证具有一定的成功可能性，因此选择了与木桩距离适中的位置。避免失败的儿童关注的不是成功与失败的取舍，而是尽力避免失败以及与此相关的消极情绪，因此要么选择距离木桩很近的位置而轻易获得成功，要么选择距离木桩很远的位置而几乎没有成功的可能，由于这是任何人都做不到的，所以也不会带来消极情绪。这个发现在不同年龄、不同任务中取得了一致的结果。

---

① Ames C. Classrooms：Goals，structures，and student motivation[J]. Journal of Educational Psychology，1992，84(3)：261-271.

② 张树东. 成就动机、家庭影响力及学业成就的关系研究[J]. 教育学报，2007(1)，59-65.

美国心理学家约翰·威廉·阿特金森(John William Atkinson)于1963年将麦克利兰的成就动机理论进一步深化,提出了具有广泛影响的成就动机模型[①],其特征是可以用数量化的形式进行说明。阿特金森认为,个人的成就动机可以分成两部分,其一是力求成功的意向;其二是避免失败的意向。[②] 追求成功的动机是成就需要、对行为成功的主观期望概率以及取得成就的诱因值三者乘积的函数,如果用 Ts 来表示追求成功的倾向,那它是由以下三个因素所决定,用公式可表示为:

$$Ts = Ms \times Ps \times Is$$

其中,Ms 代表争取成功的相对稳定的倾向;Ps 是指成功的可能性,或者说是主体理解到的成功的可能性;Is 为成功的诱因值,这一项被认为是与 Ps 有相反的关系,即当 Ps 值减小时,成功的诱因值增加。

阿特金森认为,在与成就有关的情景中既能引起对成功的期望,也能引起对失败的担心。决定对失败担心的因素类似于对成功希望的因素。避免失败的倾向 Taf 是以下三个因素的乘积的函数,其公式为:

$$Taf = Maf \times Pf \times If$$

在这个公式中,Maf 代表避免失败的动机;失败的可能性 Pf 指的是认知目标的期望,或是主体理解到的成功的可能性;If 为失败的诱因值。

由以上可以得出,作为结果的成就动机由力求成功的倾向的强度减去避免失败的倾向的强度,其公式为:

$$Ta = (Ms \times Ps \times Is) - (Maf \times Pf \times If)$$

即如果一个人在一种特定的情境中获得成功的需要大于避免失败的需要,那么他就敢于冒风险去尝试并追求成功。例如,学生获取成就的动机大于避免失败的动机,那么他们为了要探索一个问题,在遇到一定量的失败之后,反而会提高他们去解决这一问题的愿望。另一方面,如果获得成功太容易的话,反而会减低这些学生的动机。研究表明,这种类型的学生最有可能选择成功概率约为50%的任务,因为这种选择能给他们提供最大的现实挑战,他们对于完全不可能成功或稳操胜券的任务,动机水平反而下降。相反,如果一个学生对失败的担心大于获取成就的动机,那么,也有可能由于失败而灰心丧气。这种类型的学生在选择任务时,倾向于选择非常容易或非常困难的任务,选择容易的任务可使他们免遭失败,而选择的任务极其困难,那么即使失败,也可找到适当的借口,从

① 文敏,甘怡群,蒋海飞,等.成就动机与学业倦怠、学业投入:未来取向应对的纵向中介投入[J].北京大学学报(自然科学版).2014,50(2).38-396.

② 韩仁生.动机理论与应用研究[M].长春:吉林人民出版社,2003:180-181.

而可减少失败感。

麦克里兰的实验研究证实了成就动机的水平与完成学业任务的质与量紧密相关。高成就动机者在没有外力控制的环境下仍能保持好的表现。在经历失败的过程中,高成就动机者在任务的坚持性上比低成就动机者强。避免失败的学生正相反,他们的自信心不强,倾向于外归因,将失败归因于缺乏能力,而将成功归因于运气、机遇、任务简单。这样无论成功还是失败对他们都没有积极的影响。如果他们成功了,他们不会再付出努力;而一旦失败了,却可能导致他们避免进一步失败。

（二）成败归因理论

成败归因理论主要关注的是人们如何解释自己或他人的行为,以及这种解释如何影响他们的动机和情绪反应。如果一个人认为自己的行动结果是由外部因素(如运气、环境等)控制的,那么他们可能不会对自己的行为负责。相反,如果一个人认为结果是由自己的能力或努力控制的,那么他们更可能对自己的行为负责,并更有动力去寻求改进和成功[①]。

美国心理学家伯纳德·韦纳(Bernard Weiner)曾就人对自己行为结果的归因(解释)做了系统的探讨。他把人行为成败的原因归纳为六种原因,即能力、努力、任务难度、运气、身心状态和其他因素。[②] 其中,“能力”指根据自己评估个人对该项工作是否胜任;“努力”是指个人反省检讨在工作过程中曾否尽力而为;“任务难度”是指凭个人经验判定该项工作的困难程度;“运气”是指个人自认为此次各种成败是否与运气有关;“身心状态”是指工作过程中个人当时身体及心情状况是否影响工作成效;“其他因素”是指个人自觉此次成败因素中,除上述五项外,尚有其他相关人与事的影响因素(如别人帮助或评分不公等)。以上六项因素作为一般人对成败归因的解释或类别。韦纳按各因素的性质,分别纳入以下三个向度之内:①控制点,指当事人自认影响其成败因素的来源,是以个人条件(内控),还是来自外在环境(外控)。在这一向度中,能力、努力及身心状态等三项均属于内控,其他各项则属于外控。②稳定性,指当事人自认影响其成败的因素,在性质上是否稳定。在这一向度中,能力与任务难度等两项是不随情境变化而发生改变的,相对来说是比较稳定的。其他各项则相对不稳定。③可控性,指当事人自认为影响其成败的因素,在性质上是否能由个人的意愿所决定。在这一向度中,只有努力这一项是可以被个人意愿所决定的,其他各项因素则不能由个人意愿所决定。

不同类型的人对于成败归因的选择倾向有所不同,主要有如下几类。

1.学生的归因

学生的归因指的是学生对自己的学习、行为和结果的原因进行解释和理解的过程。

① 李昌真.运用归因理论研究非英语专业学生英语学习行为[J].外语界,2004(6):41-45,51.

② 王盛.动机理论与大学生理想信念教育的途径[J].宁波教育学院学报,2013,15(4):24-26,30.

学生的归因方式会影响他们的学习动机、自我概念和情感反应，从而影响他们的学习表现和成果。

2. 教师的归因

教师的归因是指教师根据学生的学习和行为表现，对学生的学习成果和行为动因进行推理和判断的过程。教师归因主要涉及两个方面：一方面，教师根据学生在课堂上的表现以及作业、考试等学习成果，推断出学生对学习内容的掌握程度和学习能力；另一方面，教师也会将学生的行为动因归因于某些特定的因素，比如学生的个性和兴趣爱好等。教师归因的结果，会影响教师对学生的认知和态度，从而影响教师教学方法的选择。

3. 控制源与人格特征

控制源（the focus of control）概念是由罗特（Rotter）等人于1972年提出来的。他认为控制源是人们生活经验中对自己个性特点与其行为后果之间关系的概括。一个人的行为结果主要由内控、他控和机控等三种控制源影响，其中，内控指人们相信自己能够控制自己的生活的程度；他控指人们相信他人控制自己生活中事件的程度；机控指人们相信机遇影响自己经历和行为结果的程度。有研究表明，控制源与一些人格特征存在相关关系，其中，内控与心理健康有正相关关系，他控和机控与心理健康有负相关关系。① 这表明，当个体倾向于认为自己能够控制自己的行为和结果时，可能更容易保持心理健康。相反，当个体感到自己无法控制自己的行为和结果时，可能会对心理健康产生负面影响。

4. 教师情感对学生归因的影响

当教师对学生表达积极的情感时，学生更容易将成功归因于自身的能力和努力。相反，当教师对学生表达消极的情感时，学生更容易将成功归因于运气或外部因素。此外，教师的情感状态也会影响学生的归因。如果教师表现出焦虑、沮丧或愤怒等负面情绪，学生可能会将这种情绪归因于自己的表现不足或能力不足，从而影响他们的自尊心和自信心。因此，教师需要注意自己的情感表达和情绪状态，尽可能地表达积极情感和支持，帮助学生树立自信心和自尊心，从而更好地进行归因和自我提高。

（三）自我价值理论

美国教育心理学家马丁·考温顿（Martin Cowington）提出了学习动机的自我价值理论。该理论在充分借鉴了约翰·威廉·阿特金森（John Williarn Atkinson）的期望—价值理论（即成就动机理论）和韦纳的归因理论的基础上，立足于学生的自尊，从实际的角度

① ROTTER J B. Generalized expectancies for internal versus external control of reinforcement[J]. Psychological Monographs, 1966, 80(1): 1-28.

来解释学生的动机问题。① 该理论认为,人天生具有自我价值保护的倾向,自我价值的需要是所有个体所具有的一种基本需要。只有当个体感觉到自己有价值时,他才会更容易接受自我,自我价值感是个体追求成功的内在动力。成功使人感到满足,使人自尊心提高,使人产生自我价值感;而成功的经验往往是在克服困难之后才能获得,困难的克服则需以能力为前提。因此,能力、成功和自我价值感三者之间就形成前因后果的连锁关系。也就是说,能力较高的个体容易成功,成功的经验会使个体产生自我价值感。久而久之,对自我价值感的追求就成了个体追求成功的动力,并常常把自我能力与自我价值等同看待。

许多学生高度重视自我价值,并将其视为成功的关键因素。当他们在学习上获得成功时,往往归因于自己的能力较强,从而提升他们的自我价值感。当遭遇学习失败时,学生会倾向于将其归因于努力不足,以维护他们积极的自我形象。在充满竞争的学校环境中,这种现象较为常见,学生的学习动力主要源于努力提升和保护他们的自我价值。

对学生来讲,"努力是把双刃剑"。一方面,学生努力能够得到教师和学校的奖赏;另一方面,高努力往往又意味着低能力。因此,尽管整个社会价值舆论推崇努力,但仍有许多学生不愿付出努力。对许多学生来说,如果无法获得成功,又不愿接受失败而带来的低能力感的打击,于是选择逃避失败,准确地说,是逃避失败的所谓的含义——"低能力",这成为学生保护自我价值的一个重要手段,也即成了学习的主要动机。

为了逃避失败,学生惯用的保护个人自我价值的策略主要有以下几种。

1. 假装努力策略

学生因为不努力可能会遭到师长的批评,所以他们必须付出一定的努力,但又不能让自己觉得付出了太多的努力,因为如果付出较多努力仍然失败,可能给自己带来所谓低能力的打击,有损个人自我价值感。如平时根本不学习,遭致批评时故意咨询教师个别问题,假示对学习的关注等。

2. 自我妨碍策略

这是指学生提前为自己的失败寻找借口,并采取一些策略。如故意不专心听讲,临近考试时才开始学习,这样即使失败了也有个好借口。或者是设立不切实际的学习目标,即使失败了,也不会感到丧失自我价值。

3. 确保成功策略

个人只求获得成功,哪怕是目标简单容易获得的成功,对他们来说都能提升自我价值感。或是过度努力,即付出过多努力而获得常理情况不需要那么多努力就能获得的成

① Martin V. Covington. The Self-Worth Theory of Achievement Motivation:Findings and Implications[J]. The Elementary School Journal,1984,85(1):4-20.

功，这样可以使他们认为取得的成功是努力的结果，不影响自我价值感。

（四）成就目标理论

成就目标理论是在成就动机理论和成败归因理论的基础上，以德韦克（Dweck）能力理论为基础发展起来的一种学习动机理论。该理论认为，人们对能力持有两种不同观点，即能力增长观和能力实体观。能力增长观认为能力是可以通过后天培养的，而能力实体观则认为能力是固定的，不会随着努力而改变。根据这两种不同的观点，成就目标理论区分了两种成就目标定向，即掌握目标定向和成绩目标定向。①

（1）掌握目标定向：指个体追求掌握知识和技能，通过挑战性的任务和努力来提高自己的能力。这种人不畏惧失败，克服困难，保持积极乐观的态度，倾向于选择有利于理解的策略，如精细加工、理解的检查与控制等。

（2）成绩目标定向：指个体追求好的成绩，这种目标定向的人关心的是在某种标准下的成功或者避免失败，而不是真正掌握知识和技能。

在现实应用中，成就目标理论是可以直接用于解释教育情境中的个体行为并指导教育实践活动的一种理论。

三、从人本主义视角看学习动机

人本主义学习动机理论主要强调的是个体内部的需求和倾向，认为学习是满足个体生长和自我实现的一种手段。

（一）需要层次理论

早在20世纪30年代，需要就已成为在研究动机作用中广泛使用的术语。许多心理学家从生理和心理两个层面使用“需要”这一术语来描述个体内在的驱动力量。他们发现，人类需要包括多种类型，如成就、归属、自主、尊重、反抗等。需要是多种多样的，并且因人而异。心理学家对这些需要进行了分类和组织，力图通过有效的测量方法，找出一种能够解释特定情况下人们试图满足某种特定需要原因的理论。

美国人本主义心理学家马斯洛（Maslow）认为，人生来就有成长和自我实现的倾向，所以强调动机的内部和内在因素。因此在他的需要层次理论中，特别强调自我实现的观念。马斯洛认为，人们的需求从低级到高级排列，形成了一个层次结构（图3-3）。② 个体只有在低级需求得到部分满足后，才会寻求高级需求的满足。他把这些需求分为缺失需要和成长需要。缺失需要是指个体生存所必需的，如生理需要、安全需要等，这些需要必

① Duda J L，Nicholls F G. Dimensions of achievement motivation in schoolwork and sport [J]. Journal of Educational Psychology，1992(84)：290-299.

② 亚伯拉罕·马斯洛. 动机与人格[M]. 许金声，等译. 北京：中国人民大学出版社，2007：28-29.

须得到一定程度的满足。而成长需要则是在缺失需要得到满足后,个体追求的更高层次的需要,如求知与理解的需要、自我实现的需要等。这些需要能够让个体生活得更有质量,永远无法完全满足。

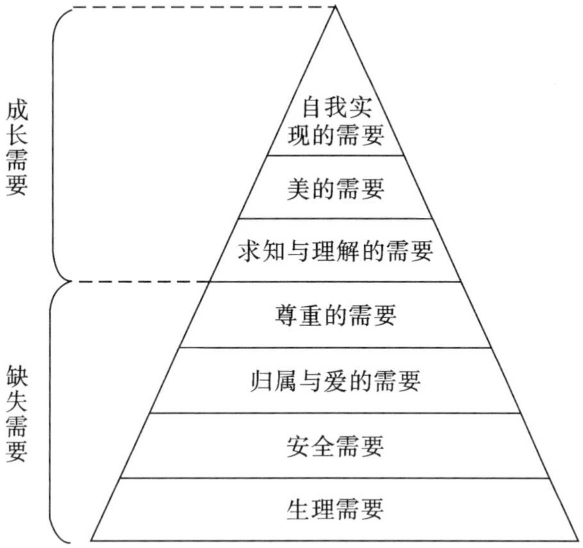

图 3-3 马斯洛的需要层次理论

(二)自我决定理论

自我决定理论产生于20世纪80年代,由美国心理学家德西(Deci)和瑞安(Ryan)提出,它是一种关于经验选择的潜能,是个体在充分认识个人需要和环境信息的基础上,对自己的行动做出自由的选择,强调自我在动机过程中的能动作用。此外,还强调个体与所处环境的互动关系。

在自我决定理论中,依据自主程度的差异,将动机分为内在动机、外在动机和无动机三种类型[①]:

(1)内在动机:内在动机激发下的行为通常与个体的价值观和兴趣爱好相一致,它反映了人们的主观愿望和心理需求,有助于个体的自我成长和发展。

(2)外在动机:个体由于外部因素的作用而产生的动力。例如,由于奖励、惩罚等外部因素的作用而激发的动机。外在动机激发下的行为通常与个体的价值观和兴趣爱好不一致。外在动机可能会促进个体的某些行为,但也可能抑制其内部的成长和发展。

(3)无动机:个体没有明确的动机或目标,行为往往是随波逐流或凭感觉而行。无动

① 爱德华.L.德西,理查德·弗拉斯特.内在动机:自主掌控人生的力量[M].王正林,译.北京:机械工业出版社,2020:10-12.

机激发下的行为通常缺乏持久性和稳定性，个体的内心状态也比较空虚和迷茫。

自我决定理论认为，内在动机和外在动机都具有一定的价值，但只有当它们与个体的价值观和兴趣爱好相一致时，才能真正促进个体的成长和发展。同时，外在动机也可以通过一定的方式转化为内在动机，从而更好地激发个体的积极性和创造力。

根据行为的自我决定或自主性程度，自我决定理论者将外在动机分为以下四种类型①：

（1）外部调节：完全基于外部的奖励或惩罚来驱动行为，没有任何内在的兴趣或个人价值观的参与。例如，为了得到奖励或避免惩罚而完成任务。

（2）内摄调节：这种动机基于对外部标准的理解和遵从，但仍然缺乏内在的兴趣或价值观。例如，为了获得社会的认可或满足他人的期望而完成任务。

（3）认同调节：这种动机基于对行为意义的内在理解和对任务的内在兴趣，但这种兴趣和意义并未完全内化为个人的价值观。例如，学生可能因为喜欢某个学科或任务而对它产生兴趣，但还没有完全将其视为自己的价值观。

（4）整合调节：这种动机是最具有自我决定性的，它既包含了行为的内在意义和兴趣，也将其与个人的价值观整合一致。例如，一个科学家可能因为对科学的热爱以及认为自己的工作对社会的贡献而积极研究。

第三节　学习动机的激发

激发学习者的学习动机，可有效提升其在学习过程中的积极性与主动性，提高学习效率。本节将重点阐述激发学习者学习动机的方式，帮助教师更好地开展教学，激发学习者的学习动机，增强学习效果。

一、学习动机的激发

在社会生活中，学习者总会领会到社会对他的要求，从而产生学习的愿望。但是，要把这种愿望变成实际的学习活动，还需要依靠动机的激发。激发学习动机，可采用以下方法和措施。

（一）教学吸引

为提高学生学习的积极性，在教学过程中，教师应注意教学方法的多样性和启发性，

① Richard, M. R, James, P. C. Perceived Locus of Causality and Internalization: Examining Reasons for Acting in Two Domains[J]. Journal of Personality and Social Psychology, 1989, 57(5): 749-761.

以激发学生的好奇心和探究欲望,激发学习动机。

1. 利用灵活的教学方式唤起学生的学习热情

教师通过引起学生认知上的不和谐,来引发学生的好奇心,激发其学习兴趣。例如教师在课堂教学中可以实施启发式教学,创设问题情境,形成悬念,可以通过组织小组讨论,让学生积极参与,提高他们的思维能力和语言表达能力;或可以利用多媒体技术,将抽象的知识变得更加生动形象,帮助学生更好地理解。

2. 加强教学内容的新颖性,吸引学生的注意力

新颖的事物能够激发学生的兴趣,吸引他们的注意力。因此,教师在教学过程中应注意教学内容的新颖性。否则容易导致课堂内容乏味、老套,使学生失去兴趣、注意力分散。教师需要在教学内容和方法上推陈出新,以激发学生的学习兴趣和注意力。当然,重视教学内容的新颖性和趣味性的同时也不能脱离教材内容,更不能单纯追求新颖性而忽视学生自觉性的培养。

3. 充分调动学生在课堂练习中的积极性

学生主动学习会感受到快乐,被动学习则会感到烦躁。教师教学中不能搞"一言堂",应鼓励学生积极主动提问和设想,活跃课堂气氛,让学生在积极思考中获得享受。还有的教师鼓励学生大胆提问,哪怕所提问题暂时略显幼稚也不讽刺挖苦,从而使学生的参与性、主动性增强,学习热情高涨。

(二)兴趣激发

学习兴趣是学习动机中最活跃的成分,能让学生把学习视为一种内心满足,而非负担,从而取得更好的学习效果。学习兴趣并非天生,而是通过多种教育手段逐渐培养形成的。

1. 利用教师的期望效应培养学生的学习兴趣

教师对学生的期望对学生的影响十分显著。当教师将学生视为渴望学习的人时,学生往往更可能表现出对学习的热情。教师应避免传达学生不喜欢学习或他们只为了获得高分的观念。反之,若教师视学生为积极且具有成长动力的学习者,学生将更可能表现出对学习的热忱,并以理解的态度去努力学习。

2. 利用已有的动机和兴趣形成新的学习兴趣

教学经验和研究表明,当学生缺乏学习动力、没有明确的学习目的和兴趣时,可以利用他们对游戏或其他科技、文体活动的爱好和兴趣,将这些兴趣迁移到学习上,从而激发他们对学习的需求。如某中学教师在教授"植物细胞的结构"实验课中,就对课本的要求做了改进,不仅让学生通过制作和观察洋葱鳞叶表皮临时装片来了解植物细胞的结构,还要求学生根据自己的喜好准备各种"带皮"的实验材料。结果学生带来的材料五花八

门,有洋葱鳞叶、橘子皮和青菜叶。按照课本知识,对洋葱鳞叶表皮的取材十分容易,唯独要取下橘子皮表皮和青菜叶表皮就很困难了。但是,强烈的好奇心和学习兴趣使学生产生了极大的行为动机,学生思维火花迸发,在短时间内就想出了好方法。这样的实验使学生有了施展才能的机会,发挥了学生独立思考的能力,提升了他们学习的主动性,在维护他们原有兴趣的同时激发了新的学习动机。

3. 加强课外活动指导,发展学习兴趣

限制学生参加课外活动和课外阅读,只注重课堂知识,会使学生知识面狭窄,思维和想象受限,影响学习兴趣。实践证明,课外阅读和课外活动是培养兴趣、增长知识的有效手段。教师需根据学生差异和年龄特征,采取针对性的措施,来提高教学质量,取得最佳效果。

(三)建立合理的动机信念

1. 建立正确的归因模式

学生会在学习后进行归因,但是自我归因要客观。例如,将成功归因于自身的能力和努力,将失败归因于努力不够,这样才能提高学习动机并期望下次成功。当然,这一归因模式还涉及学生在不同学习阶段的归因。例如,初期的成功归因于努力,后期则归因于能力。教师在教学中应关注学生的努力程度,并鼓励他们尝试不同的学习方法,以提高学生们的学习效果。

2. 树立较高的成就动机水平

成就动机理论表明,成就动机的水平与学业表现密切相关。高度追求成功者能够在无外力控制的环境下保持良好表现,在面对失败时展现出强烈的坚持和自信心,并归因于自身能力。相反,避免失败者则往往缺乏自信,将失败归因于自身能力并倾向于设定不实际目标,导致不断的失败。因此,教师布置中等难度的挑战性任务,明确任务成功可能性,最小化外在约束并随难度变化调整奖励,可有效提高学生成就动机水平。

3. 设置合理的目标定向

学习目标是个体从事某项学习任务时想要完成的事情,可以引导和维持学生的动机。教师通过前测和分析学生以往学习中的失误,确定学生学习的起点,为学生设置明确、具体、近期可达到的学习目标;同时,给学生提供学习策略的指导,促进他们逐步达成目标。

在课堂上,教师可以引导学生进行标准参照、自我参照来评价自己的学习和进步,激发学生的内在学习动机;或者组织学生进行合作学习,共同完成学习目标,避免将学生置于相互比较的境地,尤其要避免公开分数、排名次等做法。

(四)反馈与评定

及时反馈学生的学习结果可以激发学生的学习动力和积极性。通过反馈,学生能够了解自己的进步和成就,增强学习愿望和信心,进而提高学习效果。

评定是指教师根据分数进行的等级评价和评语，也是教师常用的一种对学生学习成果的反馈方式。虽然有人认为外界的等级评定会抑制学生的竞争欲望和内在动机，但部分人认为等级评定是有必要的。这并不意味着必须进行等级评定，教师也可以采用其他方式，如及时反馈和鼓励。

哈特(Harter)的等级评定实验

哈特将学生分成四组进行猜谜，共提供四个等级的谜语。前两组的学生被告知这是游戏，不计分；另两组的学生被告知要对猜谜的结果进行评定，并且与学业成绩有关。结果，前者选择适合于自己能力的谜语，即选择问题的难度水平恰当；而后者选择的谜语都比较简单，而且成功猜谜之后并不快乐，反而显得较为焦虑。这说明在有评定的竞争条件下，学生选择的任务是比较简单的。

后来，哈特又对学生的作文进行研究。对前一组学生的作文给予实质性的评定，对后一组学生的作文只给予等级评定，却不指出存在的问题。结果发现，前者状态下的学生一般都对学习感兴趣，愿意写作业，或者成功时把成功归因于自己的努力；后者状态下的学生即使成功了，也难以归因于兴趣或努力，只是觉得教师给分高或者题目太容易。

1. 学习结果的反馈要及时

及时反馈时，关于学生行为的鲜明的记忆表象有利于满足学生提高学习的愿望，增强学习信心，使学习成效最大化。如果反馈和行为间隔过长，学生难以将两者联系起来，反馈的价值就会降低。尤其对于年幼的孩子，更需要即时的反馈来激发他们的学习动力。教师的话语可能无法即刻影响学生的学习态度，但通过及时的反馈和引导，能更有效地激发学生的学习积极性和增强他们的学习信心。

2. 学习结果的反馈要具体

反馈需要具有针对性、启发性和教育性，以鼓舞和激励学生。明确的反馈信息可以使学生更清晰地了解自己的学习结果，清除模糊的概念，增强知识的辨别能力。例如，在点评学生作业时，应清晰地指出其中的优点和不足，同时用真诚的语言予以鼓励，以获得更好的激励效果，明确提高的方向。

3. 学习结果的反馈要有一定的频率

行为主义学习理论表明，无论奖励多么有效，如果奖励的频率不够高，那么对行为的改善作用就很微弱，频繁给予小奖励比偶尔给予大奖励更能促进学习。同样，关于考试频率的研究发现，频繁进行小测验比进行不经常的大考试更能促进学生的进步。

表扬作为反馈和评价的重要部分，通常被认为是一种有效的强化，并对学生的学习动机有积极作用。但是,表扬的频率并不总是与学生的学习收获成正比。当表扬的目的仅在于控制学生而非表达对他们的努力或成绩的欣赏时,表扬会失去其重要性。因此,作为反馈的一种形式,表扬不仅应遵循上述提及的学习反馈原则,还需做到以下几点:表扬应简单明了;表扬应直接用多种多样的词语及肯定的语气;根据学生特点选择表扬方式。此外,教师也应该教会学生学会评价自己。自我评价可以真正建立在自我判断之上,看到自身的成长,对自我的激励作用非常显著。

(五)奖励与惩罚

奖励和惩罚是强化学生学习成绩和态度的重要方式,能够提高学生的认知水平并激发上进心和自尊心。正确运用奖励和惩罚是激发学生学习动机的关键手段之一。相较于批评和指责,表扬和奖励更能有效地激发学生的学习动机。美国著名的心理学家伊丽莎白·伯格纳·赫洛克(Elizabeth Bergner Hurlock)进行了一个实验:将106名四五年级的学生分为四组,在不同情况下进行难度相等的加法练习,发现受到表扬和鼓励的控制组的学习成效比受批评和指责的受训斥组以及无任何评价的静听组要好。[①]

结上所述,教师应正确运用奖励与惩罚,以便有效地激发学生的学习动机。

然而,奖励是万能的吗?越来越多的教育学家对奖励的功过提出不同观点,例如认为奖励可能会使学生关注奖励本身而非任务本身,导致其表现越来越不尽如人意。此外,学生可能会做事斤斤计较,而非尽全力创造高质量的产品。莱泊尔(Lepper)等人的研究发现,预先告知学生奖励会降低其内在动机,而意外给予奖励则不会有此影响。

尽管奖励受到争议,但完全取消是不实际的。奖励的成功运用取决于奖励的时间、方式和质量等。教师应当奖励学生的良好成绩和表现,而非参与活动。奖励应当是对能力的认可,要针对个体的表现而非单纯的参与。

二、激发学习动机的相关应用

(一)人脑奖赏(动机)系统与动机激发

多巴胺奖励系统是我们大脑中最重要的系统之一,它是我们日常生活中上瘾、专注和许多其他活动的基础。神经科学领域的研究人员对该系统的研究具有兴趣,研究人员正探索利用目前用于人工智能的算法,在大脑内部运行的路径之间建立联系。神经科学证据和人工智能算法之间的这种联系可以帮助研究人员在我们迈向通用人工智能的过程中开发出更复杂的算法。

近年来,厌学学生的比例逐渐上升,因此,在当前的教育背景下,理解给予学生的激

---

① 冯忠良.教育心理学[M].北京:人民教育出版社,2010:217-255.

励(或奖赏)、学生的动机水平以及学生学习表现之间的关系显得尤为重要。奖赏可以影响个人的表现,是因为奖赏能够激发大脑内的一些神经结构产生特定的神经元信号,这些信号会引导行为的改变。这个过程包含了一系列子过程,如对奖赏的期望、将奖赏与行为相连接、制定获得奖赏的计划、评估奖赏的价值、体验奖赏以及更新奖赏的价值。与奖赏相关的脑区涉及多个部分,这些部分共同组成了奖赏(动机)系统。①

奖赏(动机)系统中,多巴胺是一种重要的神经递质,由黑质致密部和腹侧被盖区产生。多巴胺能神经元分为两种:一种是编码动机效价,另一种是编码动机显著性。多巴胺奖励系统是大脑奖励系统的核心,用于激活人类大脑的奖赏区域,根据大脑某些区域的多巴胺水平,可以感受到诸如"动机""快乐"和"欲望"等感觉。奖赏(动机)系统在个体行为中发挥重要作用。奖赏激励学习的机制是奖赏信息引起奖赏(动机)回路的活动,导致愉悦的情绪体验并提高某种行为的可能性。

现在应用非常广泛的脑成像技术为正电子发射型计算机断层显像(positron emission computed tomography,PET)。PET 可以观测到大脑里哪些区域有电活动,而如果有电活动就表明该区域有功能正在进行。如果电活动异常,表明该功能出现异常。

结合脑科学对奖赏和动机的相关研究,通过奖赏提高学生的动机水平,进而提高他们的学习成绩时,需要考虑以下因素。

(1)奖赏的标准:奖赏的吸引力或动机价值会因人而异。对于某些学生来说,一个玩具可能具有很高的价值,而对于其他学生来说可能没有吸引力。因此,确定一个适当的奖赏标准非常重要,可以最大程度地激发学生的动机。

(2)任务的类型:任务的难度和复杂性也会影响动机。如果任务过于容易或过于困难,学生的动机可能会降低。因此,在选择任务时需要考虑其难度和挑战性,以便最大程度地激发学生的动机。

(3)个体差异:每个学生的动机和心理特征都不同。一些学生可能更需要内在动机(如兴趣或好奇心),而其他学生可能更需要外在动机(如奖励或惩罚)。因此,教育者需要考虑到学生的个体差异,以便更好地满足他们的动机需求。

(二)虚拟现实技术用于提升学习动机

虚拟现实为建构主义学习环境提供了重要的技术支持,为学习者获得真实的学习体验提供了条件,有助于提升学习动机,提升学生的参与感和存在感。部分虚拟现实设备示例如图 3-4 所示。

在建构主义理论的视角看来,学习应以现实生活为中心,激发学习者的学习动机。情境是影响学习成绩的重要因素,也是提高学习兴趣和效率的重要因素。学习者在情境

---

① Ebstein R P, Novick O, Umansky R, et al. Dopamine D4 receptor (D4DR) exon III polymorphism associated with the human personality trait of Novelty Seeking[J]. Nature Genetics, 1996, 12(1): 78-80.

中习得知识和技能,并将习得的知识和技能进一步解决现实中的问题,从而促进对知识的进一步理解和应用。虚拟现实为情景教学创造了充分的条件,通过设计先进的虚拟现实学习环境弥合传统课堂上正式教学中理论学习和实际应用之间的鸿沟。可以说,虚拟现实为建构主义学习环境提供了重要的技术支持,为学习者获得真实的学习体验提供了条件。

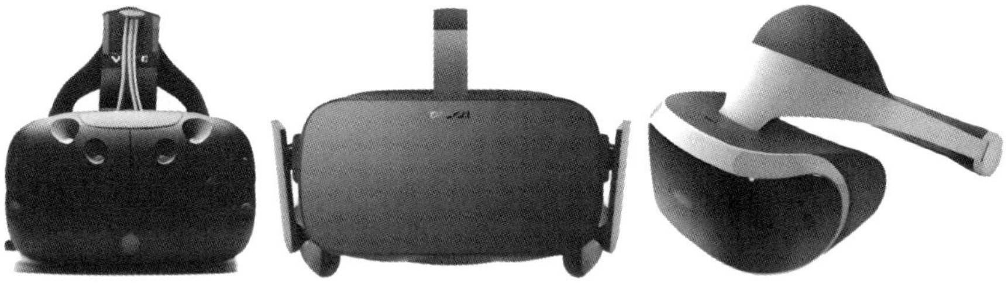

图3-4　虚拟现实设备示例①

虚拟现实技术的一个强大特征就是允许用户实时直观地与3D影像进行交互,从而更真实地体验学习过程,创造高度直观和交互式的用户体验,激发学习者的学习兴趣,提升学习者的学习动机。教育工作者可以通过增加学习活动中的交互性提升学习者特别是在线学习者的学习动机,模拟环境和增加学生的现场感是虚拟现实创造更多有吸引力的教育体验的重要贡献之一。

(三)教育机器人被应用于提升学习动机

已有研究显示,教育机器人作为学习工具有巨大的应用和发展潜力。教育机器人作为一种典型的数字化益智玩具,具有丰富的知识储备和有趣的程序,可以适用于各种学科和教学活动,达到寓教于乐的目的。可以说,教育机器人作为外部辅助学习设备,有利于提升学生的学习兴趣、学习热情,进而增强内部学习动机,提高教育教学质量。

机器人助教可以帮助学习者更好地理解学习材料。机器人可以通过使用手势或肢体动作来表达一些简单的概念,为学习者提供高度的交互性和快乐的学习体验。这就是采用机器人助教来构建教学辅助工具来吸引和引导学习者的原因。一旦学习者的注意力被吸引,学习者的好奇心就被激发。因此,可以通过提出相关问题来激发学习者的学习欲望,再通过机器人助教为学习者提供交互式问答学习活动。随着时间流逝,学习者的注意力可能会下降。但是,机器人助教还会随机使用不同类型和不同强度的刺激来恢复或维持学习者的注意力,并为此使用随机奖励。当学习者得到正确答案时,系统会从随机奖励区向学生提供奖励。此外,机器人助教可以通过改变面部表情和手部动作,以加强和保持学习者在学习活动中的注意力。

① 图片引自 https://virtualrealityforeducation.com/virtual-reality-educational-possibilities/

(四)脑机接口技术被应用于评价学习动机

脑科学研究不仅为我们提供了揭示学习机制原理的科学和全面的新范式,还为教育应用提供了脑科学研究成果的理论支撑。作为脑科学研究成果之一的脑机接口技术,最先在医学领域得到应用。随着脑科学对学习机制研究成果的丰富,脑机接口系统逐渐完善,学习分析和人工智能技术在教育领域得到广泛应用,这些都为脑机接口技术的教育应用提供了理论和技术支持。目前,脑机接口技术在教育领域尚处于初步应用阶段,国内教育应用相对较少,而国外已经进行了较多的教育实践研究,脑机接口在教育中的应用研究包括阅读环境研究、学习材料表现形式研究、交互行为研究、寓教于乐研究、在线学习研究、运动技能习得研究和促进学习绩效研究等。

利用脑机接口技术,可以实现实时无干扰自动测量和分析学习者在具体学习环境中的学习动机,并在发现学习者动机变化时,通过调整动机相关影响因素(如奖励、反馈等)来进行干预。相关研究表明,学习参与水平与学习动机密切相关,因此可以通过测量学习者参与水平的高低来反映学习者学习动机的强弱。例如,盖尔古列斯库(Ghergulescu)等利用 Emotiv-EPOC 脑机接口提出一种基于便携式 EEG 传感器的方法支持实时无干扰自动测量和分析学习者在基于游戏的学习环境中的参与度,并根据所收集的相关数据来帮助分析学习者的动机。①

学习链接

1. 请阅读以下材料,了解“反馈的作用”,思考对教育教学有何借鉴。

心理学家罗西和亨利做过一个反馈效应心理实验:把一个班级的学生分成三组,每天学习以后受测验。对第一组每天告诉其学习结果,对第二组每周告知其学习结果,而对第三组则不告知其学习结果。如此进行八周后,第一组学习成绩最好,第三组学习成绩最差。之后改换条件,除第二组仍旧每周告知其学习结果外,第一组与第三组的情况对调,即对第一组不再告诉他们学习结果,对第三组则每天学习和测验后就告知其学习结果。这样再进行八周,结果发现在第八周后除第二组显示出稳定的进步以外,第一与第三两组的情况则有很大的变化,即第一组的成绩逐步下降,而第三组的成绩则突然上升。

由此可以看出,及时反馈对学习有重要作用,尤其每天及时反馈,较之每周的反馈效果更好;不知自己的学习结果,缺少学习的激励,则很少进步。

---

① Ghergulescu I, Muntean C H. A novel sensor-based methodology for learner's motivation analysis in game-based learning[J]. Interacting with Computers, 2014, 26(4): 305-320.

2. 请查阅相关资料，了解学习动机的相关研究进展，以下为部分相关文献举例。

(1)何聚厚，黄秀莉，韩广新，等. VR 教育游戏学习动机影响因素实证研究［J］. 电化教育研究，2019，40(8)：70-77.

——这篇论文是关于 VR 教育游戏学习动机影响因素的实证研究。根据这篇论文，VR 教育游戏应用于教学活动中时，学习者的学习动机受到评价反馈、技术可用性、交互性、沉浸感以及构象性等多个因素的影响。

(2)姜怡. 高中生学习动机发展模态及其对学业成绩的影响［J］. 华东师范大学学报(教育科学版)，2022，40(11)：80-91.

——在这篇论文中，研究者考察了 694 名高中生的学业自我概念、学习兴趣价值和努力成本认知的相互作用关系及对学业成绩的影响。这篇论文认为，学习动机是影响高中生学业成绩的重要因素，并且高中生的学习动机发展模态呈现出一定程度的动态变化以及明显的学科化差异。

学习总结

1. 动机是影响学习的关键因素之一。学习动机是指激发、调节和维持学习者学习行为的倾向。

2. 学习动机的形成，既与个人的情感、需要、兴趣等主观因素相关，也与考试、升学等客观环境要求紧密相关。

3. 学习动机有多种分类。根据动机的动力来源进行分类，可以分为内在动机和外在动机；根据动机的成分进行分类，可以分为认知内驱力、自我提高内驱力和附属内驱力；根据动机来源及持续时间的不同进行分类，可以分为个人动机和情境动机；根据动机作用的范围不同进行分类，可以分为一般动机与具体动机。

4. 在学习中，有两种因素发挥重要作用：一是智力因素，如观察力、思维能力等，这类因素对学习的影响是直接的；二是非智力因素，如动机、性格等，这类因素对学习的影响是间接的。

5. 学习动机作为一种非智力因素，通过强化学习行为本身、间接影响认知建构过程等方式间接影响学习。

6. 从行为主义视角看，内驱说、强化论和自我效能感理论等和学习动机相关。

7. 从认知主义视角看，成就动机理论、成败归因理论、自我价值理论和成就目标理论等和学习动机相关。

8. 从人本主义视角看，需要层次理论和自我决定理论等和学习动机相关。

9. 可以从教学吸引、兴趣激发、建立合理的动机信念、反馈与评定，以及奖励与惩罚等角度激发学习者的学习动机。

10. 人脑奖赏(动机)系统、虚拟现实技术、教育机器人、脑机接口技术等都与学习动机的激发有一定关联。

学习评价

1. 什么是学习动机?

2. 学习动机有哪些分类?

3. 学习动机的相关理论有哪些?

4. 请结合本章内容,谈谈如何利用学习动机的相关理论来激发学习者的学习动机。

5. 请结合本章内容,并查阅相关资料,总结出提高自我效能感的具体方法有哪些?

6. 请和同伴们合作,一起查阅相关资料,结合自己的数字化学习体验,分析数字化环境和传统的学习环境中学习者学习动机的异同,并形成总结性材料。

7. 根据自我决定理论,对于学习者而言,激发内在动机,使自己对获得有用的知识本身产生兴趣,可能比单纯的由外部因素来激发动机要更好些。那么,如何激发内在动机呢? 请在查阅和分析相关研究资料后,与同伴一起讨论。

8. 请结合本章内容,与同伴一起搜集与分析下当前还有哪些与学习动机相关的应用案例。

第四章 学习风格

学习导入

我国著名的教育家孔子提出“因材施教，因人而异”，即进行个性化教学。那么学习者个体的差异有哪些？不同学习者具有怎样的学习风格？目前，已有不少研究者对学习风格开展了广泛的研究，构建了不同的理论和模型，并形成了多样化的测量工具和技术。那么，学习风格是什么？学习风格和学习、教学有什么关系？我们又如何根据学习风格来更好地促进学习？

内容简介

本章主要围绕学习风格展开探讨，首先，对学习风格的相关理论进行了介绍，具体包括场依存—场独立的相关理论、菲尔德–希尔弗曼的学习风格模型等多种学习风格相关的理论和模型。接着，探讨了学习者的个体差异，包括认知差异、智力差异和人格差异。最后，介绍了多种风格的测量工具和技术，如认知诊断、基于不同学习风格理论的量表、数据驱动的学习风格测量技术、人工神经网络、基于大数据技术的学习画像构建等。

学习目标

1. 了解学习者个体差异的具体表现。
2. 掌握学习风格的含义。
3. 掌握学习风格相关理论和模型内容。
4. 能在不同学习风格相关理论指导下区分不同学习者的风格。
5. 熟悉学习风格测量的相关工具和技术。
6. 了解学习风格测量技术的发展。
7. 了解学习风格对教与学的意义。
8. 养成严谨认真、乐学善思的学习态度。

第一节　学习风格的相关理论

学习风格(learning style),又被称为学习偏好(learning preference),指的是学习者对各种学习条件的倾向或偏好。自1954年美国学者哈伯特·塞伦(Herbert Thelen)提出学习风格这一概念以来,研究者们对学习风格开展了诸多研究,形成了多种学习风格相关的理论和模型。本节主要介绍较为经典的学习风格相关的理论和模型。

一、场独立—场依存的相关理论

认知方式是指个体在认知过程中所经常采用的、习惯化的方式,具体说即在感知、记忆、思维和问题解决过程中个体所偏爱的、习惯化了的态度和方式。[①] 美国心理学家赫尔曼·威特金(Herman A. Witkin)开创了现代的认知理论,并通过实验研究验证了场认知方式的场独立—场依存的相关理论。而具有场独立型、场依存型认知方式的学习者,其学习倾向不同,即学习风格不同。

(一)场独立型学习者的学习倾向

场独立型指的是个体更多地依赖自身内部的参考,不容易受外部因素的影响和干扰,倾向于独立地做出判断。具有场独立型认知方式的人通常具有高度的心理分化,其大脑左右半球的功能高度分化,拥有出色的思维和认知灵活性,以及强烈的人格自主性。他们在理性思维方面表现出色,更容易解决问题、重组信息,喜欢个人深入研究、独立思考和学习,不容易受到外部影响,具备自信和自尊心。然而,场独立型的个体社交敏感度和社交技能通常较低,难以敏锐察觉社会细节。他们在遇到新的难题时,倾向于运用自身经验进行分析和推断。他们通常不太关注社会线索,因此社交能力较弱,但在决策和行动方面更具主见。

(二)场依存型学习者的学习倾向

场依存型是指个体较多依赖外部信息作为参照,自主性不强,容易受他人影响,需要他人的指导或协助来做出决策。具有场依存型认知方式的人,通常善于理解整体情况,擅长学习系统化和条理化的资料,乐于与同伴讨论或合作学习,注重对环境的要求,并且容易融入环境。该类型的学习者相对慎重,不太愿意冒险,学习主动性不强。他们在面对挫折时,容易受到外界环境影响,从而导致学习的积极性下降。具有场依存型认知方

① 李寿欣,宋广文.西方认知方式研究概观[J].国外社会科学,1999(1):19-24.

式的学习者在处理遇到过的问题时,不会比场独立者差,但也有不如场独立者的地方,举例来说,当面临新的挑战时,该类型的学习者可能缺乏足够的解决问题的能力和灵活性。此外,该类型的学习者更注重社交取向,表现出在社交或生活态度和行为方面的自信较低。他们更多地依赖外部社会榜样,尤其是在感到不确定时,场依存型的个体会更加关注他人的态度和周围环境。此外,他们容易接受外部环境或言语提示。

(三)场认知方式的应用

1. 场认知方式对教学的影响

在日常的教学活动中,认知方式的作用不可忽视,特别是教师和学习者的认知方式是否能够匹配。很多研究发现,如果教师的认知方式能够很好地和学习者的认知方式结合在一起,更有利于教师的教和学习者的学。学习者认知方式影响其学习活动,要求教师在教学过程中从多角度观察及分析学习者学习问题的原因,从而创设出有利于不同认知方式学习者的教学方式,这为教师进行因材施教提供了新途径。但是也不得不看到,在实际教学中,教师很难调整整个教学计划和课程以适应认知方式的不匹配,而且按认知方式进行分类教学的实施难度很大。

2. 场认知方式对个体心理健康的影响

场独立型及场依存型的个体在面对应激事件时,会采取不同的心理防御机制,所以对其心理健康也会产生相应影响,具有场独立型认知方式的人一般通过运用升华、补偿、利他和孤立等积极的心理防御机制使其在积极理智的状态下完成活动,以免受潜意识活动的影响;具有场依存型认知方式的人更倾向于使用压抑、否认等心理防御机制,并运用其较强的社会交往技能进行相关的认知活动。在考试焦虑的高、中、低等各个水平上,场依存型个体的焦虑程度要高于场独立型个体,但是在另一个方面也说明场依存型个体对消极线索更敏感。

3. 场认知方式在家庭教育中的作用

父母采用偏爱型及权威型的教养方式更有利于孩子形成场独立型认知方式;而父母采用管制严厉或专制型的教养方式则更有利于孩子具有场依存型认知方式。在权威型的教养方式下,儿童更容易形成独立的思维能力和良好的认知和行为习惯,也更容易形成场独立型认知方式;而在专制型、溺爱型及忽视型教养方式下的孩子相对缺少自主性、灵活性,容易对环境产生依赖及不信任感,对外界怀有敌意,甚至逃避,也就更易形成场依存型认知方式。除此之外,父母的文化程度、所从事的职业、家庭成员数都有可能是影响个体认知方式的因素。

二、菲尔德-希尔弗曼的学习风格模型

菲尔德-希尔弗曼(Felder-Silverman)的学习风格模型是基于学习者对信息加工、感知、输入和理解的认知过程,将学习者分为活跃型/沉思型、感觉型/直觉型、视觉型/言语型、序列型/综合型等四个维度八个类别。

(一)知识的加工:活跃型和沉思型

活跃型学习者更倾向于积极工作和尝试新事物来学习,而沉思型学习者习惯以沉思的方式来进行学习,或是更多地思考别人告诉他们的内容。[①] 相比较而言,活跃型学习者更愿意积极地在小组中交流和协作,并且在自我评估测试等与反思相关的活动中不那么谨慎;而沉思型学习者更偏好独自工作,在自我评估测试中通常需要花费很长时间来回答问题。那些不积极参与讨论但阅读他人发布的信息的人通常属于沉思型学习者。

(二)知识的感知:感觉型和直觉型

感觉型学习者偏好学习具体的事实和数据,更倾向于举例;而直觉型学习者倾向于学习抽象的材料,仅将举例作为补充材料。当一个主题有几个类似的例子时,一个举出几个例子的学习者更有可能是一个感觉型的学习者,而只阅读一两个的学习者往往是直觉型学习者。此外,感觉型学习者谨慎但缓慢,直觉型学习者快速但粗心。

(三)知识的输入:视觉型和言语型

视觉型学习者更喜欢学习材料的视觉表示,如图片、图表和流程图,而言语型学习者更喜欢文本表示,包括书面或口头信息。因此,与言语型学习者相比,视觉型学习者在视觉区域花费更多的时间,产生更多的凝视情节,反之亦然。值得注意的是,研究发现言语型学习者倾向于以文本形式与其他人讨论。

(四)知识的理解:序列型和综合型

序列型学习者习惯按照线性步骤来理解问题,每一步都符合逻辑,通常会循规蹈矩地寻找答案,具有线性学习进度。综合型学习者倾向于采用整体性思维方式,广泛学习,对总体概念或广泛知识感兴趣,并能解决复杂问题。

三、Kolb 学习风格模型

美国心理学家大卫·科尔勃(David A. Kolb)对学习风格中的认知风格进行了综合性探讨。他从两个维度来考虑认知风格,即具体体验(concerte exrience,CE)—抽象概括

---

① Zhanni Luo. Using eye - tracking technology to identify learning styles Behaviour patterns and identification accuracy[J]. Education and Information Technologies,2021,26(4):4457-4485.

(abstract conceptualization, AC)维度和反应性观察(reflective observation, RO)—主动实验(active experimentation, AE)维度。科尔勃根据这两个维度构成了一个坐标系,以确定四种学习风格:顺应者方式、发散者方式、聚合者方式和同化者方式(图 4-1)。①

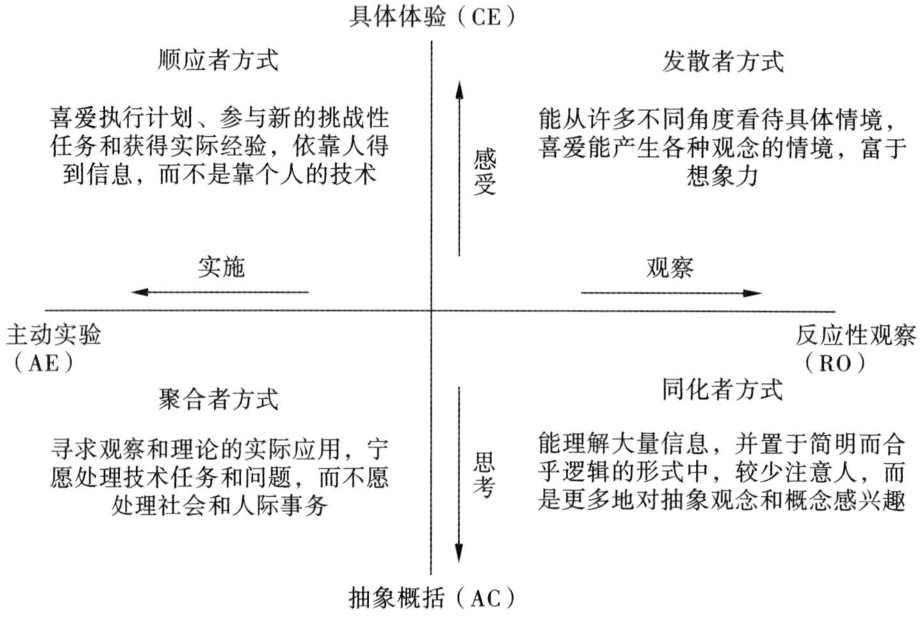

图 4-1　Kolb 学习风格模型

四、奈欣斯的三维理论

奈欣斯(Nations)把学习风格描述为感觉定向、反应方式和思维模式的组合。其中,感觉定向指的是学习者在学习时主要依赖的是视觉、听觉或触觉等;反应方式是指学习者是喜欢依赖教师还是自主行动,是单独工作时还是小组工作时成绩较好,以及是小组工作中的主动的参与者还是被动观察者;思维模式是指学习者是先收集和积累细节材料,再组织分析,还是先有大致轮廓,再去收集材料等。

五、雷诺的六维理论

雷诺(Reynolds)等人在邓恩夫妇和普赖思关于五类学习风格的理论基础上,提出了

① Kolb DA. Experiential learning: experience as the source of learning and development, second edition [M]. New Jersey: Pearson FT Press, 2014: 14-18.

一个学习风格分类的概念模型。[①] 这个多维模型包含六个类别：知觉偏好、物理环境需要、社会环境偏好、认知方式、最佳学习时间以及动机和价值观等。这六个类别构成了个体独特的学习风格特征。

六、Honey & Mumford 学习风格理论

英国教育专家皮特·哈尼(Peter Honey)和阿伦·芒福德(Alan Mumford)提出了Honey & Mumford 学习风格理论，并基于学习者在学习过程中的表现和偏好，将学习者分为行动者、反思者、理论者和实用主义者等四类。[②] 具备不同学习风格的学习者表现出不同的学习特征，获得不同的学习体验。其中，属于行动者类型的学习者倾向于先行动，后思考，常以直觉和试错的方式处理问题；属于反思者类型的学习者有较强的想象力和理解力，喜欢反思后采取行动；属于理论者类型的学习者有较强的归纳推理能力，喜欢分析和综合；属于实用主义者类型的学习者倾向于通过尝试来验证实践的可能性。[③] Honey & Mumford 学习风格量表与 Kolb 学习风格量表具有相同的概念基础，可以提供更可靠和有效的 Kolb 学习风格结构测量方法[④]。

七、VARK 学习风格理论

新西兰教育心理学家尼尔·弗莱明(Neil Fleming)所提出的 VARK 学习风格理论侧重于研究学习者如何运用不同感官建立学习风格，其中 VARK 所指的四种学习风格类型分别为视觉型(V)、听觉型(A)、读写型(R)以及动觉型(K)。[⑤] 其中，对于视觉型学习风格的人，习惯从视觉接受图形、图像、符号等信息。有听觉型学习风格的人则倾向于接受听觉刺激，对语言、音响等听觉信息刺激的接受和理解能力较强。具有这种学习风格的学习者通过讲座、小组讨论、广播、电话、演讲、网络聊天和谈论概念等形式学习得较好。而具有读写型学习风格的人阅读能力较强，更喜欢以文字形式显示信息，比如基于文本的输入和输出，阅读和写作手册、报告、论文和作业。动觉型学习风格的人喜欢自己参与

---

① Reynolds J. Gerstein M. Learning style characteristics: An introductory workshop[J]. The Clearing, 1992, 66(2): 122-126.

② 沈霞娟，马颖峰，高东怀. 基于学习风格的网络课程教学策略研究[J]. 现代教育技术，2008(7): 87-89.

③ 同上。

④ Duff A, Duffy T. Psychometric properties of honey & Mumford's learning styles questionnaire (LSQ)[J]. Personality and individual differences, 2002, 33(1): 147-163.

⑤ 张华亮. 基于成人高校学生 VARK 学习风格的因材施教策略分析：以管理专业案例教学设计为例[J]. 成人教育，2020, 40(2): 71-76.

其中,对经验和实践有感性偏好。VARK 学习风格理论侧重于研究学习者如何运用不同感官建立学习风格,旨在通过学习风格与教学风格的有效匹配,提高学习者注意力,进而优化教学质量。[①] 例如,弗莱明等学者基于 VARK 建立量表分析学习者的学习风格,进而制定相对应的学习方案。

第二节　学习风格的个体差异

学习者之间普遍存在着个体差异,展现出不同的行为偏好、心理状态以及认知风格,最终影响着学习方式和学习效果。[②] 德国哲学家戈特弗里德·威廉·莱布尼茨(Gottfried Wilhelm Leibniz)说:“世界上没有完全相同的两片树叶。”每位学习者都是一个独特的个体,学习亦不止一条道路,而学习者之间的差异主要体现在其认知、智力、人格特质三个方面。

一、学习者的认知差异

认知是指人们获取知识、运用知识以及信息处理的过程,也是人类最基本的心理活动,其中涵盖了感知、察觉、记忆、思维、想象和语言等要素。

认知过程是指人类大脑接受来自外界的信息输入,经过智力加工处理,转化成内在的心理,从而指导行为表现的过程。这一过程是将客观事物主观化的过程,即在主观中反映客观,使客观事物在主观中呈现。个体之间的认知差异主要表现为认知水平和认知方式两方面的差异。

(一)认知水平差异

学习者的认知水平是一个从低级到高级循序渐进的过程,在认知发展水平上存在早晚、高低、快慢等差异,他们的认知结构也各不相同。

在与认知水平相关的教育目标分类理论中,最为常见的是美国心理学家布鲁姆(Benjamin Bloom)的教育目标分类理论。[③] 在该理论中,布鲁姆将教育目标分为认知领域、情感领域以及动作技能领域。其中,认知领域的目标可以进一步分为识记、领会、运用、分析、综合和评价等六个层次。结合实际教学需求,我们又将学习者的认知水平分为

---

① 张华亮.基于成人高校学习者 VARK 学习风格的因材施教策略分析:以管理专业案例教学设计为例[J].成人教育,2020,40(2):71-76.

② 迟新丽,吴明霞,田静.浅析大学习者学习的个性差异[J].教育探索,2008 (6):130-131.

③ 钟启泉.基于核心素养的课程发展:挑战与课题[J].全球教育展望,2016,45(1):5

低级认知水平、中级认知水平、高级认知水平三个层次，不同层次的认知水平与布鲁姆教育目标分类中的认知目标划分一一对应（表4-1）。

表4-1　认知目标分类的水平等级

认知水平等级	布鲁姆认知目标分类
低级认知水平	识记、领会
中级认知水平	运用、分析
高级认知水平	综合、评价

（二）认知方式差异

认知方式是个体在信息加工中所具有的稳定的方式和偏好。[①] 例如，一些学习者喜好在宁静的环境下学习，而其他人则能够在喧嚣的环境中进行学习；有些人在上午表现出最高的学习效率，而另一些人则在夜晚表现得更为活跃；一部分学习者更倾向于倾听教师的讲解，而另一些学习者则更喜欢与他人合作讨论，还有一部分学习者则更倾向于独自思考。学习者的认知方式可以分为以下三类。

1. 场独立型与场依存型

这是两种常见的认知方式。场独立的个体在评价客观事物时，通常会依赖内部的标准，较不容易受外部因素的干扰。场依存的个体在感知物体时更倾向于使用外部参考作为信息加工的基础，他们的态度和自我认知容易受到周围人，尤其是权威人士的影响和干扰，善于观察言行，注重并记忆言语信息中的社交内容。

2. 沉思型与冲动型

沉思型认知方式指的是在面对多种可能答案的情境下，一些学习者倾向于深思熟虑，减少错误。冲动型认知方式是指一些学习者倾向于快速检验假设，但常常犯错误。

3. 辐合型与发散型

辐合型认知方式表示个体在问题解决中常表现出辐合思维的特征，即他们搜集或综合信息和知识，运用逻辑规则，逐渐缩小答案范围，直至找到唯一正确的解答。而发散型认知方式表示个体在问题解决过程中常表现出发散思维的特征，他们的思维沿着多个不同的方向扩展，将概念拓展到各个相关领域，最终产生多种可能的答案而不仅仅是唯一正确的答案，因此更容易产生具有创意的新颖观念。

---

① 李寿欣，周颖萍．个体认知方式与材料复杂性对视空间工作记忆的影响[J]．心理学报，2006(4)：523-531.

二、学习者的智力差异

智力是指人类认知、理解客观事物以及运用知识和经验解决问题的能力，涵盖了观察能力、记忆力、想象力、分析判断能力、思维能力、应变能力等多种能力。通常，我们用“智商”这一指标水平来衡量个体的智力发展水平。而非智力因素，是相对于智力因素而言的，与个体的兴趣、人格、需要、动机、目标、志向、信念等相关。这种非智力因素对一个人的发展起着至关重要的作用。达尔文曾经说：“我的科学成就，在于我热爱科学、坚持不懈地进行长时间的研究、不断地进行观察和努力。”

（一）智力的二因素论

早期的心理学家就对传统的智力测验（语言测验、数学测验等）进行了分析。英国心理学家查尔斯·爱德华·斯皮尔曼（Charles Edward Spearman）提出了智力的二因素论（two-factor theory of intelligence）。[①] 二因素论认为，智力包括两种潜在的因素：第一种是一般因素（general factor），简称 G 因素，这是一种假想的、被应用于多种任务之中的能力，影响个体的智力测验表现；第二种是特殊因素（special factor），简称 S 因素，这些因素只影响个体在某一种能力测验中的表现。[②]

（二）智力的三元论

美国耶鲁大学的心理学家斯腾伯格（Sternberg）提出了智力的三元理论（triarchic theory of intelligence），以试图说明更为广泛的智力行为。他认为，一个完备的智力理论必须说明智力的三个方面，即智力的内在成分，智力成分与经验的关系以及智力成分的外部作用。[③] 这三个方面分别对应智力的成分亚理论、智力的经验亚理论、智力的情境亚理论（图 4-2）。

其中，“智力的成分亚理论”指出智力包括三种成分及相应的三种过程，即元成分、操作成分和知识获取成分。“智力的经验亚理论”认为，测量“智力”的任务在一定程度上是以下一种或者两种能力的函数：一种是处理新任务和新情境要求的能力，另一种是信息加工过程自动化的能力。[④] “智力的情境亚理论”是指获得与情境相拟合的心理活动，

---

① 王亚南，刘昌. 斯皮尔曼：从智力二因素论的创立到方法论上的突破[J]. 南京师大学报（社会科学版），2011(6)：95.

② 陈琦，刘儒德. 当代教育心理学[M]. 3 版. 北京：北京师范大学出版社，2019：50-57.

③ 黄荣怀，郑兰琴. 解读“多元”智力：多元智力理论与智力三元论述评[J]. 中国电化教育，2004(3)：25-28.

④ R. J. 斯腾伯格. 超越 IQ：人类智力的三元理论[M]. 俞晓琳，吴国宏，译. 上海：华东师范大学出版社，2000：69.

而不论及身体活动或是能够促进或阻碍情境活动的内、外部影响。[①]

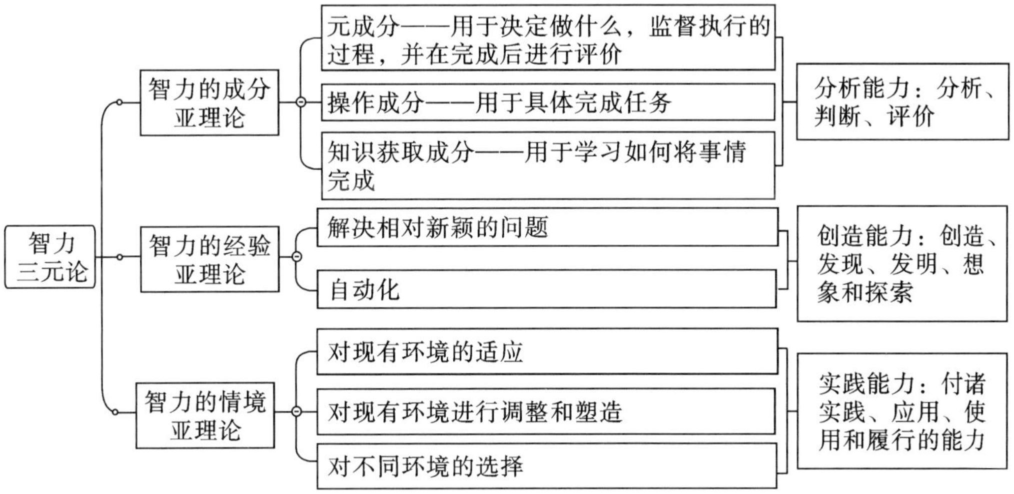

图 4-2　斯腾伯格的智力三元论

（三）多元智能理论

传统的智力理论存在两大派别：一是心理计量学派，二是信息加工学派。两个学派一致认为，智力是一种综合的能力，其核心包括语言能力和数理逻辑能力，而这种综合能力可以通过智力测验来评估。美国心理学家霍华德·加德纳（Howard Gardner）反驳了这一观点，他认为最初发明智力测验的时候很少有人注意到智能理论，但实际上每个个体都有不同的智能特点和智能组合。[②] 加德纳提出了多元智能理论，强调每个人身上有多种智能，具体涵盖语言、人际、内省、自然、运动、逻辑、空间、音乐等共八个方面的智能（图 4-3）。

多元智能理论的核心观点是衡量智力的标准并不是统一的。个体之间之所以存在智力差异，并非某种智能缺失所致，而是因为这八种智能的组合和发挥方式不同，这也恰恰反映了智力兼具“先天性”与“后天性”的双重特征。个体通过后天训练，正常情况下都可以发展、强化每一种智力。

① R. J. 斯腾伯格. 超越 IQ：人类智力的三元理论[M]. 俞晓琳，吴国宏，译. 上海：华东师范大学出版社，2000：46.

② 曾晓洁. 多元智能理论的评估理念及原则[J]. 比较教育研究，2003(6)：36-39，58.

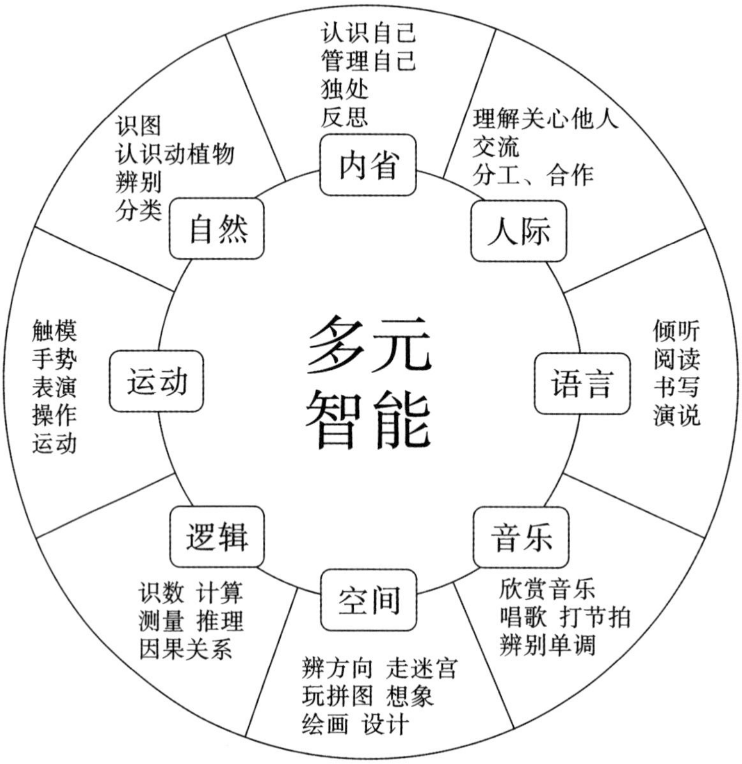

图 4-3 多元智能构成

(四)智力相关理论在教学中的应用

结合上述理论,在教学过程中,需要从四个方面进行转变。

首先,教育观念方面,教育工作者需要转变传统观念,以一种欣赏和发现的视角看待学习者,而不再采用“一刀切”的标准来评价他们。我们应该重新认识到每位学习者都具备潜在的才能。只要我们能对学习者进行正确引导,每个学习者都有潜力成才。

其次,教学方法方面,多元智能理论强调应该根据每个学习者的智能优势和劣势选择最适合个体的教学方法,即因材施教。我们需要重视学习者的差异性,根据学习者特点采用多种教学方式,促进其潜力的开发,使每个学习者都能充分发挥自身潜能。

再次,教育目标方面,多元智能理论并不主张培养所有人成为全能者,而认为应该根据每个学习者的情况来确定最适合他们的个性化发展道路,力求让每个学习者都有所学,学有所得。教育的价值不仅在于培养社会需要的才能,更在于促进人的自我发展。

最后,教学实践方面,教师在备课和授课时更应关注学习者,致力于开发他们的潜力,促进他们的全面发展。我们应该采用多种方法和手段,以“多元智能”为基础来设计教学策略,改善教学形式和过程,努力培养学习者的多种智能,使课堂教学变得多姿多彩,互动形式多样,彰显学习者的主体地位。

三、学习者的人格特质差异

人格可以被理解为个体在行为上的内在倾向，具体体现在能力、情感、需求、动机、兴趣、态度、价值观、气质、性格等方面。在教育教学中，学习者的人格差异较为明显地表现在学习者的气质、性格和自我认知方面。心理学家认为，人格与一个人在各种活动中所表现出来的稳定的、一贯的内在因素有关。对心理学家来说，人人都有个性；对人格特质理论家来说，每个人都各具特质。总之，各种人格理论都试图从不同角度分析和解释人格的差异。

（一）艾森克的三因素模型

20 世纪 50 年代，英国心理学家艾森克（Hans Jurgen Eysenck）结合人格测验的相关数据，开发了艾森克人格问卷（eysenck personality questionnaire，EPQ）。依据艾森克的推论，可将人格划分为外向性—内向性、神经质—稳定性和精神质—冲动性控制三个维度。

（1）外向性—内向性维度与活泼、好动、自信、喜欢寻求刺激、无忧无虑和支配性等特点相关。外向性—内向性维度描述了个体在社交和情感表达方面的倾向。外向性倾向的个体通常具有社交能力、冒险精神和对外部刺激的渴求，他们喜欢与他人交往并寻求刺激。相反，内向性倾向的个体更倾向于独处，思考和内省，通常对社交活动和外部刺激不太感兴趣。

（2）神经质—稳定性维度与易焦虑、易抑郁、内疚感、自尊心低、紧张、情绪波动较大等特点相关。神经质—稳定性维度涉及个体情绪反应的稳定性和易受刺激的程度。神经质倾向的个体通常表现出情绪不稳定、焦虑和易激动的特征，而稳定性倾向的个体则表现出情绪平稳、镇定和自信的特征。

（3）精神质—冲动性控制维度与攻击性、冷淡、缺乏同情心和创造力的发散性等特点相关。精神质—冲动性控制维度涉及个体对内在冲动的控制能力。精神质倾向的个体通常表现出自律、自制和对内在冲动的较好控制，而冲动性倾向的个体则更倾向于冲动、失控和缺乏自制力。

艾森克人格维度理论的提出为人格心理学研究提供了重要的理论框架，使研究者能够更系统地理解和描述个体的人格特征，对心理学和相关领域的研究产生了深远的影响，时至今日仍使用广泛。

艾森克人格问卷(Eysenck personality questionnaire,EPQ)

艾森克人格问卷(Eysenck personality questionnaire,EPQ)是英国心理学家艾森克开发的一种人格测量工具。EPQ 包括 N 量表(用于调查神经质),E 量表(用于调查内外向),L 量表(效度量表),P 量表(用于调查精神质)等四个分量表,主要测定三种人格维度。[①][②] 艾森克人格问卷具有许多优点,其中最重要的是其可靠性和有效性。该量表已被广泛用于临床实践中,可以帮助心理学家和医生更好地了解个体的人格特征,并为治疗和咨询提供有益的信息

但是,该量表也存在一些局限性。例如,它只涵盖了三个主要的人格维度,可能无法完全反映个体的复杂性和多样性。此外,该量表也可能受到个体回答不真实或有意误导的影响,因此需要在使用时谨慎解释和评估。

(二)人格特质的五因素模型

自 20 世纪 80 年代后期以来,一种新的人格特质模型——五因素模型,或称为大五模型获得了人们的广泛认可。美国心理学家科斯塔(P. T. Costa)和麦克雷(R. R. McCra)对人格因素模型进行了广泛和深入的研究,将构成人格的核心因素分为五项:外倾性(extraversion)、随和性(agreeableness)、尽责性(conscientiousness)、神经质(neutralism)、开放性(openness to experience)。[③] 这五项因素后来被称为“大五”(big five)。

(1)外倾性:指的是个体与他人互动的频率、密度以及对新刺激的需求和获得身心愉悦的能力。这一特质表现为个体的热情、自信、充满活力、喜欢社交、渴望新的刺激,以及在人际关系中表现积极、能够获得幸福感。个体的外倾性可以通过其参与社交活动的程度和对新经验的追求程度来衡量。

(2)随和性:涉及个体对待他人的态度,既包括如亲近、同情、信任、宽容、谦虚和关心他人等积极的方面,也包括如冷漠、支配、缺乏同情心和怜悯心等负面的方面。

(3)尽责性:也被称为自律性和谨慎性,涉及个体的自我控制水平和推迟满足需求的能力。这一人格因素反映了个体的克制能力,以及是否能够延迟满足需求。尽责性与成就动机和计划性有关。

(4)神经质:反映了个体情感的调节和情绪的稳定性。此项得高分的个体可能更容

---

① 钱铭怡,武国城,朱荣春,等. 艾森克人格量表简式量表中国版(EPQ-RSC)的修订[J]. 心理学报,2000(3):317-323.

② 刘拓,曹亦薇,戴晓阳. 个人拟合指标在艾森克人格测验中的应用[J]. 中国临床心理学杂志,2011,19(3):324.

③ 李红燕. 简介“大五”人格因素模型[J]. 陕西师范大学学报(哲学社会科学版),2002(S1):89.

易感到忧虑、焦虑，情绪波动较大。得低分的个体则通常表现出情绪稳定、自我调节能力良好、不容易受极端情绪和情感波动影响的特点。

(5)开放性：此因素不仅包括人际交往方面的开放性，还涉及个体对新经验的接受和探索态度，反映了个体想象力的活跃性、思维的探索性，以及对新思想的接受程度等。

(三)卡特尔的十六种人格因素理论

美国伊利诺州立大学人格及能力测验研究所卡特尔教授(Raymond Bernard Cattell)最突出的贡献在于将因素分析的统计方法应用于人格心理学的研究。[①] 卡特尔认为，人格的基本结构元素是特质，发现特质的方法就是因素分析。他研制的《卡特尔十六种人格因素量表》，主要针对个体的十六种独立因素进行评估。此外，他将特质分为以下四种向度。

第一，表面特质与根源特质。表面特质是指一群看起来似乎聚在一起的特征或行为，即可以观察到的各种行为表现。根源特质是行为的最终根源和原因。每一个根源特质控制着一簇表面特质。我们通过对许多表面特质的因素进行分析便可找到它们所属的根源特质。

第二，能力特质、气质特质与动力特质。能力特质与认知和思维有关，决定工作的效率。气质特质与行为的情绪、情感相关。动力特质与行为的意志和动机有关。

第三，个别特质和共同特质。人类社会中，所有社会成员共同具有的特质即为共同特质，而个体所独有的特质，即为个别特质。其中，共同特质在各个成员身上的强度各不相同。

第四，体质特质与环境塑造特质。卡特尔认为在十六种人格因素中，有些特质来源于经验，这些特质即为环境塑造特质。卡特尔认为在人格的成长和发展中遗传与环境都有影响。他十分重视遗传的重要性，并曾试图分析每一根源特质的特殊遗传成分。

卡特尔十六种人格因素量表(sixteen personality factor questionnaire)

《卡特尔十六种人格因素量表》，又被称为《卡特尔十六项个性因素测验》，是世界公认的权威个性测验方法。该量表包含16个人格因素，每个因素由一系列描述性词语构成，受测者需要根据这些词语对自己的个性特征进行评价。这16种人格因素包括怀疑心、刚毅、情绪稳定、活泼、开放、直率、严谨、独立、敏感、怀疑、幼稚、坚定、内向、世故、自律和紧张等。

---

① 周振华，周秀芳，李燕. 男女大学习者卡特尔16种人格因素量表测查结果比较的meta分析[J]. 中国心理卫生杂志，2011，25(8)：631.

这些因素涵盖了个体在认知、情感和行为方面的特质。通过对这些因素的评估,可以为临床医生和心理学家进行更全面、客观的人格特征分析,从而有助于精准的心理治疗和干预。此外,该量表在人才选拔和培养等方面也具有一定的应用价值。

第三节　学习风格的测量与应用

学习风格的测量是了解学习者的重要手段。在深入辨识学习风格的基础上,可以更好地开展个性化教学,激发学习动机,促进学习者学习①。在此,主要介绍较为经典的以及快速发展的学习风格测量工具与技术。

一、认知诊断

(一)认知诊断的概念

认知诊断被认为是新一代心理与教育测验理论的核心,它是认知心理学与现代测量学相结合的产物。根据 Mislevy R. J 的说法,整个统计测验理论的发展可以分为两个阶段:标准测验理论阶段、新一代测验理论阶段。“新一代测验理论”强调对宏观和微观、能力水平和认知水平的评估,将测验视为一种整理和解释个体所知道的事实和所能做的事实的技术,而不仅仅局限于能力的特质水平的概念。在测验领域中,对认知水平的研究是对能力水平的进一步研究和拓展,能力水平研究的目的在于确定能力的定位,而认知水平研究的目的在于诊断认知能力结构和性状。②

广义的认知诊断是指建立起观察分数与被试的内部认知特征之间的关系。这种认知诊断既包括在心理学理论建构中的应用,也包括在教育教学领域中的应用。通过认知诊断,可以深入了解个体的认知结构和认知过程,为心理学研究和教育实践提供重要的依据和支持。教育教学领域中的认知诊断,是按被试对所测技能或特质的掌握情况来对被试进行分类。学习者完成测试是认知诊断的前提,测试题目的难度能否精准匹配学习者的能力直接影响诊断结果的精确性。狭义的认知诊断即教育领域中用到的认知诊断

① Hasibuan M S, Nugroho L E, Santosa P I, et al. A Proposed Model for Detecting Learning Styles Based on Agent Learning[J]. International Journal of emerging technologies in learning, 2016, 11(10): 65-69.

② 刘声涛,戴海崎,周骏. 新一代测验理论:认知诊断理论的源起与特征[J]. 心理学探新, 2006(4): 73-77.

的内涵。认知诊断通过可观察的答题情况推测出不可观察的知识结构①，便于学习者及时发现自身知识缺陷，从而有针对性地开展学习。

（二）认知诊断的实现

实现认知诊断的两大基础是认知心理学和心理测量学方法。首先，认知诊断的实施需要以认知心理学模型为基础和核心。认知诊断的认知心理学研究包括运用认知心理学的各种研究方法，对测量任务所涉及的知识、技能、策略、加工过程与成分等各认知变量进行认知分析，以获得测量任务的实质性的心理模型。②

其次，要实现认知诊断，必须借助心理学的手段。测试的核心是通过题目的设计，使被试内部的认知特性在外部呈现出来，以此来判定内部的认知特性。在测试设计完成之后，要在适当的度量模式下，将理性思考的结果转化为实证的测量数据。具体的做法是在测量模型中引入有关认知变量，通过多种现代统计学手段，揭示个体认知变量的特点。认知诊断需要的测量模式有别于传统的测试模式，传统的测试方法是使用单一的测量模式来处理带有统计特性的个人能力定位问题，例如，经典测试理论中的真值模型及其延伸出来的信度、效度、难度、区分度的计算，形成了一种解决能力定位与测试质量的模型。但在认知诊断领域，多为一组模型，每一种模型都有其特定的应用目标，不同模型之间从表现形式到诊断功能上都有很大的差别。

认知诊断研究是一个系统的研究工作，它的实施流程包括对测量对象的认知分析、项目编制、评分规则确定、结果反馈、程序编制、预测验、效度研究等。

（三）认知诊断的应用

认知诊断是个性化学习的前提与基础。通过学习者对测验问题的回答，可以推断出学习者所不能观测到的知识状况，并能使学习者在学习过程中发现自己的认知不足，进而有针对性地进行纠错学习。在进行认知测验时，测验项目是必不可少的，它直接关系到诊断结果的准确性。而在实际教学过程中，目前的认知诊断测试题目通常是依据特定知识点生成的固定题目或者通过题库随机抽取，这些推送试题的方法都无法使测试题目的难度精确匹配学习者的能力水平。为所有学习者推送相同且大量的测试题，不仅加重了学习者的负担，而且容易降低诊断结果的精确性。③

为解决这一问题，更好地促进学习者学习，研究者将计算机技术与统计测验结合，以提升认知诊断效能。比如，计算机适应性认知诊断（CD-CAT）可以将计算机自适应测试

---

① 辛涛，乐美玲，郭艳芳，等. 学业质量标准的建立途径：基于认知诊断的学习进阶方法[J]. 教育学报，2015，11（5）：72-79.

② Zhang J，Jang E，Chahine S. A systematic review of cognitive diagnostic assessment and modeling through concept map**[J]. Frontiers of Contemporary Education，2021，2（2）：10-16.

③ 叶海智，杨柳，黄宏涛，梅钰皎. 面向认知诊断的能力等级自适应试题推送模型构建及应用[J]. 电化教育研究，2019，40（11）：93-98，113.

理论与认知诊断理论有机地融合在一起,具体是针对学习者目前的状况来选择合适的测验问题,并对学习者的能力、认知程度进行诊断,进而通过诊断报告提出改进意见和对策,实现对学习者"因材施教""量体裁衣"的适应性诊断。①

二、基于不同学习风格理论的测量方式

前述已经介绍了多种学习风格理论和模型,在此介绍下几种较为经典的基于不同学习风格理论和模型的学习风格测量方式。

(一)镶嵌图形测验

镶嵌图形测验(embedded figures test,EFT)是一种测量"场独立—场依存"认知风格的方法。

1. 结构设计

以北京师范大学于1998年修订的《镶嵌图形测验》为例进行说明。镶嵌图形测验由测验说明和题目组成,共包括有三部分内容。其中,第一部分为练习部分,其内容的设置是为了让被试熟悉题型,共有九道题;第二部分和第三部分则属于正式测验的题目,各有十道题,每题均对应有需要找出的简单图形。② 在测验时,被试需要按照指示在规定的时间里画出隐藏在复杂图形里的简单图形,其在除了练习部分以外的20道题目中找到的正确的简单图形的数目则为场独立—场依存认知风格得分。③

2. 实践应用

镶嵌图形测验的使用对象为10岁以上的儿童及成人。因为其信度和效度较高而被广泛使用,涉及心理学领域、咨询应用领域、教育领域等众多领域,同时该测验为非语文测验,可用于不同语言的团体或泛文化研究。有些人比较容易从复杂的图形中离析出简单图形,有些人很难从复杂的图形中离析出简单图形。前者被称为场独立性的人,后者被称为场依存性的人,大多数人处于场依存性和场独立性之间。

(二)ILS问卷(所罗门学习风格问卷)

1991年,美国北卡罗来纳州立大学教授费尔德(Richard M. Felder)和当时北卡罗来纳州立大学的学习者所罗门(Barbara A. Soloman)共同建立了ILS(index of learning styles)

---

① 刘妍,戴静,石小恋,等.认知诊断理论在计算机自适应测试中的应用与启示[J].中国远程教育,2017(4):42-49,71.

② 盛仁泽.场独立/依靠认知风格与大学生大学英语学习需求分析[J].中国成人教育,2009,(24):121-122.

③ 郭蝉瑜,庄恺祥,谭柳,等.场独立—场依存认知风格影响创造性思维的大脑功能基础[J].科学通报,2021,66(19):2.

问卷。有些研究者也将 ILS 问卷称为“所罗门学习风格问卷”。其问卷开发的理论基础与前述的菲尔德-希尔弗曼(Felder-Silverman)的学习风格模型相关。经过不断研究开发,1996 年,ILS 在全球互联网上发布,组建了共包含 44 个题目的自我评分的网络问卷:Index of learning styles questionnaire。

所罗门学习风格问卷中文版

1. 结构设计

ILS 问卷共包含 44 个测试项目,每个项目分别对应 a,b 两个选项。44 个项目分成四组,每一组又细分为两种对立的类型,即对应的 a,b 两个选项。例如,项目 1 中的 a 选项表示活跃型,b 选项表示沉思型。个体如果选择 a 选项,则活跃型得 1 分,反之则沉思型得 1 分。根据个体对项目 1、5、9、13、17、21、25、29、33、37、41 的回答,可以分别计算出活跃型与沉思型的得分,二者得分较高者即为个体的学习风格类型(表 4-2)。

表 4-2 ILS 表各项目及其对应的风格类型①

风格类型	项目序号及选项
活跃型	1a 5a 9a 13a 17a 21a 25a 29a 33a 37a 41a
沉思型	1b 5b 9b 13b 17b 21b 25b 29b 33b 37b 41b
感觉型	2a 6a 10a 14a 18a 22a 26a 30a 34a 38a 42a
直觉型	2b 6b 10b 14b 18b 22b 26b 30b 34b 38b 42b
视觉型	3a 7a 11a 15a 19a 23a 27a 31a 35a 39a 43a
言语型	3b 7b 11b 15b 19b 23b 27b 31b 35b 39b 43b
序列型	4a 8a 12a 16a 20a 24a 28a 32a 36a 40a 44a
综合型	4b 8b 12b 16b 20b 24b 28b 32b 36b 40b 44b

2. 实践应用

ILS 问卷没有特定的使用限制,适用于各类人群。该问卷的信度和效度都较高,因而被广泛地推广使用。读者可以利用自测问卷表和分析表来测试一下个人所属的学习风格。

(三)Kolb 学习风格测试量表

科尔勃以经验学习理论为基础,开发了学习风格的经典测试量表——Kolb 学习风格

① Boban M A N Z M. Students' Perceptions of ILS as a Learning-Style-Identification Tool in E-Learning Environments[J]. Sustainability,2022,14(8):4426.

测试量表(Kolb learning style inventory version,KLSI),Kolb 学习风格测试量表认可度高、应用范围广,已经被广泛应用于教育领域,其结构设计与应用如下。①

Kolb 学习风格测试量表

1. 结构设计

Kolb 学习风格测试量表共包含 12 个条目,每个条目描述一种学习情形;并含有四个选项,分别代表了四种学习方式,即 CE(具体体验)、AC(抽象概括)、RO(反应性观察)和 AE(主动实验)。被试根据条目中的描述选择贴合自身实际的选项,并加以排序:最贴合为 4 分,比较贴合为 3 分,一般贴合为 2 分,最不贴合为 1 分。

2. 实践应用

教育者可以使用该测试来了解学生的学习风格和偏好,从而更好地设计个性化的教学方法。读者可以尝试用 kolb 学习风格测试量表测试自己的学习风格。此外,科尔勃还创建了一种学习风格测验,将测验与教学相结合,以评定个体的四种学习风格。他把学习者组织成研讨班,进行测评活动,然后找到适用于自己的学习策略。研讨班的具体操作步骤如下:首先,将整个班级分成若干小组,然后要求每个小组的成员聚在一起,分享他们的学习感受和经验,然后制定一份清单。最后,全班学习者将讨论这些清单的异同之处,以便让大家了解各种学习风格的不同表现。整个评估过程分为四个阶段,每个阶段对应一种学习风格。

第一阶段与发散者学习风格相对应。这种方式的学习者思维发散,富有想象力。针对这种学习风格,我们可以采用自由发言和小组讨论这两种教学策略。第二阶段与同化者学习风格相对应。这种方式的学习者喜欢处理抽象的观点和概念,具有理性或逻辑性。在众多的教学方法中,讲座这种方式较为适宜这种学习风格的学习者。第三阶段与聚合者学习风格相对应。这种方式的学习者对理论在实际中的应用更感兴趣。学习者在这个阶段将接受一系列学习风格测验,自己作答、计分和解释结果,教师启发他们把测验结果和自己的经验进行对比。第四阶段与顺应者学习风格相对应。这种方式的学习者强调主动探索和具体体验,比较适合的教学策略是实验室工作和现场调查研究。学习者在这一阶段又回到小组,主要讨论学习策略,具体说来就是对于自己特定的学习风格应采用何种学习策略。通过这种合作与交流,大家都可以找到适合于自己的学习策略,成为更有效率的学习者。

① Holman D,Pavlica K,Thorpe R. Rethinking Kolb's theory of experiential learning in management education:The contribution of social constructionism and activity theory[J]. Management learning,1997,28(2):135-148.

(四)VARK 问卷

VARK 问卷由弗莱明和米尔斯共同编制,于 1992 年提出。[①] 该问卷与前述的 VARK 学习风格理论相关。

1. 结构设计

VARK 问卷设计了 13 个具体生活场景,每个场景提供四个选项,分别对应视觉型(V)、听觉型(A)、读写型(R)以及动觉型(K)等四类学习风格。根据个体对项目的回答,即可分别计算出每种风格类型的得分,从而确定个体的学习风格类型及偏好程度。

2. 实践应用

该测试问卷使用对象不限,信度和效度也较高,应用较为广泛,涉及教育、运动等各个领域。

三、数据驱动的学习风格测量技术

(一)聚类分析

聚类分析是把具有相似属性的对象分成不同的组别或子集,解决“物以类聚”问题的一种统计数据分析技术。[②] 因此,聚类分析可以被应用于学习风格的分类分析中。我们通过分析这些学习风格相关的行为指标,就能得到该风格群体的行为特征。

现在以学习准备风格分析为例说明聚类分析的应用。学习准备是指学习者在在线学习之前所具有的学习品质,这些学习品质在学习者学习过程中相对固定。学习准备风格包含学习者在学习前具有的心理准备和能力准备,其中心理准备是指学习者在学习前已经具有的一些心理层面的学习品质,能力准备是在线学习中学习者能否高效学习的影响因素。我们在开展聚类分析时,需要在理解学习准备基本内涵的基础上,进一步筛选和设计学习准备风格行为指标,而这些指标数据将作为聚类的依据。在聚类的基础上,再进一步进行聚类结果分析,从而判断学习者的学习准备风格属于哪一类别。[③]

(二)决策树

决策树的基本思路是先寻找一组最佳特性,再从该特性中寻找最佳候选点,并据此将该候选点划分成两个子集,依次进行以上步骤,直至满足给定的条件。最后,通过一系

① Sarabi-Asiabar A, Jafari M, Sadeghifar J, et al. The Relationship Between Learning Style Preferences and Gender, Educational Major and Status in First Year Medical Students: A Survey Study From Iran[J]. Iranian Red Crescent Medical Journal, 2015, 17(1): 3-5.

② 许玲;张亦弛. 全球视野下教育技术研究热点的聚类分析与展望[J]. 中国远程教育, 2019, (11): 58-65, 85.

③ 杨文阳. 基于 SOM 聚类法的在线学习分析研究[J]. 中国教育信息化, 2020(5): 66-73.

列的操作,形成了一棵决策树,它的根结点到叶子结点的次序,代表着这些行为特性对学习方式的影响。① 决策树的一个明显的特点是易于理解和实现,借助数据分析软件的可视化结果,可以很直观地找出学习者在线学习风格和学习记录之间的关系。

现在以学习者信息处理风格分析为例说明决策树的应用。信息处理风格展现的是学习者在在线学习的过程中所体现的获取和处理信息的自然或惯用模式。在具体应用时,可以在采集学习者学习行为相关数据的基础上,将数据之间做出关联,再通过决策树算法,分析各种类型学习风格的学习特征。

四、利用人工神经网络识别学习风格

自适应学习系统可用于根据学习者的学习风格向学习者提供个性化内容,从而提高学习者的表现和满意度,或缩短学习时间。自适应机制可用于根据学习者的不同特征(如学习风格、知识水平、认知特征等)对内容进行个性化设置。以往研究者通常使用调查问卷来确定学习者的学习风格,但是在使用此类调查问卷时存在一些缺点。为了克服这些缺点,人们对自动识别学习风格的方法进行了研究。

为了避免学习者需要花费的额外时间及缺乏填写问卷动机等因素的影响,研究者提出了人工神经网络识别学习风格②(artificial neural networks to identify learning styles, LSID-ANN)。这是一种基于菲尔德·希尔弗曼学习风格模型(FSLSM)的利用人工神经网络识别学习者学习风格的新方法。LSID-ANN 使用四个人工神经网络(每一个用于四个学习风格维度中的一个),具有三层感知器配置。

首先,作为构建人工神经网络的第一步,必须确定人工神经网络的输入值,这是 LSID-ANN 的行为模式。由于该方法旨在适用于不同的学习系统,因此使用通用行为模式非常重要。Graf 等人研究了通用行为模式的使用,并在其自动学习风格识别方法中使用了此类模式,实现了迄今为止文献中精度最高的结果之一。③ 因此,LSID-ANN 可以使用相同的行为模式。

接下来,需要确定如何评估人工神经网络的输出。人工神经网络结果与 ILS 问卷结果之间的差异被看作反向传播误差。ILS 问卷已被证明是基于 FSLSM 确定学习风格的有效和可靠的问卷。因此,为了计算反向传播误差,将人工神经网络的输出与 ILS 问卷确

---

① 杨剑锋,乔佩蕊,李永梅,等.机器学习分类问题及算法研究综述[J].统计与决策,2019,35(6):36-40.

② 钟卓,钟绍春,唐烨伟.人工智能支持下的智慧学习模型构建研究[J].电化教育研究,2021,42(12):71-78,85.

③ Supporting Teachers in Identifying Students' Learning Styles in Learning Management Systems: An Automatic Student Modelling Approach[J]. Journal of Educational Technology & Society, 2009, 12(4): 3-14.

定的学习风格进行比较。使用文献中的建议值，通过实验优化了人工神经网络的参数。培训模式设置为所有四个学习风格维度的个人模式。

利用人工神经网络识别学习者学习风格的方法可以提高学习风格识别的准确性。可以通过自适应系统向了解学习者学习风格的教师提供更准确的建议，从而为学习者带来更高的成绩、更高的学习满意度和更少的学习时间等好处。此外，教师可以利用这些学习风格信息为学习者提供更准确的建议。

五、自适应 E-learning 系统中预测学习风格的分类方法

现有的学习系统缺乏适应性，是因为它们为所有用户提供相同的资源，而不考虑其个人需求和偏好。因此，确定学习风格是使电子学习或传统教育适应的关键步骤。而自适应 E-learning 学习系统则可以定制学习者的内容和学习路径。在应用个性化 E-learning 系统时，有必要将学习风格整合到 E-learning 系统中，使其具有适应性。之后，系统可以根据学习风格向学习者提供内容。然而，自适应的效率依赖于学习风格预测的准确性。

自适应 E-learning 系统于 20 世纪 20 年代发端，伴随着 20 世纪 50 年代末 60 年代初的程序教学运动正式走进大众视野。它能够根据个体在不同阶段的学习表现出不同的特点，为其提供与之相匹配的学习支撑，是实现个性化学习的一种有效方式，受到了教育界的广泛关注。该系统能够根据学习者的互动情况及表现程度进行动态调整，并能提前预知学习者在某一时刻需要哪些学习资源。自适应学习系统需要从两个层面来实现，一是通过收集个体用户的数据，对其进行分析，进而调整教学资源；二是利用聚合的大样本用户数据，为课程设计和课程改革提供参考。针对学习者而言，该系统可以依据学习者在学习过程中所搜集到的资料，为学习者的学习提供支持。在教师方面，通过“数据仪表板”的方式，实现了对学习者学习状况的实时监控。教育领域中大数据主要应用于教育数据挖掘和学习分析两大方向，利用教育数据挖掘和学习分析技术对教育大数据的采集、存储和分析，便可构建一个自适应学习系统。利用自适应 E-learning 系统真正实现个性化学习，监控不同学习者的心理状态和学习风格。

六、学习风格测量与学习策略在线指导系统

学习风格是一种具有个体特点的、相对稳定的学习风格，它在教学中起着至关重要的作用。“学习方式”的拥护者认为，最好的教学方式是根据个人的学习风格来设计教学。首先，教师们在了解学习者的学习风格的基础上，就可以帮助教师对学习者具有更深入地了解，从而在设计教学材料和进行学习支持时更有针对性，为学习者提供与其学习风格相匹配的学习内容和活动，促进学习。其次，学习者也可以获得与其学习风格相

匹配的教学。当前,学习风格已成为提供个性化学习指导的重要依据之一。在计算机辅助学习环境中,根据学习者的学习风格提供适合其个性特征的学习支持,会让学习者的学习更加容易。有研究者设计了基于学习风格的个性化学习策略指导系统,具体开发了用户管理模块,学习风格的测评和管理,学习政策的引导和管理等三个功能模块,促进学习者更好地学习①。

七、基于大数据技术的学习画像构建

基于大数据技术的学习画像构建是以大数据为基础,以学习画像为基础,通过对学习者学习数据的采集与分析,对其进行分类,并提取其基本信息、内容偏好、学习风格以及社会交互行为的描述,从而得到一个学习画像。

通过对资料的记载和描述性统计的分析,我们可以得出:在知道学习者的性别、年龄和专业的前提下,通过学习者对信息的内容、网页浏览的次数和下载量,并结合了社会学习平台上的资源的转发频率和互动评论的内容,可以对每个学习者的学习状况进行计算②,以此来对学习者的学习情况进行建模,并对学习者的学习效果进行预测,不仅可以向学习者推荐个性化的学习资源,也可以为老师开展教育教学活动提供参考。另外,以统计资料为基础,可协助学校制定决策,使决策更人性化,更具备专业性。

学习链接

请查阅相关资料,了解学习风格相关研究进展及存在的问题。以下是可供参考的部分文献举例。

1. 乔爱玲. 学习风格对大学生批判性思维发展的影响研究:基于在线教学环境的实证研究[J]. 现代远距离教育,2020(5):89-96.

——这篇论文从学习对象分析的角度,探讨了在线教学环境下,学习者的差异化学习风格对其批判性思维发展的影响。

2. Huang C L, Luo Y F, Yang S C, et al. Influence of students' learning style, sense of presence, and cognitive load on learning outcomes in an immersive virtual reality learning environment[J]. Journal of Educational Computing Research, 2020, 58(3):596-615.

---

① 赵宏,陈丽,赵玉婷. 基于学习风格的个性化学习策略指导系统设计[J]. 中国电化教育,2015(5):67-72.

② 陈会,余馨,李琳琳,等. 基于大数据技术的大学习者学习画像构建[J]. 软件工程,2021,24(3):36-38.

——这篇论文采用教学实验干预的方法调查高中生在沉浸式虚拟现实学习环境中的学习风格、存在感、认知负荷以及情感和认知学习结果之间的关系，共有77名学生完成了相关的量表和测试。

3. Sari R C, Warsono S, Ratmono D, et al. The effectiveness of teaching virtual reality-based business ethics: is it really suitable for all learning styles? [J]. Interactive Technology and Smart Education, 2023, 20(1): 19-35.

——虚拟现实具有不同于其他学习媒体的特点，在虚拟现实环境中的高度沉浸感可以创造一种在场感，有利于提高学习效果。但具有特定学习风格的学生在探索虚拟环境时会出现认知过载的情况。这篇论文基于虚拟现实教学的有效性展开实证研究。

4. Blackwell J, McCarthy B. Hold on, you lost me: Use learning styles to create training that sticks[M]. American Society for Training and Development, 2023.

——了解学习风格有助于理解和满足学习者多样化的学习需求，提升学习效果。这本书阐述了四种主要的学习风格，提出了易于实施的八步方法，以帮助评估学习风格。

5. Pardamean B, Suparyanto T, Cenggoro T W, et al. AI-based learning style prediction in online learning for primary education[J]. IEEE Access, 2022(10): 35725-35735.

——通过选择适合学生学习风格的学习材料，有利于提高学生在教学过程中的参与度。该论文开发和测量了基于人工智能的学习风格预测模型在小学生在线学习门户网站中的影响。

学习总结

1. 学习者之间普遍存在着个体差异，具体表现为不同的行为偏好、心理状态以及认知风格，这将影响着学习方式和学习效果。

2. 认知是指人们获取知识、运用知识以及信息处理的过程，也是人类最基本的心理活动，其中涵盖了感知、察觉、记忆、思维、想象和语言等要素。个体之间的认知差异主要表现为认知水平和认知方式两方面的差异。

3. 学习者的认知方式也称为认知风格，是指人们对信息和经验进行加工表现出来的个别差异，是个人在感知、记忆和思维过程中经常采取的态度和方式。学习者的认知方式可以概括为三类：场独立型与场依存型、沉思型与冲动型、辐合型与发散型。

4. 智力是指人类认知、理解客观事物以及运用知识和经验解决问题的能力，涵盖了观察能力、记忆力、想象力、分析判断能力、思维能力、应变能力等多种能力。与智力相关的理论有智力的二因素论、智力的三元理论、多元智能理论等。

5. 人格可以被理解为个体在行为上的内在倾向，具体体现在能力、情感、需求、动机、兴趣、态度、价值观、气质、性格等方面。人格差异的相关理论和模型有艾森克的三因素模型、人格特质的五因素模型、卡特尔的十六种人格因素理论等。

6. 学习风格,又被称为学习偏好,指的是学习者对各种学习条件的倾向或偏好。与学习风格相关的理论有场依存—场独立的相关理论、菲尔德-希尔弗曼的学习风格模型、Kolb 学习风格模型、奈欣斯的三维理论、雷诺的六维理论、Honey&Mumford 学习风格理论、VARK 学习风格理论等。

7. 学习风格的测量与应用的工具和技术包括认知诊断、基于不同学习风格理论和模型的问卷、数据驱动的学习风格测量技术、人工神经网络、基于大数据技术的学习画像等。

8. 基于不同学习风格理论和模型的问卷有镶嵌图形测验、ILS 问卷(所罗门学习风格问卷)、VARK 问卷等多种类型。

9. 以数据驱动为中心的学习风格测量技术有聚类分析、决策树等。

学习评价

1. 学习者的个体差异表现在哪些方面?

2. 学习者的人格差异是指什么? 请结合相关人格理论具体解释。

3. 学习风格有哪些分类?

4. 什么是菲尔德-希尔弗曼的学习风格模型?

5. 什么是认知诊断?

6. 有哪些工具或技术可以被用于学习者的学习风格测量?

7. 和你的同伴们讨论下,学习者的学习风格差异具体表现在哪些方面?

8. 请结合本章内容,选择一种学习风格理论,谈谈如何结合这种理论,更好地开展教学或学习实践。

9. 结合本章内容,分析导致学习者学习成绩出现个体差异的原因,以及如何通过因材施教来实现每个学习者有效的学习。

10. 除了本章提到的学习风格测量工具和技术,你还了解哪些人工智能技术被应用于学习风格的研究与实践中?

11. 请查阅近几年有关学习风格模型的文献,分析学习风格模型与测量技术应用于教学实践中时还存在哪些问题? 试提出解决该问题的设想,并选择一种学习风格模型开展教学研究。

12. 请对本章内容做一思维导图,并与你的同伴们互相分享下。

第五章 学习力

学习导入

我们每个人在上学时都会有这样的疑惑:为什么同一个老师教出来的学生的成绩会千差万别? 对于这个问题,有的人可能认为每个学生天生的智力基础不同,有的人又觉得每个学生的家庭教育环境不同。我们可以看到,影响学生成绩的因素有很多。但学习力,一定是众多影响因素中一个非常重要的因素。随着当前终身学习理念的普及,学习力是什么、如何构建学习者的学习力以提升其终身学习的能力等问题得到了众人的关注。怎样提升学习力? 这是我们这一章所要回答的问题。

内容简介

本章围绕"学习力"这一主题进行深入研究。首先,探讨了学习力的含义,从学习力内涵的能量观、品性观、能力观和素质观等角度看学习力的内涵。其次,探讨了学习力的结构,并介绍了自主学习及其测评方法。最后,围绕学习力的提升进行了相关内容的介绍。

学习目标

1. 掌握学习力的含义。
2. 了解学习力的结构。
3. 明确自主学习的意义。
4. 熟悉自主学习测评方法。
5. 了解提升学习力的一般策略。
6. 了解教育技术在学习力提升中的作用。
7. 养成问题意识和科学思维。

第一节　学习力概述

随着科学技术的不断发展和迭代更新,现代社会俨然逐步向技术化社会转变。技术的飞速发展要求人类不断学习,才能快速接受和适应技术化社会环境。同时,技术的持续发展也对人的终身学习能力提出了更高的要求。在这样的时代背景下,学习力对一个人的学习和成长至关重要。它的重要性不仅体现在学校学习中,如课堂上,学生在小组合作之后津津有味地表达观点、展示成果。同样地,如果人们在社会生活中拥有强大的学习力,会使得自己的工作事半功倍。那么学习力究竟是什么? 它为何有如此强大的力量? 这一节就让我们揭开它的神秘面纱,初步了解学习力的概念。

一、学习力的含义

学历代表过去,能力代表现在,而学习力决定未来。1965 年,美国系统动力学的创始人 Jay Forrester 首次提出了“学习力”的概念。他强调,学习力不仅仅是个人或组织学习动力的综合体现,也是将知识资源转化为知识资本的能力。[①] 然而,随着学习力逐渐引起人们的关注,特别是从教育的角度来看,最初针对企业或组织管理的学习力的定义显然已经不再适用。学习力本身是一个复杂的概念,对于它的研究也呈现出“百家争鸣、百花齐放”的热闹现象。国内外学者从不同的角度出发,对学习力做出了不同的阐释,主要有能量观、品性观、能力观、素质观等观点。

(一)学习力内涵的能量观

学习力是内在的生命能量,随着时间的推移,它直接影响着个人的成长、发展和成就。国内学者沈书生等指出学习力为学习者的终身有效学习提供能量,这一过程就是学习力的构建与强化。[②]

(二)学习力内涵的品性观

人的学习力是由心理结构和身心能量组成的个性心理品质,在人的学习活动中起着重要作用。在英国,“有效终身学习编目(effective lifelong learning inventory,ELLI)”项目对“学习力”这一核心概念的本质、内涵、构成要素、实践应用等进行了一系列的研究,使

① 陈维维.技术生存视域中的学习力[M].北京:教育科学出版社,2010:120-121.

② 沈书生,杨欢.构建学习力:教育技术实践新视角[J].电化教育研究,2009(6):13-16.

学习力这一理论变得科学化、系统化和可操作化。[①] 英国布里斯托尔大学的盖伊·克拉克顿斯教授和帕特里夏·布罗德福教授认为,学习力是学习者在学习活动中由于受到各种综合因素的影响而展现出来的学习品性。[②]

(三)学习力内涵的能力观

学习力是一种能力或动态能力系统,通过获得和应用知识来最终改变工作和生活状态。从操作性的角度来看,瞿静提出学习力是一个动态能力体系,它指的是通过听、说、读、写、交流等多种途径获得知识和技能的学习过程。这种能力通过实践、体验、反思等方式不断提高,以达到产生新的思维和行为的学习效果的目的。[③] 在当前的概念界定中,国内外学者们对学习力内涵的认识还不完全一致。但是,总的来说,学习力是一个促进学习品质不断提高的动态能力系统,也是衡量个人整体素质和竞争力的真实指标。[④] 学习力作为一个依赖于人的系统性概念域,它是指学习者通过听、说、读、写等渠道获取知识和技能,在学习过程中通过实践、经验、反思等方式培养学生的能力和素养,是实现自我改造、自我完善和综合实践所需的各种“力”的总和。

(四)学习力内涵的素质观

学习力是现代人的基本文化素质。吴也显等人从课堂文化重构的角度探讨了学习力的价值,认为学习已经成为当今社会中人们的生存方式,学习力则是现代人应该具备的文化素质。[⑤] 同时,他们还提出了重构课堂文化的思路,旨在营造一个更加有利于学生学习力发展的课堂环境。具体而言,重构课堂文化应该注重以下几个方面:尊重学生的主体地位、促进学生的自主学习、培养学生的创新精神和实践能力、营造良好的学习氛围。这些思想和做法对于培养现代人的学习力具有重要的指导意义。

从上述内容可以看出,学习力具有多方面的内涵。首先,学习力强调的是一种主动性和持续性的学习能力,即能够自主地、不断地获取新知识、新技能,并将其应用于实践中。这种学习能力是现代社会中个人成长和发展的重要基础。其次,学习力还强调跨学科、跨领域的学习能力。在当今知识爆炸的时代,单一领域的知识已经无法满足人们的需求。因此,具备跨学科、跨领域的学习能力,能够将不同领域的知识相互融合,形成新的认知和理解,是现代人应该具备的重要素质。再次,学习力还与批判性思维密切相关。

---

① 郭亚婷.英国ELLI项目学习力理论要素、提升策略及启示[J].教学与管理,2015(21):118-120.

② 杨欢,沈书生,赵慧臣.英国ELLI项目学习力理论解读及启示[J].外国中小学教育,2009(9):44-48+43.

③ 瞿静.论学习力理念从管理学向教育学领域的迁移[J].教育与职业,2008(3):64-66.

④ 章潞妮.初中生科学学科学习力评价研究[D].金华:浙江师范大学,2016:3-94.

⑤ 吴也显,刁培萼.课堂文化重建的研究重心:学习力生成的探索[J].课程.教材.教法,2005(1):19-24.

具备批判性思维的人能够独立思考，对所学知识进行深入分析和评价，从而更好地理解和掌握知识。这种批判性思维能够帮助人们更好地应对复杂的问题和挑战，具备更强的智慧性。最后，学习力还强调创新精神和实践能力。创新精神是推动社会进步的重要力量，而实践能力则是将所学知识应用于实践中的关键能力。具备创新精神和实践能力的人能够更好地应对复杂的问题和挑战，具备更强的智慧性。

二、学习力相关概念辨析

（一）学习力与学习能力

学习力和学习能力相互联系但又存在区别。通常来讲，学习能力是一种心理学的概念，是指个人在进行学习活动时，所需要具有的心理特点，是为了使学习者可以顺利地进行各种学习活动的能力的集合，主要包括观察能力、记忆能力、阅读能力、问题解决能力等。[①] 学习能力是有高低之分的，同时也有利于学习的向量方向，是人在进行学习活动时必须具备的知识、策略和技能的总和。学生在学习过程中必须具备一定的学习能力。学习者的学习能力是由其自身的认知机理和调控机制所决定的。而学习力则是一种能力体系，它既关系到具体的学习行为，又影响着学生最终的学习。它既包括了学习能力中所包含的心理特点，也包括了学习者在进行学习活动时的兴趣动机、创新能力、好奇心以及批判性思维等非认知素质。由此可知，学习力也包括学习能力。

（二）学习力与学习动机

在心理学领域，人们普遍使用“学习动机”这一术语来形容学生的学习动力。现有的研究认为，学习动机是一种内在的动力，它与学习者的学习需求、学习目标等有着密切的关系，而学习动机又和学习者的情绪、态度、自信心等有着密切的关系。学习动机与学生的智力、非智力等方面的综合表现密切相关。[②] 通过对学习力已有研究的调研可以看出，大多数学习者都把学习动机看作是学习力的一个组成部分，而学习动机则是学习力的几个因素之一，是学习力发挥功能的一个动态体系。

（三）学习力与领导力

领导力是一个总体的概念，它是在领导过程中产生、发展，并为之服务的。所谓领导力，它不只是一个领导者个人能力的体现，更是一种魅力与影响力、被领导者选择力与反作用力相互作用所产生的合力。在组织结构中，领导力是企业最有价值的资源，也是企

---

① 毕华林.学习能力的实质及其结构构建[J].教育研究,2000,(07):78-80.

② 薛红果.在线学习环境下大学生学习动机与自我调控学习研究[J].中国电化教育,2023(8):112-118.

业的核心能力。学习力在构建组织、实现组织愿景、实现组织发展潜力等方面都具有十分重要的意义。学习力是领导能力的重要支撑,它是领导能力提高与发展的基石,领导力是学习力的成就要素的体现,二者相互影响。[①]

第二节 学习力的结构与自主学习

上一节我们知道了学习力的概念,并且对学习力与学习能力、学习动机以及领导力的区别与联系有了更深入的认识。但这还远远不够,我们对于学习力的探讨不能仅仅止步于概念和概念辨析,还应该继续深入思索。这一节,我们将从学习力的结构、学习力的五种曲线以及学习力的测评等方面对学习力进行更深层次的解读。

一、学习力的结构

研究者们的研究视角不一,对学习力构成要素的看法不一。当前,较为典型的学习力构成要素的说法有以下几种。比如英国布里斯托尔大学克莱斯顿(Claxton)教授首先提出了学习力构成"四要素说",而这四个要素分别是顺应力、策应力、反省力、互惠力等。[②] 布里斯托尔大学的 Ruth Deakin Crick 教授提出"七要素说",这七个要素分别是变化和学习、关键好奇心、意义形成、创造性、学习互惠、策略意识以及顺应力。[③] 国内有学者基于国外学者提出的学习力结构模型基础,从"力"物理属性的大小、方向和作用点三要素出发构建出了三层次七要素的"冰山"结构模型(图 5-1)。[④]

学习力不是由单一要素构成的力,而是由共生关系形成的"集群式力"。它的结构模型可以被解释为一座"冰山",由三层和七个要素有机结合而成。这个模型主要分为三层,分别是行为层、价值层和信念层。行为层是最容易被观察到和评价的层面,包括个体的行为、态度和言语等;价值层位于行为层之下,反映了个体行为背后的原因,如动机、目标和价值观等;信念层是最深层的、难以察觉的部分,它包含个体的信仰、经验和文化背景等。七个要素主要是策应力、顺应力、知识与经验、有意义建构、学习互惠力、实践与活动以及创新与创造力。

① 刘春晓.学习力:领导干部能力高低的一个重要标志[J].领导科学,2004(4):26.

② 谢超.中小学校长信息化学习力的有效提升策略研究[J].成人教育,2015,35(2):53-56.

③ 郭亚婷.英国 ELLI 项目学习力理论要素、提升策略及启示[J].教学与管理,2015(21):118-120.

④ 陈坤,梁星星,沈小碚.论学生学习力的内涵、形成与涵养[J].当代教育科学,2018(3):41-46.

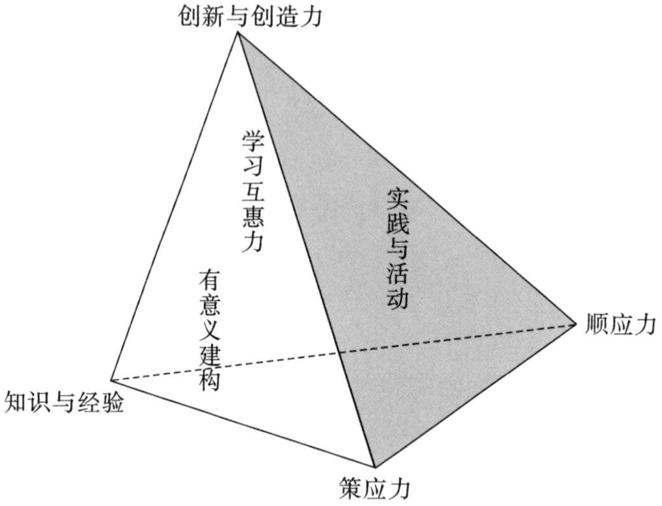

图 5-1 学习力“冰山”结构模型

第一层是学习力的原发层，它有三个基本要素，是学生进行学习活动的基本素质。它包括知识与经验、策应力和顺应力。策应力主要包括策略和反思意识、学习计划、自我导向能力、学习评价等，它具有激活、指向和强化目标的功能，是一种对各种变化的复杂情境迅速做出判断和调整的能力。顺应力作为一种心理韧性，强调社会适应性和责任感，包括学习动机、学习毅力、进取精神和自信，它将帮助学习者在面对无序、未知和失败时保持不屈不挠的精神，并能够快速恢复和成长以适应外部变化，使学习行为得以维持和延续。知识和经验的增长总是伴随着学生适应性的发展，而适应性的发展又使他们能够获得更多的知识和经验。① 在学习力生成的过程中各要素交互作用使学生应学、能学、会学，三者间形成一个“合力”(图 5-2)。②

第二层是学习力的内化层面，它不仅代表着学习能力发展的方向，而且代表着人实现发展的三条途径，即实践与活动、有意义的建构力和学习互惠力。这三条路径交织在一起，就像“素养绳”的三股来源一样，也是知识和经验增值和影响其他品质发展的途径。所有素养的形成都来自实践，实践又是在活动中进行的。③ “实践与活动”是学生获得知识和经验的直接来源。“学习互惠”的概念要求学习者知道如何独立学习，如何向他人学习，如何合作学习以及如何帮助他人学习，以有效、愉快和负责任的方式建立学习关系，并能够合理利用各种资源来支持我们自身的学习。学习活动是一种主体与客体、主体与

① 约翰·杜威.我们怎样的思维·经验与教育[M].姜文闵，译.北京：人民教育出版社，2005：249.

② 陈坤，梁星星，沈小碚.论学生学习力的内涵、形成与涵养[J].当代教育科学，2018(3)：41-46.

③ Deakin Crick R. Learning how to learn: The dynamic assessment of learning power [J]. The Curriculum Journal, 2007, 18(2): 135-153.

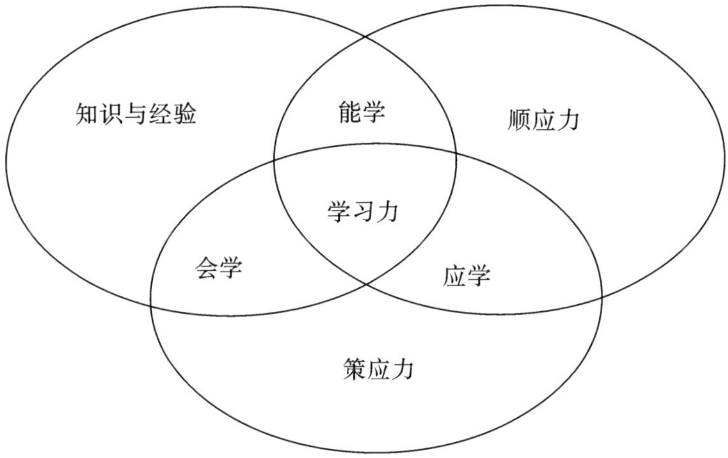

图 5-2 学习力基本作用点示意图

主体、主体内部经验之间的交流与互动的过程。[①] 知识与经验的积累和增值不是线性叠加,而是通过主体在实践活动中的内外经验的互动,将外部学习内容与自身已知的知识和经验联系起来。通过寻求它们之间的一致性理解,在问题情境中实现间接经验和直接经验的统一,并进行积累和成长,为构建和完善知识和经验的结构体系奠定基础。

第三层是学习力的物化和外显层面,它属于目标层面,既是学习力的大小的表现,也是人的发展的最高境界,即创新和创造力。具体而言,学习是一项有力度和深度的实践活动,两者都体现在学生的创新和创造力上。一个有创造力的学习者,能够从一个例子转移到另一个例子,并以流畅的思维灵活地将其应用于复杂的问题情境;甚至在所学知识和经验的基础上大胆想象和创造新事物。[②] 学习的创新性和创造性最终体现在知识的创造和应用上,即将所学知识和经验转化为实际应用的能力。这种能力主要体现在自我更新、创新应用和社会转型的有效性上,这是学习力的最高水平。

学习力的原发层、内化层和外化层具有从低到高的逻辑顺序,并且它们之间存在共生和相辅相成的关系。学习力具有外显性和内隐性,显性学习力只是暴露出来的冰山一角,即顶层的创新和创造力,表现在转化为解决问题的过程中;初级和内化层的要素是位于海平面以下的内隐学习力。外显学习力和内隐学习力是一体的,内隐学习支持外显学习。

可以看出,学习力的结构较为复杂。此外,学习力的建构是一个多层次且复杂的过

① 沈书生,杨欢.构建学习力:教育技术实践新视角[J].电化教育研究,2009(6):13-16.

② Robert,B,Mckenna,et al. Learning Agility in Clergy: Understanding the Personal Strategies and Situational Factors that Enable Pastors to Learn from Experience[J]. Journal of Psychology and Theology,2018,35(3):190-201.

程。学习力教育专家余建祥通过五种曲线的表述，为我们提供了一个深入理解和分析学习力发展的有益视角。[①] 这五种曲线，即蒙智曲线、早谢曲线、中庸曲线、卓越曲线以及睿智曲线，不仅描绘了学习力在个体学习过程中的演变，同时也为我们提供了一种系统的方法来认识、引导和促进学生的学习力发展。

二、自主学习

帮助学习者"学会学习"，是学习力研究的一个重要意义。自主学习强调学习的独立性。学习者的自主学习能力是学习者"学会学习"的重要体现之一。那么，我们如何来测量或者评价自主学习的效果呢？这就涉及对自主学习的测评。

（一）自主学习的意义

在国外研究者对自主学习的测评中，存在两种不同的态度和视角。[②] 首先，有一种观点将自主学习视为一种能力或相对持久的人格特质，被认为能够预测个体未来的学习行为。这种态度强调自主学习作为一种内在的能力，对于个体在各种学习环境中的表现具有相对稳定性，且能够对未来学习趋势进行一定的预测。另一种观点将自主学习视为一种事件或学习活动，强调对学习任务的主动参与和控制。这种视角将自主学习看作是在特定学习情境中表现出来的一种行为，注重个体在学习过程中的主动性和积极性。在这种情况下，研究者更倾向于通过具体的学习任务和活动来评估自主学习的表现。

由于这两种不同的视角，研究者对自主学习的测评方法也会有所不同。对于将自主学习视为一种能力的研究者，可能会采用更全面的评价工具，包括个体的学习态度、自我调节能力、目标设定和追求等方面的指标。而将自主学习视为一种事件或学习活动的研究者可能更注重对具体学习任务中学生主动性、问题解决能力和学习效果等方面的测量。

（二）自主学习的测评方法

1. 把自主学习视为能力的测评方法

当自主学习被视为一种能力时，研究人员会基于对一些自主学习事件的整合和抽象来测评自主学习的质量。[③] 这种类型的评估通常用于预测学生在某些情况下是否能够自主学习，并且需要清楚地了解自主学习的组成部分，它主要包括以下三种评价类型。

（1）问卷测评法：是一种使用统一且严格设计的问卷来测量个人相关心理特征或行

---

① 桑新民．学习科学与技术：信息时代大学生学习能力培养［M］．北京：高等教育出版社，2004：118-122.

② 庞国维．自主学习的测评方法［J］．心理科学，2003(5)：882-884.

③ 林莉兰．混合式学习模式下高校网络自主学习及评价活动调查［J］．中国电化教育，2016(11)：74-78.

为态度的方法。由于其易于设计、实施和评分使得它成为目前最常用的测量自主学习能力的方法(表5-1)。

表5-1 问卷测评的工具、内容及其方式

角度	内容
问卷测评的工具	学习和研究策略调查表(LASSI)
	测试学生学习力的问卷
问卷调查的内容	内在因素(如兴趣、价值观、自我效能感、目标定向等)
	认知策略的使用(如注意策略、复述策略、组织策略、精加工策略、理解策略、要点选择、批判性思维等)
	元认知能力(如时间、努力的自我管理能力、情绪自我调控能力、自我检测和评价能力等)
	学习资源的利用能力(如查阅和利用学习信息、资料等物质资源的能力、学业求助等社会性资源利用能力)
问卷测评的方式	以自陈式测验为主

使用问卷调查来衡量学生的自主学习有几个优点:它相对客观、统一、高效,并且可以分组进行;结果统计的量化和标准化程度相对较高,但成本较低;在一些研究中,问卷是匿名的,这使参与者能够更公开、真实地表达他们的各种观点和态度。然而,通过问卷调查来衡量学生的自主学习能力也存在不足。一是它不够灵活,因为大多数调查问卷都需要按照固定的回答模式去回答,这会让人们觉得无法充分解释自己的观点和态度;二是问卷调查的有效性会受到参与者阅读理解水平的影响,不同年龄段的学生理解问卷的能力不同,测量结果也会有所不同。尤其是,尽管现在已经发展出了各种作假识别量表,但问卷法很难完全避免学生随意乱答和有意作假。

(2)访谈法:是研究人员与研究对象进行对话,收集数据和信息,然后对心理和行为特征进行研究的方法。根据问题及其答案的事先限定程度可以将访谈方法分为结构化访谈和非结构化访谈。前者是指相对标准化和严格的面试形式,需要预先确定问题和答案,而后者是指允许自由问答的非正式面试形式。目前,结构化访谈主要用于评估自主学习。通常,研究人员需要首先确定要研究的自主学习的维度或背景,然后设计相关问题,最后分析访谈内容。通常有两种方法来分析通过访谈获得的学生描述或回答。第一种是“自下而上”的分析方法,对收集和发布的与学生自主学习相关的原始数据进行分析、分类和评估,不带任何成见。第二种是“自上而下”的分析方法,也称为理论指导分析。它首先对学生自主学习的可能描述进行分类,然后根据预先确定的类型对获得的材料进行分类,分析自主学习的性质和特点。采用访谈法测试学生的自主学习能力的优点在于其获得的信息比问卷更深入、更准确。缺点是对信息归纳和分析的要求相对较高，时间要求相对较长。①

（3）教师评定法：在与学生的日常交流和教学互动中，教师评估是评价学生自主学习能力的有效方法。通常情况下，教师在长期观察学生学习的基础上，对学生自主学习的评价比较准确、可靠。因此，教师对学生自主学习能力的评价也能一定程度地反映学生的自主学习能力。

由于教师评价是基于一个共同的目标体系，并以稳定一致的标准对众多学生进行评价，因此任何学生的自主学习能力评价都是在与其他学生进行比较的过程中进行的。②这使得评价结果具有常模参照的属性，更适合衡量学生自主学习的差异。利用教师评价学生的自主学习能力，要求教师全面深入地了解学生的学习状况。否则，评价结果的可靠性可能会降低。此外，教师评价方法的应用对教师自身素质也有一定的要求。如果需要两名或两名以上的评估人员，不同评价人员的评价结果应高度一致。

2.把自主学习视为学习活动的测量方法

自主学习也可以被视为一种学习活动，因此可以通过考察动态学习过程来分析学生的自主学习程度。在这种评价取向下，测量自主学习的方法主要有语音思维评估、错误检测法、痕迹分析法和行为观察法这四种。③

（1）语音思维评估：语音思维评估是指要求学生在一定的学习活动中表达自己的思维和认知过程，以分析和评价其自主学习过程的一种方法。在语音思维评估过程中，一般只要求学生表达自己的思维过程，不报告思维活动的原因，以免影响学习活动的正常进行。在阅读自主学习的研究中，语音思维评估技术是最常用的，主要用于检测学生是否掌握了相应的学习策略或解决问题的步骤。使用这种评估方法的优点是，它可以准确地反映受试者自主学习策略，但它需要参与者分配一些能量来描述他们的内部活动，这会影响参与者的自主学习，甚至会导致学习者的学习出现偏差。

（2）错误检测法：元认知监控是确定目标与当前任务状态之间一致程度的能力，是自主学习或学习自我调节的前提。元认知监控过程中形成的认知评价作为学习任务后续步骤的指导依据，是进一步发挥元认知控制的基础。因此，在自主学习的研究中，元认知监控的测量是研究者非常关注的一个领域。为了评估作为学习控制先决条件的元认知监控，研究者有时会在学生的学习材料或任务中故意放置一些错误，然后观察以下情况：①学生是否注意到这些错误；②一旦他们注意到这些错误，他们会做出怎样的反应。这种方法被称为错误检测法。在错误检测中，研究人员主要从两个方面的变化来考查学生

---

① 蒋国珍，张伟远.访谈法在远程教育研究中的应用[J].远程教育杂志，2004(3)：56-59.

② 杨晓萍，柴赛飞.质性评定方法对我国学前教育评价的启示[J].学前教育研究，2004(3)：16-18.

③ 庞维国.自主学习的测评方法[J].心理科学，2003(5)：882-884.

的学习能力。一方面是学生对错误情境的报告。错误情境可分为两类:一类是在学习材料之前或之后告知学生存在错误,另一类是未告知学生学习材料中存在隐含错误。后者更接近学生的日常学习情况,因为他们通常认为自己所学的是正确的,不包含故意的错误。在这两种情况下,测量的显著特点是告知学生错误的方式。另一方面是学生对错误情境的反应。学生对教材中错误信息的反应形式多种多样,包括标注错误、纠正错误等。通过分析他们的反应模式,可以推断他们的学习过程中存在着一定程度的元认知监控。此外,如果学生在理解学习材料时遇到困难,还可以要求他们只标记有错误的部分,将其与有错误或无错误的部分区分开来。

(3)痕迹分析法:是一种评估方法,通过分析学生在完成学习任务时留下的下划线、标记、斜线和其他"痕迹"来推断学生的学习策略和学习效果。①

在一项关于自主学习的研究中,Howard-Rose 和 Winne 描述了他们使用痕迹分析方法的情况。② 他们观察到了一些难以察觉的痕迹。例如,当学生在一行内容下画下划线、勾选方框或在一个部分中加星号时,他们推断该学生将注释内容与材料的其他部分区分开来;当学生从课本或其他来源抄录信息时,他们认为这是对信息的复述;如果学生在笔记或练习本上写下"告诉其他同学如何做这道题",则认为该学生相信其他人可以作为资源帮助他或她完成手头的任务;当学生总结所学内容或进行类比时,这被认为是他们将信息组织成一个更大的单元;当学生在作业旁边标注"我需要做什么才能完成这项作业?"时,这被认为反映了他们的战略计划。痕迹分析法可以有效地推断出学生使用的自主学习策略。然而,使用这种方法需要首先找出大量反映学生学习过程和策略的信息,然后进行系统的归纳和分析,这占用研究人员的大量时间。

(4)行为观察法:是一种研究个体在一段时间内的外部行为表现或活动的方法,旨在探索其心理活动的特征或模式。该研究方法具有较高的信度和效度,在自主学习评价研究中值得借鉴。

行为观察法有三个优点:首先,观察到的行为反映了学生的行动、回忆和对自己行为的确定程度;其次,观察可以将学生的行为与任务条件联系起来,特别是那些可以提供反馈的任务条件;第三,观察可以弥补其他自主学习测量方法的不足,例如,由于儿童语言的局限性,对学习内容的描述不准确。③

所采用的观察程序分为三个部分:首先,记录辨别性材料,包括被观察儿童的姓名、班级、观察日期和观察时间等;其次,观察者采用叙述的方法,当场记录学生的行为和教

① 董娜.语料库辅助下的译者痕迹研究[J].复旦外国语言文学论丛,2010(1):158-165.

② 庞维国.自主学习的测评方法[J].心理科学,2003(5):882-884.

③ 张艳.中小学教师怎样进行课题研究(六):教育科研方法之教育观察法[J].教育理论与实践,2008(17):39-41.

学情境;最后,使用包含五大类阅读策略的检查表来评估学生对阅读策略的掌握情况。阅读策略分为五类:解码(如利用上下文的提示)、理解策略(如预测、总结)、一般学习策略(复述、提炼、组织)、意志控制(如抵制干扰)和坚持(如克服困难)。他们使用时间取样程序来收集有关自主学习方面的信息,通常以3分钟为间隔进行。观察者坐在被观察学生的旁边,记录学生在重读过程中的行为、言语、面部表情、手指内容、眼球运动和书写。每次观察活动结束时,观察者都会与学生就刚刚完成的学习任务进行交谈。谈话包括四个开放式问题,用于评估学生对自主学习的两个关键方面的认识:包括完成特定任务的意图以及完成任务时的思考。在实际的教学和研究环境中,采用哪种测量方法取决于具体情况。因为从根本上讲,自主学习既可以是一个事件或活动,也可以是一种能力。自主学习作为一种事件或活动,是自主学习作为能力的一个缩影或外在表现;作为一种能力的自主学习是作为事件或活动的自主学习的一般特征。因此,尽管这两类测量指标是基于对自主学习的不同视角提出的,但它们并不是相互排斥的,而是互补的,并共同用于评估学生的自主学习。

第三节　学习力的提升

前两节主要讲的是学习力的概念、概念辨析,以及结构等。而针对学习力的研究还有一个很重要的方面,那就是如何提升学习力。学习者具有超强的学习力可以让他们更容易地完成学习任务。但是,每个人所拥有的学习力的大小不同。那么,该如何提高学习力呢?学习力的提升都有哪些策略呢?在人工智能时代,以人工智能为代表的技术,是如何提升学习力的?在这一节的探究中,我们尝试探讨这些问题。

一、技术环境中的学习力构建

(一)学习力建构的必要性

按照对象化活动实现途径维度中人的本质力量外在表现的区别,学习力可以被分为自然学习力和技术学习力。其中,自然学习力是人先天就具备的天赋和才能,技术学习力是人借助学习技术(工具)进行学习的力量。[①] 如果没有技术和技术环境,人类的学习力将无法变化,将仍然依赖于人的身体感知世界等。[②] 技术成为社会的主导力量,对学习领域产生重要影响,凸显了技术学习力在学习力中的地位和价值。技术思想的领会、技

① 陈维维.技术生存视域中的学习力[M].北京:教育科学出版社,2010:140-141.
② 陈维维.技术生存视域中的学习力[M].北京:教育科学出版社,2010:198.

术知识的学习以及技术运用的驾驭已成为技术环境中学习者必须关注的问题。技术不仅是具有工具价值的学习工具，更是学习者生存不可或缺的因素。这一方面扩大了人们运用技术进行学习时的选择空间，使得他们能够根据不同的学习目标和内容、不同的学习风格以及不同的学习条件选择适合的技术工具进行学习，从而提高学习的有效性，丰富了人类的技术学习力和整体学习力。另一方面，虽然技术是技术环境中问题的根源，但它也是解决这些问题的途径。换言之，面对世界的复杂性和丰富多样的技术，学习者只有不断提升自身的技术学习力，才能运用技术来解决问题。①

（二）提升学习力的一般策略

在学习活动中，学习者的学习力和技术结合起来，与学习对象构成了一个学习的整体，三者之间发生相互作用、相互影响。如今，学习者必须不断适应瞬息万变的社会，与时俱进，提升学习力是个体在面对各种学习任务时更为有效地获取、理解和应用知识的必然要求。那么，如何有效地建构并提升这种能力呢？

第一，明确学习目标和动机。在学习过程中，清晰的学习方向和目标能够使学习者更加聚焦，增强学习的针对性。即学习者需要清晰地认识到自己想要学习的专业领域和具体知识点，以及学习的目的和意义。制定具体、明确的学习目标有助于引导学习者的学习方向，提升学习的效果。明确的目标也可以帮助学生集中注意力，增加学习动力。这将有助于激发学习者的内在动力，保持持续学习的热情。

第二，制订科学可行的学习计划。无序的学习往往效率低下，而一个结构化的学习计划能够帮助学习者有条不紊地推进学习进程，确保每一个阶段都有所收获。学习计划应该包括具体的学习内容、时间安排、学习方式以及评估标准等。学习者要学会科学、合理地安排时间，充分利用时间进行学习。时间管理包括设定优先级、避免拖延等方面，如期完成学习计划，提高学习效率。

第三，尝试多元化的学习策略。学习者需要掌握并熟练运用多种学习策略和方法，这包括但不限于自主学习、合作学习、探究学习等。单一的学习方式容易产生厌倦感，而结合听觉、视觉、实践等多种方式的学习则能够使知识更加生动、立体地呈现在学习者面前，学习者可以更加全面、深入地理解和掌握知识，从而提高学习的兴趣和效果。

第四，培养持续反思与总结的习惯。学习不仅是一个输入的过程，更是一个消化、吸收和输出的过程。养成良好的学习习惯，如定时学习、制定计划、保持专注等。稳定的学习习惯可以培养出自律性，使学习变得更加有序和高效。学习是一个持续不断的过程，学习者应该定期对自己的学习进度和成果进行回顾和评估，发现问题并及时调整学习策略。这将有助于学习者不断完善自己的学习方法，提高学习效率和质量。另外，培养创

① 蒋志辉，赵呈领，周凤伶，等. STEM 教育背景下中小学生学习力培养策略研究[J]. 中国电化教育，2017(2)：25-41.

新思维和解决问题的能力也是建构学习力的重要组成部分。在知识的获取过程中，学习者不应盲目接受，而是学会批判性思考，敢于尝试新事物，勇于挑战传统观念，善于从不同角度思考问题，发现新的解决方案。这将有助于学习者在面对复杂问题时能够灵活运用所学知识，提出创新的解决方案。

第五，保持对新知识的渴求与好奇心。好奇心是学习的原动力，对新知识的渴求能够使学习者持续进步，及时更新自己的知识库，扩展自己的视野，适应不断变化的社会环境。最后，建立学习共同体。与他人分享学习经验，交流学习心得，建立学习共同体，共同促进学习成长。

第六，充分利用多元化的学习资源。学习者要充分利用各种学习资源，包括教科书、网络资源、教学视频等，以便获取更广泛、更深入的知识。多元化的学习资源可以满足不同的学习风格和需求。

总体来看，学习力的建构是一个系统工程，需要学习者在实践中不断摸索和完善，找到适合自身学习力提升的方式。学习者需注重理解而非死记硬背，有效管理时间，积极寻求帮助和反馈。面对挑战和失败，学习者应积极应对，并保持身心健康。不断反思和调整学习策略是构建学习力的重要环节。这个过程需要灵活性、坚持和自我认知的不断提升。

二、教育技术与学习力提升

教育技术实践的核心任务，就是要通过对广大教师进行教育技术基本知能结构的塑造，从而使广大教师能够胜任培养具有学习力的学习者的工作，即能够促进学习者学习，帮助学习者对学习资源与学习过程进行合理组织。

现阶段，我国开展的教育技术能力建设项目，既包括了对于教师个人专业成长的持续性发展要求，也包括了对于教师培养具有高素质学习者的实践性要求。教师的教育技术技能是一种有价值的能力，它可以帮助教师提高学生的学习力。就教育技术的形成与发展来看，其始终也是指向学习的。但是，学习本身是一个抽象概念，衡量学习是否发生，可以尝试对学习力进行量化。接下来，主要从教育技术服务学习力提升的角度来进行分析。

（一）教育技术服务学习力提升

1.教育技术服务学习力提升的应用

毫无疑问，学习力是一个人的核心竞争力之一，它可以帮助人们更好地适应不断变化的环境和任务需求，不断提升自己的能力和价值。所以，提升学习力对于个人乃至组织的发展都至关重要。而教育技术对于学习力提升更是有着关键的作用。以下是一些教育技术如何服务学习力提升的具体表现：

（1）增强学习体验。教育技术在提高学生的学习效果和学习动力方面具有重要作用。一方面，虚拟现实技术能创设出真实的科学的学习环境，以便让学习者在其中进行探究性学习。[①] 另一方面，它可以为学习者创设更加便利的学习任务和情境，更加具象的表征形式，通过生动的交互体验，让学习者在虚拟环境中观察、探索和实验，完成情境化和个性化学习，从而大大激发学习者的学习动机和学习兴趣。[②] 例如，NOBOOK 等虚拟仿真教学平台，致力于为师生提供更好的教与学体验，帮助学生更好地掌握知识和提高学习效果。

（2）提高学习效率。与传统的口语相传、纸笔测验相比，与时俱进的教育技术可以帮助学生更高效地学习。例如，MOOC、可汗学院等在线学习平台可以自动跟踪学生的学习进度，提供及时反馈，帮助学生更好地掌握知识。如今，不同教育背景、不同学习需求、不同个性特征的学习者使用在线学习平台进行自主学习已成为常态。除此之外，人工智能的最新进展也深刻影响着教育领域。作为人工智能领域的重要突破，基于大型语言模型的人工智能系统（如 ChatGPT 等），不仅可以自然地理解语言并做出详细回复，其语言产出能力也开始为人们带来实际价值：提高工作与学习效率、简化生活、获得新奇体验等。[③] 具体而言，学习者可以直接与书中人物或故事中的角色进行对话，这种学习方式可以使文科类的学习变得栩栩如生、生动有趣，而且能够避免被误导或盲目猜测，体验更真实的理解，从而促进学习者进行主动学习，大大提高学习效率。

（3）培养自主学习能力。在这个信息爆炸的时代，教育技术的作用更加凸显。它不仅可以帮助学生更好地理解和掌握知识，提高学习效果和学习动力，还可以培养学生的自主学习能力、创新思维和合作精神等重要素质。比如，学习者可以通过在线学习平台、数字化资源等途径进行自主学习，自我探索、自我发现、自我解决，从而培养自主学习的能力。如可汗学院（Khan Academy）近期推出了一款人工智能工具 Khanmigo，它可以是学习者一对一的导师，也可以是教师的得力助手。针对学习者，Khanmigo 可以引导学生思考，让学生能够自主学习。[④]

（4）促进合作学习。在中共中央、国务院印发的《中国教育现代化 2035》中，教育技术被视为实现教育现代化和全面素质教育的重要手段。为了解决传统教学模式中存在

---

① Chang C W, Lee J H, Wang C Y, et al. Improving the authentic learning experience by integrating robots into the mixed-reality environment[J]. Computers & Education, 2010, 55(4): 1572-1578.

② 李勋祥，游立雪. VR 时代开展实践教学的机遇、挑战及对策[J]. 现代教育技术，2017, 27(7): 116-120.

③ 赵诚. 个性化学习时代：人工智能如何重塑教育[J]. 中国教育信息化，2023, 29(6): 3-7.

④ 多知网. GPT-4 不会解题？可汗学院 CEO：那是没挖掘出 AI 真正的能力[EB/OL]. (2023-05-10)[2023-05-15]. https://www.163.com/dy/article/I4COUD860536W4EI.html.

的问题，如被动学习、强行记忆、机械式的训练模式等，新型的智慧课堂、翻转课堂、小组合作学习等教学模式正在越来越多的学校中出现。而这些新模式的出现，离不开教育技术的支持和推动。从本质上讲，这些新模式都有一个共同点：旨在通过自主学习、合作学习的学习方式，以提高学习者的主动性和参与度，激发学习者的学习兴趣和动力。通过使用在线平台、在线协作工具，学习者可以方便地与同学一起完成任务和项目，共同学习和解决问题。这种合作学习方式不仅可以提高学习者的学习效果，还能培养他们的团队合作能力和沟通能力。例如，在基于"线上—线下"学习方式的协作知识建构教学活动中，学习者的合作能力通过多种方式（包括提出观点、观点碰撞、改进生成、小组讨论、评价反馈、个人反思等）得到培养。通过参与这些活动，学习者可以学会如何与他人合作、如何协商解决问题、如何分工协作完成任务。①

2. 教育技术与学习力提升

在教育技术的发展过程中，人们对教育技术的认识也在不断变化。从关注媒体形式到关注媒体应用，从关注教学形式到关注教学过程，从关注教学技术到关注学习技术，教育技术的应用实践始终服务于学习者的成长与发展。教育技术实践效能，主要体现在教师的专业成长与学生的个人成长等方面。教师和学生都获得了学习力的发展，且教师的学习力将为学习者的学习力提供支持。对效能进行量化是一个十分复杂的过程，但也是一个有意义的过程。效能的量化，需要关注现在并且面向未来。

要促进教育技术更好地服务于学习力提升，就要做好与提升学习力相关的教育技术项目设计。这既要考虑新世纪人的基本能力需求，也要考虑技术对人的能力形成的支持作用，还要关注技术的发展趋势，帮助教师体验技术在解决现实问题中带来的效能变化。

（二）教育技术与学习力提升的相关案例

1. 英国 ELLI 项目学习力理论的价值

学习是一种自我发展的过程，它不仅仅是一种技能，而且是一种能够被激活、被培养的能力。在英国，"有效终身学习编目"项目对"学习力"这一核心概念的本质、内涵、构成要素、实践应用等进行了一系列的探讨研究，使"学习力"这一理论变得科学化、系统化和可操作化。ELLI 项目旨在探索学习力的本质，它将学习力作为一种能够被激活的能力，并且通过实践来提升学习者的学习能力，从而推动学习力理论的发展。ELLI 项目经过多年的跟踪研究和深入调查，发现"对立面"是影响学习力的七个重要因素②，而这些因素又可能会对学习产生不利的影响，因此，我们必须加以重视（表 5-2）。

---

① 王靖，邓雯心. 协作知识建构中促进互动的群体感知信息设计[J]. 电化教育研究，2022，43(12)：93-100.

② 郭亚婷. 英国 ELLI 项目学习力理论要素、提升策略及启示[J]. 教学与管理，2015(21)：118-120.

表 5-2 学习力的七要素及其对立面

要素	对立面
变化和学习	静止和固定
关键好奇心	被动性
意义形成	知识孤立
创造性	墨守成规
学会互惠	孤立或依赖
策略意识	固化行为
顺应力	依赖和脆弱

"学习力的内涵和构成要素"是 ELLI 项目的核心成果，它在第一阶段的研究中得到了充分的重视，而第二阶段则更加注重将"学科课堂上如何构建学生学习力"的理论与实践相结合，以深入挖掘其中的价值。经过第二阶段的实施，发现建立健康的互动关系，进行对话式的交流，树立榜样，反省和评价，给予各种挑战和机会，以及创设一种有趣而有效的环境等方法可以大大改善老师的授课效果。

2. STEM 教育理念提升学习力的价值

STEM 教育全称是科学（science）、技术（technology）、工程（engineering）、数学（mathematics）教育。它是一种旨在培养学生科学、技术、工程和数学综合素养的教育理念。STEM 教育旨在通过将多种学科的知识结合起来，以及鼓励学生深入研究、分析、推导，来增强其科技意识、应用技术的能力，从而构建 STEM 的核心价值观，并且有效地唤醒学生的求知欲望，增强其自主思考、实践操作的技巧，以及更好地融会贯通、拓宽思维视野，最终实现其创新思维的远大目标。① 有研究者提出了 STEM 教育提升中小学生学习力的可行性分析模型（图 5-3）。②

首先，STEM 教育核心特征有助于激发学生的学习动力。其次，STEM 的课程设计有助于学生学习能力的提高。再次，STEM 的学习过程有助于学生学习毅力的锻炼。此外，STEM 秉持的课程设计原则强调协作性，其有助于学生互惠力的增强。最后，STEM 教育基于建构主义和认知科学理论，其教育应用有助于学生创造力的培养。

STEM 教育旨在利用它的独特之处，如唤起学生的好奇心、促进他们的探索精神、帮助他们更好地理解知识、拓宽视野、建立知识网络、改善他们的知识结构、掌握技术，并且

① 曾宁，张宝辉，王群利. 近十年国内外 STEM 教育研究的对比分析：基于内容分析法[J]. 现代远距离教育，2018(5)：27-38.

② 蒋志辉，赵呈领，周凤伶，等. STEM 教育背景下中小学生学习力培养策略研究[J]. 中国电化教育，2017(2)：25-32，41.

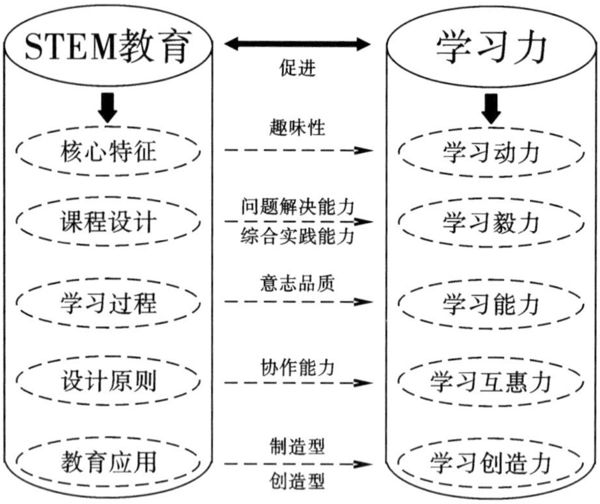

图 5-3 STEM 教育提升中小学生学习力的可行性分析模型

让他们在不断探索中获得更多的知识,这样才有助于他们更好地完成自己的职业梦想,也可以为社会做出更大的贡献。通过培养这些能力,可以提高学生的高阶思维能力和综合实践能力,从而提高他们的学习力。

三、人工智能服务学习力提升

(一)人工智能技术在教育领域发展

1. 人工智能技术精准评估学生成长

利用最新的人工智能技术,我们可以以一种更加精准的方式,全面地衡量和反馈学生的成长情况,从而更好地掌握和提升学生的潜力。这种全面的、可靠的、可持续的、有效的教育管理体系,将为学生提供更优质的教育服务。

2. 教育数据挖掘与智能化分析

教育数据挖掘是数学统计、机器学习、数据挖掘等技术和方法对教育大数据进行处理和分析的综合应用。① 这些研究可以帮助我们更好地了解学习者的学习表现,并基于这些信息来制定更有针对性的学习策略。通过运用教育数据挖掘技术,我们不仅可以为学生提供最佳的学习方案,还可以为教师提供实时的反馈,帮助其做出最佳的决定。这种技术不仅为学生带来了便利,也为教师教学带来了便利,从而帮助他们在制定教学方

① 徐晓青,赵蔚,姜强,等.过程挖掘赋能教育数据分析:三种挖掘算法的应用探析[J].远程教育杂志,2022,40(3):45-55.

案时，充分考虑到学生的差异，并且制定出最适合的课堂教学策略。

3. 学习分析与学习者画像

学习数据分析是一种利用先进的分析方法和分析工具预计所学成果、检测所学中发现的主要问题、优化学习效果的教育科技。近年来，由于新一代人工智能技术的进步，使用智能的数据挖掘和机器学习算法等可实现大学生数字画像进而为不同学生的个性化学习或者老师改进教学提出精细化咨询服务。

美国普渡大学推出的“课程信号”课程旨在通过分析学习数据和信息，来指导老师和学员的学习。① 该课程使用多种学科知识和工具，来评估学员的学习表现，以便更好地指导学员学习。

4. 人脸表情识别

近年来，随着技术的进步，微表情已经发挥出它的独特作用。它指的是当人们想掩盖自己的内心世界，但又难以察觉的一种面部表情，一般只有0.2 秒到0.4 秒的时长。因此，有必要开发一种新的、有效的、准确的微表情检测与识别技术，以便将它运用于教学领域。② 使用这种微表情检测与识别技术来进行课堂交流，能够让老师更好地了解学生的学习状态和学习需求。

自主学习的过程中，我们把情感识别视为一系列复杂的、多样化的认知情绪状态，包括聚焦、专注、行动、反应等，也包括常见的表达方式，比如喜悦、震撼、害怕、憎恨。在机器学习中，分类的准确性与其所处的环境密切相关，因此，在收集到相关的数据时，应当对其中的关键信息做好准确的标记，从而为机器的智能化训练打下坚实的基础。通过分析各种不同的认知情感和行动，我们可以估算出它们的可能性，而那些可靠性较强的类型则可以用来评估最终的情感状态。

（二）人工智能提升学习力的应用

1. 教育机器人

伴随着人工智能技术在教育领域的深度应用，基于人工智能的学习助手逐渐得到关注和应用。例如，有研究者提出了“智慧学伴”教育机器人。③ 这个机器人是以自主感、胜任感、归属感等为原则而设计，能根据学习者的独特背景，量身定制多种适宜的课程，能够与学习者进行基于学习者个人信息的个性化交互，帮助他们达到各种不同的学习要

---

① 刘艳华，徐鹏. 大数据教育应用研究综述及其典型案例解析：以美国普渡大学课程信号项目为例[J]. 软件导刊·教育技术，2014，13(12)：47-51.

② 周楠，周建设. 基于深度学习的学生行为分析与教学效果评价[J]. 现代教育技术，2021，31(8)：102-111.

③ 卢宇，薛天琪，陈鹏鹤，等. 智能教育机器人系统构建及关键技术：以“智慧学伴”机器人为例[J]. 开发教育研究，2020，26(2)：83-91.

求,让他们获得更多的成就感、更强的思考学习能力、更强的责任感。① “智慧学伴”教育机器人的典型应用模式包含五个方面:学习疑难问答、家长教育助手、学情报告分析、学习陪伴激励以及学习督促提醒等。②

2. 智能导师

1982 年,由于人类自然语言信息处理与语音识别技术的发展,人工智能已成功地被广泛运用到了教学中,从而形成了智能导师。这种服务,根据分析学习者的行为、兴趣爱好,设置有效的学习计划,帮助学习者更好地把握所学知识点,从而实现主动教学的目的。此外,它还能够帮助学习者更好地理解课程知识点,从而更好地完成学习任务。

(1)智能导学系统(auto tutor)是美国孟菲斯大学智能系统研究所于 1997 年开始研发的一套拥有认知智能和情感智能的计算机导师系统,教师可以更有效地实施教学策略,并将其转化为基于学习研究的理想化方式。③ 这种基于对话的教学方式能够帮助学习者更好地理解、分析、综合和评估知识,并且在多个领域,如计算机基础、物理、生物、阅读、写作等,都得到了广泛的应用。

(2)ChatGPT。2022 年 11 月 30 日,Open AI 发布一款聊天机器人程序 ChatGPT(Chat Generative Pre-trained Transformer)。它是一种自然语言处理工具,可以进行自然语言对话和理解,还能根据聊天的上下文进行互动,能够回答问题、提供建议、讲故事,以及进行一般性的对话,即能够真正像人类一样来聊天交流,甚至能完成撰写邮件、视频脚本、文案、翻译代码、写论文等任务。

ChatGPT 作为一种大语言模型,由于具备丰富的功能,已被广泛应用于多个领域。一是文本应用,比如文成生成、翻译服务、对话助理;二是编码应用,例如能够辅助编写代码、调试代码、补全代码、重构代码、提供代码文档等;三是教育应用,如促进学习者的语言学习、辅助教师创建课程内容、检查语法和写作、智能评级打分、自动化设计教学大纲、家庭作业辅导服务等。

3. 基于智适应的学习系统

在大数据、云计算等技术的支持下,出现自适应学习方式,为学生提供个性化的学习体验。④ 然而,自适应学习的智能化程度较低,由此出现融合了人工智能技术的智适应学习。智适应学习能满足学生不同学习阶段的学习需求,以及弥补自适应学习在知识点的

---

① 卢宇,薛天琪,陈鹏鹤,等. 智能教育机器人系统构建及关键技术:以“智慧学伴”机器人为例[J]. 开发教育研究,2020,26(2):83-91.

② 同上。

③ 高红丽,隆舟,刘凯,等. 智能导学系统 AutoTutor:理论、技术、应用和预期影响[J]. 开放教育研究,2016,22(2):96-103.

④ 周琴,文欣月. 从自适应到智适应:人工智能时代个性化学习新路径[J]. 现代教育管理,2020(9):89-96.

精准诊断和学习路径的精准推荐方面的弊端。[①] 当前,研究者们已逐渐关注智适应学习。例如,有研究者提出的智能学习系统呈现了"测、学、练、测、辅"一体的过程模型和系统架构,旨在为个人提供针对特定知识点的个性化学习方案,可以帮助学习者更好地理解和掌握信息,并有效地应用于实际问题。[②] 智能适应支持的"五星"学习过程模式包括测、学、练、测、辅等五个关键步骤,其中"测"评估学习者学习效果,帮助系统更好地实施学习策略;"学"通过测试发现学习提问,提供个体化的教学意见;"练"设计针对性强、具体性强的练习,帮助学生掌握技能;"测"反映学生的学习情况,提供总结性评估;而"辅"则是将教师的讲解与学习者的实际学习相结合,提供有效的学习指导和学习环境。[③]

学习链接

请查阅相关资料,了解学习力的研究进展及存在的问题。以下是可供参考的文献举例。

1. 郑勤华,徐珺岩. 在线学习力:结构特征及影响因素[J]. 开放教育研究,2020,26(4):77-85.

——这篇论文认为在线学习力是在线学习和学习力的融合。在这篇论文中,研究者们以中小学生为研究对象,面向中小学生、区域教育管理者、教师、家长编制了四份调查问卷,并通过调查揭示了在线学习力的构成维度及影响因素。

2. 皇甫倩,靳玉乐. 教师学习力测评模型的构建及应用[J]. 教师教育研究,2021,33(3):65-76.

——这篇论文认为教师学习力是帮助教师学会学习,推动教师专业发展的重要力量。在这篇论文中,研究者们探索构建了教师学习力测评模型,以评价不同群体教师学习力现状,从而提出了教师学习力的提升策略。

学习总结

1. 学习力是一种持续发展的动态能力,它可以帮助人们不断改善自身的学习品质,提升综合素质,增强竞争力,从而达到自我变革、自我提高的目的。学习力是通过实践、体验、反思等方式,从听、说、读、写等渠道获取知识,并将其转化为技能,最终形成综合实践所需的"力"的总和。

2. 学习力不仅仅是一种单一的力量,而是一种复杂的、多元的、相互依存的"力"。

---

① 周琴,文欣月. 从自适应到智适应:人工智能时代个性化学习新路径[J]. 现代教育管理,2020(9):89-96.

② 李海峰,王炜. 人工智能支持下的智适应学习模式[J]. 中国电化教育,2018(12):88-95,112.

③ 同上。

“冰山”描述了这种力量的结构模式，由三个层面组成：第一层是学习力的基础，它涵盖了知识和经验、反应能力和适应能力。第二层是学习力的发展方向，它提供了三种可能的途径：实践、活动、有意义的建构和学习互惠。第三层则是人类发展的最终目标，它体现了学习力的水平，也是创新和创造力的极致。

3. 学习者的自主学习能力是学会学习的重要体现之一。在测评自主学习能力时，把自主学习视为能力的测评方法通常用于预测学生在某些情况下是否能够自主学习，并且需要清楚地了解自主学习的组成部分；把自主学习视为学习活动的测量方法是通过考察动态学习过程来分析学生的自主学习程度。

4. 通过问卷调查，我们可以准确地了解个人的心理特征和行为态度。这种方法简单易行，可以进行统一的、严格的调查，并且可以进行记分。目前，它已成为自主学习能力测量的首选方式。

5. 访谈法是一种深入探究人类心理特征和行为特点的有效手段，它以与被访者的交谈为基础，结合结构化访谈和非结构化访谈，从而获取更多的信息，并且能够更好地了解被访者的情况。前者指一种经过精心策划、严格把关的、有明确要求的访谈形式，而后者则是一种更加宽松、更具有自主性的、可以随机发问及回答的访谈方式。

6. 通过语音思维评估，我们可以更好地了解学生的学习能力，并帮助他们更有效地实施阅读自主学习。这种方法要求学生大胆地表达自己的想法和感受，以便更好地理解和掌握学习策略，并能够更有效地解决问题。

7. STEM 教育旨在利用多种学科的综合性知识来训练学生的科研技巧，增强他们的思维敏捷性，拓宽视野，深入了解自然界的规律，从而更好地掌握 STEM 的基本概念，并且可以为他们的未来职业规划打下坚实的基础。

8. 在教学领域，我们经常使用各种不同的工具来提高效率。如，我们可以利用统计学、机器学习以及其他高级工具来深入研究学习者的学习情况，并从中提取出有价值的信息。这些信息可以帮助我们更好地了解学习者的学习成绩，并帮助我们制定更有针对性的学习计划。

9.“智慧学伴”机器人旨在通过自主性、胜任力和归属感等因素，为学习者提供一个基于个人信息的智能化交互平台，以满足他们在家庭环境中的教育需求。该机器人可以根据学习者的特点，设计出适合他们的应用模式，实现多种教学目标，从而实现最大的效果。该技术的常见应用方式包括：解决学习中的困惑、分析学习进度、提供指导和鼓励以及为家长提供教育支持。

10. 智能导师是一种新型的教学服务方式，旨在协助使用者更进一步地理解他们的情况，从而更好地完成个性化教学。这种服务基于先进的数字学习技术，可以协助学习者更好地掌握所学内容，从而更好地适应社会的发展。

11. 智能学习模式包含两个方面：“测、学、练、测、辅”中的学习过程模型和系统架构。

这种模型旨在帮助学习者更好地理解和掌握知识点，并为他们提供个性化的学习体验。

学习评价

1. 什么是学习力？

2. 请结合本章内容，辨析“学习力”与“学习动机”的区别，并举出相关实例加以说明。

3. 请用思维导图，梳理关于学习力的知识点。

4. 分析把自主学习看作能力的测评方法和看作学习活动的测评方法的异同。

5. 请结合本章内容，并查阅和分析相关资料，与同伴分享下关于学习力的看法。

6. 请自行查阅有关学习力的资料，搜集并整理提升学习力的其他方法。

7. 请查阅人工智能提升学习力的相关文献，并尝试总结有关内容。

8. 请结合本章内容，与同伴讨论，如何结合学习力的相关知识，促进自己更好地学习呢？

第六章 学习方式

学习导入

人类在发展的历程中从未停下过学习的脚步,从早期的口口相授,到随着文字的出现,人们开始通过阅读书籍来学习;再到如今,在线学习等方式日益被大家所接受。可以看到,随着社会的不断发展,人类进行学习的方式不断发生着变化。那么,究竟什么是学习方式呢?这些学习方式有什么差别呢?通过这章内容的学习,我们会对学习方式有更深入的认知。

内容简介

本章内容聚焦"学习方式",首先介绍了学习方式的含义、分类等内容,让学习者对学习方式有一基本认知。在此基础上,重点围绕"游戏化学习""探究学习"及"协作学习"等三种不同的学习方式,对其含义、相关理论及应用案例等进行了介绍与探讨,促进学习者对学习方式的理解,为开展相关研究与实践应用提供参考。

学习目标

1. 掌握学习方式的概念。
2. 掌握学习方式的分类。
3. 熟悉游戏化学习的概念。
4. 熟悉游戏化学习的相关理论与应用。
5. 熟悉探究学习的概念。
6. 熟悉探究学习的相关理论与应用。
7. 熟悉协作学习的概念。
8. 熟悉协作学习的相关理论与应用。
9. 能根据不同的应用场景选择适宜的学习方式。
10. 养成勤于思考与实践的学习态度。

第一节　学习方式概述

“学习”无处不在，但是“学习”是怎么发生的呢？这就涉及“学习方式”的问题。本节将主要介绍学习方式的概念、学习方式的分类以及学习方式的变化等。

一、学习方式的含义

学习方式是我们在学习生活中经常能够听到的一个概念，它是影响学生学习质量的重要因素，并随着时代的发展与课程的改革不断发展，以适应不同学习需求。

研究者们围绕学习方式开展了大量的研究探索，形成了对于学习方式的多样化认知和相对丰富的研究成果。这些学习方式的相关研究成果，也帮助我们更好地理解人类学习的特征和规律。在不同视角下，学习方式的定义有所不同。在学习心理学视角下，学习方式是指在学习过程中，学习者所表现出来的具有偏好性的行为方式与认知取向，是学习者连续一贯所表现出的学习策略和学习倾向的综合[①]，强调个体在学习过程中的行为特征与心理差异。[②] 在哲学视角下，学习是人类生存和发展的重要活动，与生产活动一样属于基本的社会实践活动，而学习方式正是与生产方式属于同一层次的范畴。[③] 在教育学视角下，学习方式的含义侧重于学习过程中所采用的途径、形式和手段。[④] 从不同视角理解学习方式的定义，有利于我们加深对学习方式的认知。

综合已有研究成果，本书相对而言更侧重于教育学视角，即侧重于认为学习方式是开展学习的方法、手段或途径等。

学习方式具有多样性，它会随着学习目标、学习内容、学习环境等方面的变化而产生相应的变化。每个学习者都有自己独特的学习方式，我们需要尊重并理解这种差异，并在此基础上促进学习者更好地学习。

二、学习方式的影响因素

学习方式的多样性是学习过程中的一项重要特征，它受到各种因素的影响，包括学

① 周兴国.反思“转变学习方式”说[J].课程·教材·教法.2006(7):22-25.
② 潘新民，王升.教学论视域下学习方式概念的新探索[J].教育研究，2018，39(2):89.
③ 钟启泉，张华.基础教育课程改革纲要(试行)解读[M].上海:华东师范大学出版社，2001:247.
④ 王运武，朱明月.学习方式何以变革:标准与路径[J].现代远程教育研究，2015(3):27-35.

习者的个体差异、学科性质、学习目标以及学习环境等。了解并尊重这种多样性，有助于更好地满足不同学习者的需求，提高学习效果。

第一，个体差异在学习方式的形成中起着关键作用。每个人的学科倾向、兴趣爱好、认知风格都不同，这直接影响到他们选择的学习方式。例如，一位中国象棋协会的棋手可能更倾向于采用对弈、分析棋局的方式来学习，但这种方式对于其他人可能并不适用。因此，了解和接纳个体差异有助于创造一个更包容的学习环境。

第二，学科性质和学习内容是塑造学习方式的关键因素。对于数学、科学等理论性强的学科，学习者可能更倾向于通过逻辑推理和抽象思维来学习；而在实践性强的学科，如体育、艺术等，学习者可能更注重实际操作和创造性思维。因此，在设计学习活动时，需要考虑学科的特性，为学习者提供适合的学习方式。

第三，学习目标也对学习方式产生深远影响。如果学习者的目标是提高实际操作能力，那么强调实践和实地经验的学习方式可能更为合适；而如果目标是深入理解理论知识，那么注重逻辑思维和分析的学习方式可能更有效。因此，学习者需要在明确学习目标的基础上选择适合的学习方式，以更好地实现自身的发展目标。

第四，学习环境对学习方式的选择也有着重要的影响。在开放、鼓励探索的学习环境中，学习者可能更愿意尝试新的学习方式，培养创造性思维；而在受限、规范的学习环境下，学习者可能更趋向于遵循传统的学习方式。因此，创造积极的学习环境，鼓励学习者主动参与、探索多样化的学习方式，有助于激发他们的学习潜能。

综上所述，学习方式的多样性是学习领域中的一项宝贵财富，它反映了学习者的个体差异、学科性质、学习目标和学习环境等多方面因素。了解并尊重这种多样性，有助于提高教育的包容性和灵活性，使学习者能够更好地适应多变的学习需求，实现个人和社会的共同发展。

三、学习方式的类型

学习方式是个体探索外部世界并获取知识的途径，对不同个体而言，最优的学习方式存在差异，适当的学习方式可以使学习事半功倍。在学习过程中，我们可以根据不同的学习任务和情境选择合适的学习方式，提高学习效果和学习体验。同时，也可以尝试多种不同类型的学习方式，提升学习效率。依据不同的分类依据，可以将学习方式分为多种类型。

（一）根据学习的自主性进行分类

从学习的自主性看，学习方式可以被分为自主学习与他主学习。其中，“自主学习”是以学生作为学习的主体，学生自己做主，不受别人支配，不受外界干扰。如果学生本人对学习的各个方面都能自觉地做出选择和控制，其学习就是充分自主的。[①] “他主学习”是指学生在学习过程中，需要接受他人的指导和帮助，以完成学习任务和达到学习目标。这种学习方式与自主学习相对立，强调学生与教师或其他人之间的互动和合作。

（二）根据学习者的主动性和探究程度进行分类

从学习的主动性和探究程度看，学习方式可以被分为接受学习和发现学习。其中，“接受学习”是指学习者通过学习活动，将他人已经发现并加以整理、概括和呈现的知识、经验或文化成果，以一定的方式和形式，有计划、有目的、有系统地内化到自己的认知结构中，从而获得知识、技能和态度的一种学习方式。“发现学习”是指学生通过自己再发现知识形成的步骤，以获取知识，发展探究性思维。“发现学习”具体包括了探究学习、研究性学习、项目式学习等。它的主要特点是学生需要在学习过程中自主探索和发现知识，而不仅仅是被动地接受教师的传授。“发现学习”强调学生学习的主动性，关注学习的认知过程，有利于促进学生的主动学习和深度学习，有利于培养探究精神、问题意识和创新思维。

（三）根据是否独立开展学习进行分类

从是否独立开展学习来看，学习方式可以被分为独立学习与协作学习。其中，“独立学习”是指学生独立完成学习任务。“独立学习”需要学生具备一定的自我管理能力，能够自主制订学习计划、选择学习内容、控制学习进度，并能够自我评估学习成果。“协作学习”是指学生在学习过程中，以小组或团队的形式，相互交流、协作以及探究等，共同完成学习任务和解决问题的一种学习方式。

（四）根据使用的媒体技术进行分类

从使用的媒体技术来看，学习方式可以被分为移动学习、游戏化学习、计算机支持的协作学习等方式。随着信息技术的快速发展，学习方式也有了较大的改变，在线学习的方式逐渐被越来越多的学习者所接受。除此之外，游戏化学习、移动学习、虚拟仿真学习等学习方式也为学习者提供了更为多样化的选择。

（五）根据学习过程中的信息化应用水平进行分类

从学习过程中的信息化应用水平来看，学习方式可以被分为传统学习与数字化学习。传统学习是一种基于课堂教学和纸质教材等学习资源的学习方式，其注重知识的系统性和完整性，强调学生对知识的理解和记忆。在这种学习方式中，教师是知识的传递者和引导者，学生则是知识的接受者和应用者。此外，学生需要在特定的时间和地点进行学习，学习进度和方式通常由教师主导。而随着数字化时代来临，数字化学习也越来越多地进入大家的视野。数字化学习是指在教育领域建立互联网平台，学生通过网络进

---

① 庞维国．论学生的自主学习[J]．华东师范大学学报(教育科学版)，2001(2)：78-83.

行学习的一种全新的学习模式,也被称为网络化学习或数学化学习。数学化学习突破了传统学习的诸多限制。例如,相较于传统学习,数字化学习可以利用数字化平台和数字化资源来进行协作式、讨论式和自由式学习,对教师的讲授与课本的依赖性较小。① 另外,数字化学习不受空间与时间的限制,学习者能够实现随时随地的学习。

四、学习方式的变化

学习方式是影响学生学习质量的重要因素,并随着时代发展、技术更新以及教育理念等方面的变化而不断变化,以适应不同时代的学习要求。我们可以大致将学习方式的历史发展分为四个阶段。

传统学习阶段:在古代,学习方式主要是以传承制和家庭教育为主。学生跟随老师或家长学习,通过模仿和实践掌握知识。这一阶段的学习方式重视记忆和重复,缺乏创新和批判性思维。尽管如此,传统学习阶段仍是人类教育历程中的一个重要阶段。

工业革命后的阶段:工业革命带来了大规模的机器生产和城市化进程,人们开始追求效率和标准化。学校教育逐渐兴起,出现了班级授课制、学校学制等模式,这一阶段的学习方式主要为接受学习,更强调学习者的纪律与服从。学生的学习方式主要是面对面的课堂教学,学生在固定的时间和地点接受教师的讲解和指导。学习进度和方式通常由教师主导,学生的主动性和创新性受到一定的限制。同时,此阶段的学习评价方式也相对单一,主要依赖于考试和作业等形式,缺乏对学生综合能力和实践能力的评估。

20 世纪的学习方式变化:随着科学技术的进步和社会变革的推动,学习方式开始发生革命性的变化。在这个过程中,人们开始逐渐认识到,学生不应再是被动的知识接受者,而是应该成为积极的参与者和创造者。教育者们开始强调学生的主体性和参与性,倡导一种全新的教育理念,人们开始重视学生的主体性和参与性,提倡自主学习、合作学习、探究学习等多样化的学习方式。这一阶段的学习方式强调学生的主动性和创新性,注重培养学生的批判性思维和问题解决能力。教育的目标不仅仅是传授知识,更重要的是培养学生的独立思考和解决问题的能力。教育者们探索设计了更加复杂真实的问题情境,让学生在解决问题的过程中学习知识、发展技能、提升素养。学习不再是单向的灌输过程,而是逐渐变为一个双向交流、互动和创造的过程。

数字化时代的学习:正如前文所说,随着计算机和互联网的普及,学习方式进一步发生了变化。数字化时代的学习方式具有高度的灵活性和个性化,学习突破了时间与空间的限制,学生们可以通过多种渠道进行学习。例如,越来越多的学习者选择在线学习。在终身学习理念的影响下,人们不断更新自己的知识和技能,适应社会的发展和变化。

---

① 张建荣. 浅析数字化时代的学习方式及发展趋势[J]. 中国医学教育技术,2008(4):351-353.

随着时代发展与教育改革，学习方式也不断发生变革。联合国教科文组织编写的《反思教育：向“全球共同利益”的理念转变?》一书强调，“学会如何学习从来没有像今天这么重要。”①可见，学会学习已得到关注。当前，学习者有适宜自己的学习方式，对于促进个体发展是非常重要的。当前，对于学习方式改革已有许多探索，例如自主性学习、探究学习、深度学习、体验式学习、游戏化学习、混合式学习、协作学习等。② 本章后续内容，将对游戏化学习、探究学习、协作学习等学习方式进行进一步的介绍。

第二节　游戏化学习

近年来，随着“寓教于乐”观念的提出，游戏化学习得到了教育研究者们的广泛关注，早在20世纪80年代初，对于游戏化学习的研究就已经开始。③ 本节聚焦“游戏化学习”，介绍了游戏化学习的概念、相关理论、相关研究以及部分实践应用案例，以促进学习者对游戏化学习的理解，并为开展游戏化学习提供参考。

一、游戏化学习的含义

游戏化是将游戏设计元素应用于非游戏情境中，从而提高用户的参与深度和投入程度。④ 目前，游戏化已广泛应用在教育、商业、工业等多个领域，其中教育领域是较早进行游戏化研究的领域之一。游戏化学习的研究最早可以追溯到20世纪80年代，鲍曼（Bowman）将电视游戏整合到教学设计中。此后，许多学者开始研究电视游戏在教学中的应用。⑤ 目前，随着数字化技术、人工智能技术、AR技术、VR技术的发展与成熟，游戏化学习也更多地进入到课堂学习中。有研究者认为，通过游戏学习可以培养学习者对复杂且快速变化的管理情况的决策能力。⑥

目前，学界对游戏化学习进行了较为丰富的探讨。例如，有研究者认为游戏化学习

---

① 联合国教科文组织.《反思教育：向“全球共同利益”的理念转变?》[M].北京：教育科学出版社.2017:49-59.

② 徐金海.学习方式变革的五个关键要素[J].教育发展研究,2021,41(24):3.

③ 李丽,孙力.基于游戏化学习的虚拟仿真实验设计研究[J].实验室科学,2023,26(2):122-127.

④ 李玉斌,宋金玉,姚巧红.游戏化学习方式对学生学习效果的影响研究：基于35项实验和准实验研究的元分析[J].电化教育研究,2019,40(11):56-62.

⑤ 曹语苍.游戏化学习：国际实践与成果[J].现代教育,2023(9):12-17,21.

⑥ Pasin F, Giroux H. The impact of a simulation game on operations management education[J]. Computers & Education,2011,57(1):1240-1254.

是指对学习任务加入游戏元素设计，使基本任务更有趣，更有意义，最终促使学生更有效地学习。[①] 尚俊杰等所提出的游戏化学习泛指为教学、培训等应用场景而开发的具有教育意义的游戏化学习软件或平台。[②] 陈博殷等认为游戏化学习是指将教育游戏融入教学或学习活动中，使学习者在轻松、愉快、积极的活动中获得知识、培养能力的过程。[③] 另有研究者认为，游戏化学习提供了一个引人入胜的学习环境，允许学习者在虚拟世界中与游戏机制互动，为学习者提供了有意义的游戏体验，大大增强了学习者的学习动机。[④] 结合相关研究可以认为，游戏化学习是一种将游戏元素和设计融入学习中的学习方式。游戏化通过提供引人入胜的学习环境，将教育游戏与教学或学习活动的整合，使学习者在轻松、愉快、积极的活动中获得知识、培养能力，激发学习者学习动机，增强学习者的学习效果。

二、游戏化学习的相关理论

游戏作为一种广泛存在的生活现象，其历史几乎与人类的历史一样古老悠久。然而从 19 世纪开始，人们才陆续把游戏作为研究的对象。按建构时间顺序及研究重点，大致可以将游戏化学习的相关理论分为古典理论与现代理论两类。

（一）古典游戏理论

古希腊雅典时期非常重视游戏在儿童教育中的地位，古希腊“三杰”苏格拉底、柏拉图和亚里士多德认为教育应通过理性教育来训练心灵和启发智慧，不仅仅是强调智育的重要性，也要认识到包括体育、音乐等其他教育内容对人性培养的重要意义。[⑤] 为了能促进儿童进行有组织的运动游戏，城邦还专门为儿童提供游戏场所，培养尚武精神和身体发展，即使在正式学校儿童仍能接受与游戏相关的多样教育。人们认为，非智育学习是促进儿童和谐发展的必要条件，它帮助儿童改造心灵、培养人性中的美德，最终实现人性的完善。

这个时期的理论主要探讨了人类为什么要玩游戏，游戏的本质是什么等问题。影响

---

① Koskinen A, McMullen J, Ninaus M, et al. Does the emotional design of scaffolds enhance learning and motivational outcomes in game-based learning? [J]. Journal of Computer Assisted Learning, 2023, 39(1): 77-93.

② 尚俊杰，蒋宇. 游戏化学习：让学习更科学、更快乐、更有效[J]. 人民教育，2018(Z2)：102-104.

③ 陈博殷，钱扬义，李言萍. 游戏化学习的应用与研究述评：基于国内外课堂中的“化学游戏化学习”[J]. 远程教育杂志，2017，35(5)：93-104.

④ Gui Y, Cai Z, Yang Y, et al. Effectiveness of digital educational game and game design in STEM learning: a meta-analytic review[J]. International Journal of STEM Education, 2023, 10(1): 1-25.

⑤ 裴蕾丝，尚俊杰. 回归教育本质：教育游戏思想的萌芽与发展脉络[J]. 全球教育展望，2019，48(8)：37-52.

较大的游戏理论有四种:精力过剩说、松弛说、复演说、前练习说。其中,“精力过剩说”最早由德国思想家、诗人席勒(Schiller)提出。席勒认为,人只有在游戏的时候才能真正成为“完整的人”,并认为艺术和游戏相似,都是人精力过剩的产物。英国思想家赫伯特·斯宾塞(Herbert Spencer)就受到了席勒的影响,他发展了席勒的“游戏说”。[①] 斯宾塞认为生物都有维持自己生存的能力,身体健康的人类在维持正常生活外仍有剩余精力需要发泄,因此诞生了游戏。“松弛说”最早由德国哲学家拉扎鲁斯(Lazarus)提出,他认为游戏是在工作疲劳后恢复精力的一种方式,从而获得放松与休息。从这个角度看,有机体在持续工作以后丧失了大量的精力,需要有一种能使有机体放松,并使失去的精力得以重新恢复的活动,这个活动也就是游戏。“复演说”,也称为“重演说”,由美国心理学家霍尔(Hall)提出,他认为游戏是一种回溯,儿童的游戏是在重复人类祖先的活动遗迹,反映了远古时代人类祖先的活动特征。[②] “前练习说”也称为“生活预备说”,由德国心理学家、生物学家格罗斯(Gross)提出,他从生物进化论的角度分析游戏的本质,认为儿童的游戏是在无意识中为将来的成人生活做某种准备。[③]

古典游戏理论主要基于达尔文的生物进化论发展,带有较重的生物学色彩,因此古典游戏理论更着重于从游戏与人类关系的角度出发,认为游戏是人类的一种本能活动,是人类天生的需求,来解释游戏的原因和目的。古典游戏理论过于强调游戏的生物学意义,忽视了游戏的社会和文化背景,以及儿童的主动性和创造性等问题。虽然相关研究还存在着一些不足,但却是首次将游戏作为一个专门的领域进行研究,这为后来的游戏研究奠定了基础。在古典游戏理论的基础上,后来的研究者们开始逐渐关注游戏的社会文化意义和学习者主动性等问题,提出了更加多元合理的游戏理论和观点。

(二)现代游戏理论

20 世纪以来,一些心理学家、教育家、哲学家都对游戏在教育中的应用进行了大量的实验及探究。在此,介绍主要的游戏理论观点。

1. 从行为主义的角度看游戏

20 世纪初,行为主义心理学理论盛行。美国心理学家爱德华·李·桑代克(Edward Lee Thorndike)认为尝试错误现象是人类解决问题的一种方式或途径。早期的行为主义游戏理论就认为儿童在游戏中通过不断地“试误”去实现学习,并在游戏的过程中能够满足儿童学习的三大定律,即学习的准备率、练习率和效果率。美国心理学家班杜拉

---

① 黄宗权. 康德、席勒与伽达默尔“游戏说”的核心思想与哲学立场[J]. 贵州大学学报(艺术版),2018,32(5):18-23,114.

② 杨虎民. 儿童游戏理论的历史发展及其分析研究 [J]. 赤峰学院学报(自然科学版),2014,30(10):118-119.

③ 同上。

(Bandura)所提出的社会学习理论更多强调的是人与环境的相互作用关系。按照其观点，假装游戏和角色扮演游戏为游戏者提供了一个安全的情境，能够实践并观察学习成果，使观察学习变得更容易，同时强化了学习成果。同时，这类游戏也提高了游戏者的自我效能感和内部动机水平，促进良性学习行为的发展。

简而言之，行为主义从行为出发，用试误、强化和模仿三个要素将游戏和学习过程联系在了一起。不过，因为行为主义忽略了大脑内部重要的认知过程，因此依然存在一定的局限性。[①]

2. 从认知主义的角度看游戏

20 世纪中后期，认知主义成为心理学研究的主流，其理论为游戏理论的发展提供了支持。皮亚杰的儿童认知发展理论表明，游戏从认知结构和发展阶段两方面促进儿童学习内化，并为儿童开始新的学习做好准备。[②] 儿童游戏发展阶段与心理认知发展阶段相适应，强调游戏在儿童认知发展中的重要作用。皮亚杰的游戏理论在当代引起了以认知为核心的游戏研究热潮，为后来"游戏"作为教学策略优化学与教的过程提供了理论依据。布鲁纳提出的认知发现学习理论对教学实践产生了巨大的影响，强调学生学习的主动性及内在动机对学习的重要性。他认为游戏是充满快乐的问题解决过程，对儿童的问题解决能力起到了积极的促进作用。[③] 因此，建议在教学中加入游戏来提高儿童的学习效果和效率。

认知主义的特点在于强调认知过程、重视内在动机、强调发现学习和注重思维训练。但认知主义游戏理论过度关注学习者的内部心理因素，很少考虑教育环境对学习的影响。然而，教学资源和教育环境的转移也会影响到学生的学习效果，且知识本身也会受到文化和社会背景影响。此外，认知主义理论在知识获取技巧上对逻辑推理和问题解决的必要性过于强调，忽视了情感、信仰和价值观的影响。对于如何衡量和培养学习者的道德、社交和情感需要，认知主义理论并没有给出很好的解释。

3. 从社会文化历史的角度看游戏

有部分学者认为，游戏的本质是社会性的，为儿童创造了现实以外的、以语言和工具为中介的、学习基本社会关系的实践场所。维果茨基(Vygotsky)基于文化历史理论，主张游戏是主导儿童发展的活动，是有意识、有目的的社会实践活动。游戏的中介作用促进儿童心理机能从低向高发展，象征性游戏让儿童实现思维符号化和抽象化过程。儿童在游戏中的行为往往要略高于他的日常行为水平，这两者的差距形成了儿童的"最近发展

① 尚俊杰，裴蕾丝. 重塑学习方式：游戏的核心教育价值及应用前景[J]. 中国电化教育，2015(5)：41-49.

② 同上。

③ Bruner, J. Play, thought, and language[J]. Peabody Journal of Education, 1983, 60(3): 60-69.

区”,推动儿童不断复杂的“内化”发展。维果茨基的游戏理论为当前幼儿园课程设计提供了理论指引,极大推动了游戏活动在教育中的实践。

萨顿-史密斯(Sutton-Smith)作为20世纪下半叶最具影响力的游戏理论学家,他基于皮亚杰等人的研究,从行为、儿童发展和文化视角提出了全面综合的游戏理论并通过实证研究方法探究了游戏与儿童创造力发展的关系。① 结果表明,游戏能更好地发展儿童的有效回应、灵活表征及自控能力。

社会文化历史角度下的游戏理论强调游戏的社会性、在儿童发展中的重要性及中介作用,它推动了游戏活动在教育中的实践和发展。但其过于强调游戏的社会性本质,忽视了游戏作为个体发展过程中的重要组成部分。虽然游戏是社会和文化环境中的产物,受到社会和文化因素的影响,但游戏同时也是个体学习和发展的重要途径之一。因此,社会文化历史角度下的游戏理论在解释游戏对个体发展的影响方面也存在一定的局限性。

三、游戏化学习的相关研究与应用

随着技术的快速发展以及人们对于“寓教于乐”需求的不断高涨,游戏化学习日益受到研究者们的关注。2020年,美国“在线学习联盟”与“处处皆学”联合美国国家远程教育和技术进步研究中心发布了《数字化学习创新趋势》(*Digital Learning Innovation Trends*)报告,指出游戏化和基于游戏的学习是未来数字化学习的主要趋势之一。国内外诸多学者从多方面对游戏化学习进行了深入研究与应用探索。

(一)学习动机的促进

已有许多研究证明游戏对学习动机存在促进作用,这也成为游戏的核心教育价值之一。在游戏化学习中,参与者的动机非常重要。心理学家马斯洛(Maslow)的“需求理论模型”被许多学者用以分析玩家参与游戏时的动机,游戏的各类功能能够对应不同层次的需要。美国芝加哥大学米哈里·契克森米哈赖(Mihaly Csikszentmihalyi)提出的“心流”(flow)理论就被广泛应用于游戏动机的相关研究中。“心流”即全神贯注于一项活动时所产生的心理状态。对于人们参与电脑游戏的动机,马隆(Malone)则提出了一套“内在动机”(intrinsic motivations)理论,认为正是因为内在动机的存在,而非外在动机,才使得人们乐于参与游戏。②

研究者们围绕如何设计游戏元素和交互设计,如何更加有效地激发学习动机,从而

---

① Sutton-Smith. The role of play in cognitive development[J]. Young Children,1967,22(6):361-370.

② 王梅艳.基于Malone内在动机理论的小学课堂教育游戏软件的设计与开发[D].西安:陕西师范大学,2009:3-4.

提升学习效果,展开了更深入的研究与讨论。此外,由于反馈是学习者与游戏交互中最重要的一个环节,越来越多的学者开始关注游戏反馈机制的设计。例如,有研究者研究了解释性反馈与教育游戏融合对学习的影响,设计了无解释、自我解释和解释性反馈三种版本的物理教育游戏。①

(二)游戏化学习相关项目和系统开发

有部分研究者开发了游戏化学习相关的项目和系统,以更好地促进学习者学习。例如,Maratou 等人开发了基于 3D 在线多用户虚拟世界的软件项目管理角色扮演游戏,模拟现实情况,促进学习者协作和交互。② 游戏化学习相关项目和系统开发的主旨是利用游戏元素和教育内容相结合的方式,使学习过程更加有趣、生动和有效。通过设置明确的目标、奖励机制、挑战和互动等方式,激发学习者的学习兴趣和动力,提高他们的参与度和学习效果。同时,游戏化学习相关项目和系统开发也注重个性化推荐和自适应学习等功能的应用,以满足不同学习者的需求和特点。这些项目和系统通过收集和分析学习者的学习数据,为学习者提供更加个性化的学习体验和推荐,减少学习者的认知负荷,提高学习效率。

(三)游戏化学习在教学与学习中的应用

鉴于游戏化学习的教育价值,研究者们对游戏化学习在教学和学习中的应用进行了诸多的研究探索。例如,有研究者研究了教师基于游戏辅导的整个过程,发现在游戏开始前的内容辅导有助于学习者专注于内容理解,而在游戏期间学习者更倾向于独立解决挑战。③ 教师应注意学习者完整的游戏体验和认知负荷,适当设计单独的知识建构活动,以获得预期的学习效果。

此外,游戏后台数据分析可提供学习者的个性化特征和学习情况反馈,采用数据挖掘和学习分析技术得到的结果可以为改善学习过程、提供学习支持以及个性化学习体验提供参考。

(四)游戏化学习在教育评价中的应用

因游戏化学习能够促进学习者学习动机和参与,被应用于教育评价的相关研究与实践中。例如,有研究者将积分机制引入数学评估系统,根据学习者回答的准确性给予积

---

① Adams, D. M, Clark, D. B. Integrating self-explanation functionality into a complex game environment: keeping gaming in motion. [J]. Computers & Education, 2014, 73(1): 149-159.

② Maratou, V, Chatzidaki, E, Xenos, M. Enhance learning on software project management through a role-play game in a virtual world[J]. Interactive Learning Environments. 2016, 24(4): 897-915.

③ Ke, F. An implementation of design-based learning through creating educational computer games: A case study on mathematics learning during design and computing[J]. Computers & Education, 2014, 73(1): 26-39.

分奖励,并根据反应速度给予不同的额外加分。[①] 另有研究者开发了可由教师灵活配置的数学评测游戏,教师无须具备任何编程技巧即可通过管理者界面修改游戏参数,以适应课堂教学内容和进度。[②] 越来越多的研究开始关注基于数据的形成性评价、游戏化元素在评价中的应用以及相关评价工具的设计与开发等。

四、游戏化学习的应用案例

(一)案例一:《失去湖泊》模拟游戏

美国南加州大学的辛纳特拉(Sinatra)、内华达大学努斯鲍姆(Nussbaum)等人开发了一个名叫《失去湖泊》的模拟游戏,用以探索气候变化对米德湖水位下降的影响。《失去湖泊》游戏可以作为一个整体使用,也可以作为教授气候变化和水资源保护概念的模块使用,游戏共包含五个模块活动(表 6-1)。[③]

表 6-1 游戏《失去湖泊》活动描述

活动	目的	描述
活动 1:选择题	建立关于降雪,干旱,气候变化,温室气体的背景知识	如果用户回答不正确,他们可以尝试再次回答,如果仍然不正确,将提供书面反馈
活动 2:家庭保护	积累保护活动的知识;增强自我效能	用户从一个选项菜单中进行选择(如修理漏水的厕所、遮盖游泳池等)。这些选项的目的是为一个家庭节约最多的水。当选择相关选项时,可以看到房屋内部及其发光部分(如卫生间、游泳池)。用户因其表现获得积分
活动 3:社区保护	积累保护活动的知识;增强自我效能	与活动 2 相同,但选项与地方或州政策制定者为节约用水可以做的事情有关
活动 4:气候变化	建立一个模型来解释为什么湖面在下降,并将其与气候变化联系起来	包括一系列声音解释、视觉效果,以及关于温度、积雪水平、温室气体排放和湖泊水位的小型模拟实验

① Attali, Y, Arieli - Attali, M. Gamification in assessment: do points affect test performance? [J]. Computers & Education, 2015, 83(83): 57-63.

② Mavridis, A, Katmada, A, Tsiatsos, T. Impact of online flexible games on students attitude towards mathematics[J]. Educational Technology Research & Development, 2017, 65(11): 1-2.

③ Nussbaum E M, Owens M C, Sinatra G M, et al. Losing the Lake: Simulations to promote gains in student knowledge and interest about climate change[J]. International Journal of Environmental and Science Education, 2015, 10(6): 789-811.

续表 6-1

活动	目的	描述
活动 5：湖泊水位的模拟	将以前学习的概念应用到像米德湖这样的环境中；说明如何使用科学模型	学习者必须预测湖面下降到海拔 1000 英尺(305 米)之前需要多长时间。然后在湖泊的视觉模型上运行模拟水位下降，计算机模拟使用的是哈德利中心 2-A1B 全球气候模型数据的水文模型。学习者根据他们的预测与模型的匹配程度获得积分

《失去湖泊》相关的研究结果表明，游戏中所学的大部分内容已整合到学生的长期记忆中，与水流概念相关的理解增长尤为显著。在玩《失去湖泊》时，学生们除了对某些复杂问题或知识点理解上有一些困难，但是总体上来说，玩游戏确实创造了一些概念上的发展。①

（二）案例二：《幸运大转盘》的教学

这个案例涉及一位教师运用 Scratch 编程平台进行教学，通过设计“幸运大转盘”游戏化学习活动，旨在激发学生的学习兴趣，培养团队协作和竞争意识。②

首先，教师通过选择 Scratch 编程平台为教学工具，巧妙地将编程与游戏化学习相结合。这一选择对于激发学生对编程的兴趣、培养计算思维具有积极的作用。其次，引导学生选择加入战队并担任游戏职位，将学习活动融入团队合作的框架，这种设置不仅培养了学生的合作意识，还激发了团队内外的积极竞争精神。游戏的五个闯关关卡设计体现了任务的连续性，这使学生在学习过程中逐渐深化对知识的理解，有助于培养学生的自主学习能力和解决问题的实践经验。最终，通过评选出表现最好的战队，教师为学生提供了一个具体的目标，激发了他们的学习动力。③

总的来说，这个案例充分展示了如何巧妙地将 Scratch 编程平台与游戏化学习相结合，通过引导学生进入游戏情境，培养了他们的合作意识、竞争精神和解决问题的能力。这种创新的教学方式为学生提供了更具吸引力的学习体验，有望在编程教育和其他学科领域中推广应用。

① Nussbaum E M，Owens M C，Sinatra G M，et al. Losing the Lake：Simulations to promote gains in student knowledge and interest about climate change[J]. International Journal of Environmental and Science Education，2015，10(6)：789-811.

② 刘俊华. 信息技术教学中 Scratch 的应用分析：以小学信息技术教学为例[J]. 现代信息科技，2019，3(5)：132-133.

③ 同上。

（三）案例三：（《农场狂想曲》）游戏在游戏化学习中的应用

香港中文大学的 M. S. Y. Jong 和 J. Shang 等学者进行的研究项目，名为“虚拟互动学生为本学习环境（virtual interactive student-oriented learning environment，VISOLE）”，为教育领域注入了新的活力。该项目的核心在于开发了一款名为《农场狂想曲》的游戏，旨在创造一个近似真实的游戏化虚拟世界，并通过让学生扮演故事中的角色，将其引入虚拟世界中，以激发学习动机，提升跨学科知识的掌握，并培养问题解决能力、合作创新能力等多方面的综合素养。①

该研究先通过创设一个虚拟世界，实现了对学生学习环境的全新构建。《农场狂想曲》游戏的设计考虑了近似真实的场景，为学生提供了一个有趣且具有挑战性的学习平台。这种虚拟环境的建构使学生能够在游戏中体验到真实世界中所学知识的应用，从而更深刻地理解和掌握相关概念。接着，通过角色扮演的方式，学生得以沉浸在游戏化虚拟世界的情境中。在《农场狂想曲》游戏中，学生需要面对各种挑战和问题，通过合作与创新找到解决方案。这种学习方式不仅让学生在游戏中学到实际应用的技能，还培养了他们解决实际问题的能力。②

第三节　探究学习

探究学习可以让学生主动参与到问题探究过程中，培养学生的创新精神与实践能力，促进知识与技能的掌握。因此，探究性学习也日益受到关注。

一、探究学习的含义

探究学习（inquiry learning），也被称为“基于探究的学习”，其概念源于“科学探究”。《美国国家科学教育标准》中指出，科学探究是科学家们用来研究自然界并根据研究所获得的事实证据做出解释的各种方式，也指学生构建知识、形成科学观念、领悟科学研究方法的各种活动。③ 目前，探究学习作为一种有效的学习方式已经引起众多国家的关注，它不仅关注学习的结果，更加关注学习的过程，强调学生探究新知的经历和获得新知的体验。

---

① 蒋宇，庄绍勇，尚俊杰．游戏化研究性学习案例比较研究[J]．远程教育杂志，2011，29(1)：105-110.

② 同上。

③ “科学探究性学习的理论与实验研究”课题组．探究式学习：含义、特征及核心要素[J]．教育研究．2001(12)：52-56.

国内外研究者们围绕探究学习开展了研究探索，形成了对探究学习的多样认知。例如，徐学福认为探究学习是："学生在教师的指导下，为获得科学素养以类似科学研究的方式所展开的学习活动。"①王润兰等认为，探究学习是指学生在教师的引导和协助下，主动投入课程学习，通过自主探索、发现问题、解决问题的过程，实现对知识的深入理解和应用。同时，学生还需要对学习过程和成果进行客观评价，以促进自身的学习进步和成长。②

结合相关研究，可以认为，探究学习是指学生在教师指导下，以类似科学探究的方式开展学习活动的一种学习方式。

探究式学习始于问题的提出，并非直接呈现科学事实或者为学生提供科学知识的捷径，而是通过教师的指引，促进学生探究，实现学生的自主学习发展。③ 它是一种基于问题解决的学习方式，关注以学生为中心，允许学生以类似真实科学实践的探索方式学习科学现象，强调学生通过主动探究、实践和创新，发现和解决问题，从而获得知识和技能，培养学习者的思维技能和批判性思维，以及对科学的积极态度。

二、探究学习的相关理论

"探究"是指由学生主动去探索并寻求解决问题的过程，强调知识是一种"发现"，重视"引出""诱发"，更多地让学生自行发现与探索知识，重视学生思考的学习历程。

向学习者直接展示科学内容普遍被视为教条式的教学，在这种类型的学习中，教师在介绍思想和概念方面起着核心作用，而学生没有积极参与，处于被动状态，这种学习方法只是向学生传递信息，并未强调学生才是自主进行知识建构的主体。美国教育史上最具影响力的时期之一是20世纪20年代至40年代，在这一时期由杜威等学者领导的教育改革占当时教育发展的主导地位，其将学习视为一个通过经验进行自我建构的过程。相关倡导者认为，教学应该为学习者提供实际经验，并允许他们将抽象科学与其在现实生活问题中的实际意义联系起来。同时期，皮亚杰出版了一系列关于认知发展的书籍，他认为，儿童的学习是通过吸收和容纳通过经验获得的信息的过程来实现的。因此，学习者建构新的知识，学习经验应该促进学生获得信息并将其与他们的理解相结合，这些学派强调学习经验在建构理解中的重要性，并成为建构主义的根源。

建构主义视角下的学习观为促进科学探究提供理论支撑。施瓦布(Schwab)提到，基于

---

① 徐学福.探究学习的内涵辨析[J].教育科学.2002(3):33-36.

② 王润兰，程志娜，刘纪平.基于Blackboard平台的网络探究学习实验研究[J].现代教育技术，2014，24(9):101-106.

③ 万菲.基于认知工具的中学科学探究学习模式构建[J].中国教育信息化，2010(2):27-29.

探究的科学学习是有价值的，它为学习者提供了体验科学过程的机会，并允许他们通过自己的探索来构建科学知识。20 世纪 90 年代，美国国家研究委员会制定了一套科学学习标准，强调在科学教学中应高度重视科学探究，为了明确学生应该做什么，委员会还定义了一套调查活动，包括提问、计划和进行调查、使用适当的工具和技术收集数据、批判性和逻辑性地思考证据和解释之间的关系、构建和分析替代解释以及交流科学论点。霍德森（Hodson）总结了这一时期科学教育标准重心的变化，指出从 20 世纪 60 年代到 90 年代，三次强调发现学习、科学过程和个体学习体验的课程运动发展并交织在一起。①

三、探究学习的应用案例

（一）案例一：儿童全球科学家计划（KGS）

密歇根大学的研究小组在教育领域迈出了创新的一步，设计并开发了儿童作为全球科学家（KGS）计划，旨在通过采用科学探究作为主要的教学方法，为学生提供系统的天气相关课程，以激发他们对科学的兴趣，并培养他们的问题解决能力，其具体内容如下：②

首先，KGS 计划采用了科学探究作为主要的教学方法。这意味着学生不是被动接受知识，而是通过主动参与实验、数据收集和分析过程，以及与科学家和同行在线共同研究等方式来深入了解科学知识。这种亲身参与的学习方法促使学生在实践中建构知识，从而更深刻地理解和应用所学概念。其次，KGS 计划设计了系统的天气相关课程。这一设计不仅拓展了学生对科学的认知，还将科学知识与实际生活场景相结合。天气作为一个复杂而多样的系统，为学生提供了广泛的学科涉猎，涵盖了气象学、地理学、物理学等多个领域，使学生能够全面理解和应用跨学科的知识。

KGS 计划在全美范围内得到了广泛的参与，共有来自 40 个州的 200 多名教师和数以千计的学生加入。这不仅展示了项目的受欢迎程度，也表明了对于创新教学方法的迫切需求。学生和教师的广泛参与不仅使得科学学习成为更具社交性和合作性的活动，同时也丰富了学生的学习体验。桑格尔等人在研究中指出，KGS 调查活动通过强调数据收集、数据分析、评论和与科学家及同行在线合作等方面的重点指导，支持了学生的知识发展。③ 这种注重实践和合作的学习方式有助于培养学生解决问题的能力，使他们不仅仅成为知识的接收者，更成为科学领域的参与者和贡献者。研究团队特别选择“探究”作为

① Hodson, D.. Laboratory work as scientific method: three decades of confusion and distortion [J]. Journal of Curriculum Studies, 1996, 28(2), 115-135.

② Songer, N. B., Lee, H. -S., Kam, R. Technology-rich inquiry science in urban classrooms: What are the barriers to inquiry pedagogy? [J]. Journal of Research in Science Teaching, 2002, 39(2): 128-150.

③ Songer, N. B, Lee, H. -S, McDonald, S. Research towards an expanded understanding of inquiry science beyond one idealized standard. [J]. Science Education, 2003, 87(4): 490-516.

主要方法，是因为他们相信“探究”有助于培养学生对科学知识的深入理解。这种学习方式不仅为学生提供了挑战，同时也为他们提供了支持。通过探究，学生不仅仅了解科学原理，更能够主动参与到问题解决的过程中，培养了独立思考和创新的能力。

综上所述，密歇根大学的儿童作为全球科学家计划为科学教育注入了新的活力。通过科学探究为主要教学方法，系统的天气相关课程设计，以及广泛的参与和实践性学习，该计划旨在培养学生对科学的浓厚兴趣，提升他们跨学科知识掌握，以及发展解决问题和合作创新的能力。

（二）案例二：基于网络的科学探究环境（WISE）

加州大学伯克利分校的研究人员为了提供高质量的探究教学，致力于开发一个基于网络的探究科学环境（WISE），将各种技术和交互式学习工具融合其中，以支持基于探究的科学学习。林恩等人作为研究团队的领导者，将“探究”定义为一个有意识的过程，包括学生参与诊断问题、批判实验、区分备选方案、计划调查、修正观点、研究猜想、搜索信息、构建模型、与同伴辩论、与不同受众交流以及形成连贯的论点等多个方面。① 此外，威廉姆斯和林恩还进行了一项研究，以检验学生采用 WISE 后的学习情况。该研究的研究对象为五年级学生，他们使用该软件程序来探索维持地球和太空中植物生长的因素。除了通过软件进行虚拟实验，学生还参与实际的实践活动，通过在不同的光照条件下建立水培花园，深入探究植物生长与光照条件之间的关系。WISE 团队在考查学生学习成果时发现，该学习环境支持的课堂探究显著提高了学生对科学概念的理解。② 这表明 WISE 在促进学生深入思考、实践科学方法和培养综合科学知识方面发挥了积极的作用。

在这个基于网络的探究科学环境中，学生有机会通过互动式学习工具进行实践性学习，从而提高了他们的学科素养和实践能力。WISE 的设计注重了学生的主动参与，使其能够参与到解决真实世界问题的过程中，这有助于培养学生的批判性思维和问题解决能力。这项研究也为探究性学习和科学教育提供了宝贵的经验教训。通过此类项目，教育者能够更好地发掘和引导学生的学科兴趣，培养他们的综合素养，为未来更深入的学术和职业发展打下坚实基础。WISE 不仅仅是一个软件工具，更是一种教学方法的创新，强调了学生的参与性和深度思考，为教育领域带来了新的启示。

（三）案例三：城市学校学习技术中心（LeTUS）课程

底特律和芝加哥公立学校、密歇根大学和西北大学合作的城市学校学习技术中心（LeTUS）是一个有影响力的、基于探究的协作学习项目，其目的是支持城市学校改革。盖

---

① Linn, M. C, Clark, D, Slotta, J. D. WISE design for knowledge integration [J]. Science Education, 2003, 87(4): 517-538.

② Williams M, Linn M C. WISE Inquiry in Fifth Grade Biology [J]. Research in Science Education, 2002, 32(4): 415-436.

尔(Geier)等人说,作为改革的一部分,学校采用基于项目的探究科学单元,LeTUS 团队则负责开展探究科学课程与改革效果检验。研究人员使用密歇根教育评估计划(MEAP)比较了参加 LeTUS 课程的学生和没有参加的学生,发现参加探究式科学课程的学生表现明显好于未参加的学生。因此可以得出结论,涉及一系列科学过程的科学探究是一种有效的教学方法。①

(四)案例四:利用 VR 学习狭义相对论

当前,利用技术支持探究学习的研究方兴未艾。基本理论和学习机制的研究是这一领域取得突破和进展的基础性保证。利用适当的信息技术手段为学生提供便利的探究学习机会,加强学习环境的系统化设计和研究,以及改进教师探究能力的培养和发展,是探究学习研究与应用的重要方向。以下的案例就是关于技术支持的探究学习案例,具体如下:②

狭义相对论(STR)这些无法通过日常经验直接观察、学习到的,但可以通过虚拟环境来实现。塞浦路斯理工大学的奥里亚(Olia)等人利用沉浸式虚拟现实模拟技术(VR)构建了探究式学习体验设计,探究学习的主题是物理课程中的狭义相对论(STR)。在技术增强探究式干预中,学习者利用沉浸式虚拟现实模拟完成五个学习站的学习任务,最终能够真正理解狭义相对论的主要内容,具体过程如下:在课程正式开始之前,对学生们开展了 60 分钟的预备课程,介绍给定的任务并激发学生对该主题的兴趣。正式学习时长 90 分钟。在正式学习期间,学生们以 3 ~4 人为一组的方式学习。首先,学生们需要回忆给定的任务,做出他们最初的假设和预测,并将这些内容记录在给定的工作表中,以便后期进行工作报告。然后,学生们开始在五个学习站进行调查,即数据收集、分析和解释。这些学习站在学习过程中充当数据收集点,其中两个站使用了沉浸式虚拟现实模拟,第三个站包含视频材料,剩下两个站提供文本信息(图 6-1)。在实验中使用的沉浸式虚拟现实模拟旨在支持学生对时间膨胀和长度收缩的理解,这也正是狭义相对论的主要内容。在使用虚拟现实模拟时,学生们需要控制宇宙飞船在太阳系内外旅行。在正式学习期间,学生划分为五组,通过轮换,每组规定在 15 分钟内执行每个学习站给定的任务,并设定一个 15 分钟的计时器。当计时器响铃时,学生们就需要转换到下一个学习站完成学习任务。这样,每个组都可以体验所有学习站。按照相关文献,学习站的教室设

---

① Geier, R, Blumenfeld, P. C, Marx, R. W. et al. Standardized test outcomes for students engaged in inquiry-based science curricula in the context of urban reform[J]. Journal of Research in Science Teaching, 2008,45(8):922-939.

② Tsivitanidou O E, Georgiou Y, Ioannou A. A Learning experience in inquiry-based physics with immersive virtual reality:Student perceptions and an interaction effect between conceptual gains and attitudinal profiles[J]. Journal of Science Education and Technology,2021,30(6):841-861.

置示意如图 6-1 所示。①

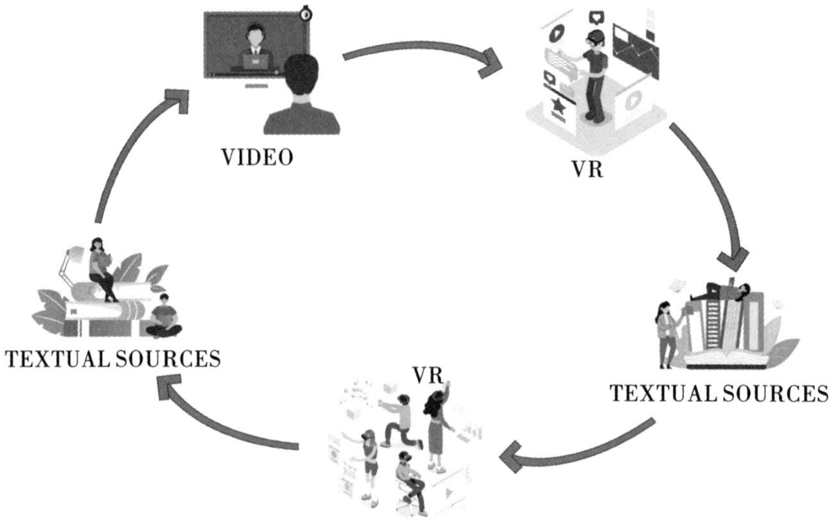

图 6-1　学习站的教室设置

基于探究的活动是相互促进学习的，因此学习站在概念上是相互联系的。同时，每个站又可以独立运行，学生不必遵守既定的顺序。一旦学生们通过了所有的学习站，他们将在基于证据的立场上对驱动问题（任务）进行梳理总结并在全体会议上讨论。每项任务结束时都包括一个检查点，在这个检查点中，学生将会与老师讨论他们所发现的结果并尝试在教师的帮助下解决潜在的困难。教师的角色也从知识的传授者转变为整个过程中支持学生学习的促进者。②

沉浸式虚拟现实服务教与学

过去，教育领域中的虚拟现实研究工作主要以实证研究的方式在科学和数学教育领域进行。但之前的工作主要集中在台式计算机的非沉浸式虚拟现实上，技术方面存在一定的限制。近些年，高端沉浸式虚拟现实的商业可用性逐渐凸显，使沉浸式虚拟现实模拟技术与真实课堂环境融合成为一种发展趋势。

---

① Tsivitanidou O E, Georgiou Y, Ioannou A. A Learning experience in inquiry-based physics with immersive virtual reality: Student perceptions and an interaction effect between conceptual gains and attitudinal profiles[J]. Journal of Science Education and Technology, 2021, 30(6): 841-861.

② 同上。

通过头戴式显示器(HDMS)进行的沉浸式虚拟现实模拟为学习者提供了更广泛的学习机会。例如,头盔式显示器的一个明显优势是它们能够创建3D立体(与2D或单视场显示器相比)显示器,从而进行模拟交互。通过这种方式,沉浸式虚拟现实模拟可以补充纸笔活动,支持学生理解复杂的科学理论,如狭义相对论(STR),这是目前研究的重点,因为它们提供了交互式可视化。此外,沉浸式虚拟现实模拟可以促进学生对抽象科学现象的理解,通过培养一个活跃的环境,使学生增加学习参与度。

第四节　协作学习

起源于20世纪美国的协作学习,一直以来都有"近十几年来最重要和最成功的教学改革"的美称。[①] 本节内容围绕"协作学习",将内容分为三部分:第一部分介绍了协作学习的相关概念;第二部分内容为协作学习的相关理论;第三部分描述了协作学习中的几种分组方式及应用情境等;第四部分则通过呈现部分应用案例,促使学习者对协作学习及其应用有更深的理解。

一、协作学习的含义

(一)协作学习的含义

关于协作学习,研究者们的理解不完全一样。例如,李克东认为协作学习是一种通过小组或团队的形式组织学生进行学习的一种学习策略。[②] 黄荣怀等将协作学习定义为学生以小组的形式参与,成员在激励机制的作用下完成共同的学习目标,将自己与伙伴的学习效果最大化,而相互合作帮助的一切相关行为。[③] 可以看到,协作学习是一种学习方式,由多个学习者通过互相交流、讨论和分享,共同合作以实现学习目标。

(二)计算机支持的协作学习

1989年,由NATO(北大西洋公约组织)资助的一个特殊项目"高级教育技术"研讨会在意大利的马拉泰亚(Maratea)召开,并且第一次采用了术语"计算机支持的协作学习"

① 潘芳,仲伟俊. E-Learning协作学习中的分组问题研究[J]. 中国远程教育,2014(1):59-63.
② 李克东. 信息技术环境下基于协作学习的教学设计[J]. 电化教育研究,2000(4):7-13.
③ 黄荣怀,刘黄玲子. 协作学习的系统观[J]. 现代教育技术,2001(1):30-34,41-76.

(computer-supported collaborative learning,CSCL)。[①]

CSCL认为,计算机可以用来促进、增强甚至重新定义工作组成员之间的互动,这代表了一种从个人使用计算机到一组人合作使用计算机的范式转变。技术进步促进了CSCL的概念和支持CSCL的技术系统(协作平台和工具)的发展。在CSCL的环境中,学习者与他人分享他们的个人思考、反思、理解和解释。在这样的环境中,知识水平较高的同伴可以通过指导和建模以及在学习者群体中使用认知工具来帮助知识水平较低的同伴实现共同目标。具体可以从协作知识建构、小组与个体观点、以人工产物为中介、交流分析等来看待CSCL。[②] 上述四个因素不是孤立的,而是有机联系在一起的。

CSCL专注于技术如何通过同行互动和小组学习过程促进知识及专长的共享和创造支持学生之间的合作,以加强他们的学习过程,促进集体学习与群体认知。当前,CSCL的研究日益成为一个跨学科的研究领域,包括认知科学、学习科学、教育心理学、教育技术、通信、认识论、社会心理学、人工智能和信息学等。

二、协作学习的相关理论

自20世纪60年代以来,约翰逊(Johnson)等人就在明尼苏达大学开展了一系列协作学习研究实践,这为协作学习理论模式的构建以及具体合作策略的设计奠定了基础。20世纪70年代初,协作学习逐渐在美国兴起。70年代后,学者们相继提出了各种协作学习的方法并用于指导协作学习实践,如约翰逊(Johnson)兄弟于1975年所提出的共同学习法(LT),斯拉文(Slavin)提出的学生小组成就区分法(students team achievement divisions,STAD)和小组游戏竞赛法(team games tournament),加州大学的艾略特·阿伦森(Elliot Aronson)提出的拼图法(jigsaw)等合作学习策略。[③]

协作学习是基于社会建构产生的,其基本原则是以学习者为中心,强调互动、团队合作以及为真实挑战制定解决方案。协作学习除了可以提高学生的参与度和成就感外,还可以带来更高层次的思维训练,更强的自尊心和更高的领导技能,加强学生的集体归属感。[④] 建构主义理论认为,学习者以自己的方式建构对于事物的理解,不存在唯一的标准和理解,而通过彼此之间的合作,可以使其超越自己的认识,看到事物的侧面,从而形成

---

① 赵建华.CSCL研究的现状及发展趋势[J].中国电化教育,2009(5):7-14.

② Stahl G. Contributions to a theoretical framework for CSCL[C]//Computer Support for Collaborative Learning. Routledge,2023:62-71.

③ 林书兵,徐晓东,任英杰.从个体组合到小组认知:协作学习探究历程回顾[J].远程教育杂志,2012,30(3):37-43.

④ 金慧,胡盈滢,宋蕾.技术促进教育创新:新媒体联盟《地平线报告》(2017高等教育版)解读[J].远程教育杂志,2017,35(2):3-8.

更加丰富和全面的理解，促进其认知能力的发展。[①] 建构主义的兴起促进了协作学习的发展，从20世纪80年代中期到90年代期间，协作学习研究在方法和形式上取得了较为明显的进展，同时其影响日益扩大，逐渐应用于世界各国的教育领域。美国教育学者沃迈特（Vermette）认为："协作学习是近十几年来最重要和最成功的教学改革"。[②]

三、协作学习的相关因素与分组

（一）协作学习的相关因素

有研究者认为，协作学习注重的不仅仅是参与者的学习结果，同时也要关注协作活动的社会互动效果。[③] 研究表明，处于真实社交环境中对协作小组成员们的学习、社会行为和动机等方面产生了积极的影响。根据约翰逊（Johnson）的观点，当学生参与社交活动，与小组成员进行面对面的协作学习活动时，课堂学习效果会显著改善。

总的来说，为了在合作学习环境中实现学习，成员们必须鼓励对方提出问题，解释和证明他们的观点，阐明他们的推理，反思他们的知识。根据所罗门（Salomon）和格罗伯森（Globerson）的观点，只有当团队有效且运作良好时，才能实现成功的协作学习环境。[④] 亚当斯（Adams）和哈姆（Hamm）以及迪伦堡确定了有效协作学习的五个因素：

（1）个人责任。每个成员对自己的工作、角色和在团队中学习的努力负责（个人规则和角色）。

（2）相互支持。除了负责自己的学习之外，每个成员还负责通过在小组互动期间经常锻炼社交技能（小组规则和角色）来帮助教导小组的其他成员。

（3）积极的相互依赖。活动的主要目的是团体目标。因此，只有当所有团队成员都达到各自的目标时，才能取得成功。

（4）面对面的社会互动。决策必须包括小组成员之间的讨论。因此，生产力会受到团队有效交换意见和妥协以达成共识的能力的影响。

（5）小组的形成。讨论、社会互动和共识的建立只能在3～5人的小组中实现。

（二）协作学习中的分组

在进行协作学习的一系列操作中最关键的就是分组，这也意味着是否合理地进行分组对于协作学习是否能得到比较好的效果是起着决定性作用的。换句话来表达，就是恰

---

① 沈权．现代合作学习的理论基础探索[J]．中国教育学刊，2003(7)：42-45，61.

② 王坦．合作学习的理论基础简析[J]．课程．教材．教法，2005(1)：30-35.

③ Wood D，O'Malley C. Collaborative learning between peers：An overview[J]. Educational Psychology in Practice，1996，11(4)：4-9.

④ Salomon G，Globerson T. When teams do not function the way they ought to[J]. International journal of Educational research，1989，13(1)：89-99.

当地进行分组可以获得更好的学习效果。① 然而,现实是协作学习中常常进行的是人为分组,这样的分组方法根本不能保证分组的科学性。因此,有效且合理的分组是重要且必要的。那么,当前教学研究和实践中分组的方法有哪些?这些分组方法都产生了怎样的效果?

1. 分组方法

目前的分组方法主要有三种类型:随机、自选和基于标准,其中基于标准分组又分为同质分组、异质分组、部分同质和部分异质分组,以及混合分组。其中,随机分组是指所有的学生被老师或者一些相应的程序随机任意、没有遵循任何规律地分成一些相应的小组;自选分组就是指学生能够根据自身的情况自由随意地选择自己的小组成员;基于标准分组则是指在分组的时候既不是随机、无规律,也不是让学生自己做主,而是根据一些特定的准则和算法来得到小组的构成。目前,随机分组与自选分组采用较少,多数教师选择利用基于标准中的异质分组来进行小组的划分。

(1)随机分组。这是一种早期的最简单、最快捷的分组方法。这种分组方法中,允许将所有学生混合在一起,以实现群体内部的异质性。但是它的异质性并不总是能够实现,因为随机分配的学生可能会创建一个群体,而这个群体中的所有成员都表现出所期待理想或不被期待理想的特征。此外,这种随意的分组方法可能会导致一些问题的产生,比如很难保证所有参与的学生都得到应有的公平,学生还可能会产生对小组整体工作的抵制和厌恶。②

(2)自选分组。这也是一种早期的分组方法。在这种分组方法中,学生可以根据自己的喜好自愿组成小组。有研究表明,在自主选择的小组中,学习者的学习效果可能比在随机分配的小组中更好。③ 但是自选分组可能不利于学生与其他小组的同学一起工作。由于不可控因素太多,因此教师可能并不常使用这种分组方法。

(3)基于标准分组。许多研究提出结构良好的协作学习小组比结构不良的小组更能促进学习。由于前两种方法的局限性,第三种方法常被用于创建结构良好的小组,这种方法也被认为是一种科学准确的方法。相关研究提出了通过多种算法或者系统来满足不同的分组标准,这些一般适用于学习者规模大的情况下,但是往往需要设参,而且受参数设置的影响很大,一般用户很难设置合适的参数。此外,一般来说,在使用分组标准时,需要考虑两个重要方面:选择特定的学生特征作为分组属性,并根据分组属性定义形

① PRISMA Group. Reprint—Preferred reporting items for systematic reviews and meta-analyses: The PRISMA statement[J]. Physical therapy, 2009, 89(9): 873-880.

② Hilton S, Phillips F. Instructor-assigned and student-selected groups: A view from inside[J]. Issues in Accounting Education, 2010, 25(1): 15-33.

③ 周梦熊,叶岩明,任一支,等.基于密度聚类的协作学习群组构建方法[J].计算机工程与设计,2016,37(10):2710-2716.

成的组别类型。其中,分组属性通常涉及与学生学习状态相关的各种因素,如相关学科的知识水平、个性特征、理解水平、学习兴趣、思维方式以及与特定学科相关的所需技能。[①] 当然也正是因为研究者对分组类型所进行的不断思考就又产生了以下的四种分组方法。

1)异质分组。异质群体可以促进学生在群体中相互学习,从而产生更具创新性和创造性的行为。因此有研究者提出了基于一定标准的异质分组方法。例如,王静将学习者按照场独立和场依存型认知风格进行异质分组。[②] 刘东将学习者按照不同的身体素质和技术水平进行异质分组。异质分组可以帮助学生从不同的角度和思维方式中获得更多的启示和灵感,促进他们的创新和创造力。同时,异质分组还可以帮助学生相互学习、相互借鉴,提高他们的综合素质和能力。[③]

2)同质分组方法,即按照一定标准将学生分成相似特质的群体,以促进他们的共同学习。同质分组有利于实现特定的教学目标,因为它可以帮助学生在一起采用相似的速度取得共同的进步。这种分组方法可以应用于不同领域和场景,如教育、协作学习和网络学习等。通过同质分组,教师可以更好地满足学生的学习需求,提高学生的学习效果和兴趣。例如,胡慧根据改进蚁群算法的协作学习分组方法(EACO 算法)进行计算后的同质分组。[④]

3)部分同质、部分异质分组。有的研究者为了进一步分析比较同质分组与异质分组之间的优劣,就在一次的分组中,让部分学生进行同质分组,而其余学生采用异质分组。例如,王静将成绩高与成绩低进行异质分组,然后学习成绩一致进行同质分组。[⑤] Mona Zamani 据前测成绩进行异质、同质高组和同质低组分组。[⑥]

4)混合分组。一些研究者为了保证所有的小组都能成功地完成各项分配任务,便提出要建立平衡学习小组的想法,于是就提出了所谓的混合分组方法,也就是在设计分组标准的时候,使其中一些分组属性是异质性,而另一些分组属性是同质性。例如,Simon

---

① Xie T,Zheng Q,Zhang W. A behavioral sequence analyzing framework for grouping students in an e-learning system[J]. Knowledge-Based Systems,2016,111(nov. 1):36-50.

② 王静,陈英和. 合作学习小组的认知风格对其问题解决的影响[J]. 心理发展与教育,2008(2):102-107.

③ 刘东. 普通高校篮球课异质分组合作教学评价方法实验研究[J]. 北京体育大学学报,2012,35(5):95-98.

④ 胡慧,何聚厚. 基于改进蚁群算法的协作学习分组研究[J]. 计算机工程与应用,2014,50(13):137-141.

⑤ 王静,陈英和. 合作学习小组的认知风格对其问题解决的影响[J]. 心理发展与教育,2008(2):102-107.

⑥ Mona Zamani. Cooperative learning:Homogeneous and heterogeneous grouping of Iranian EFL learners in a writing context[J]. Cogent Education,2016,3(1):1149959.

Hopper 根据能力、技能或其他特征上相似，根据能力、技能、专业、性别或种族相异进行混合分组等。①

2. 分组效果

已有研究表明，与个别学习或竞争学习进行比较，协作学习能够使学生的学习效果得到一定的提高。② 比如在知识建构方面，它可以让学习者对知识进行更高层次的建构，还可以使学习者在以后的学习活动中更愿意参与协作互助当中；在效果方面，它不仅可以让学习小组内的成员之间在知识上有更高的互补性，还可以在很大程度上帮助学习者增进学习成效，以此获得更加优异的学习成绩；在情感态度方面，它可以提高学生的积极性和满意度，还可以帮助学生化解学习过程当中存在的孤独感等。

（1）随机分组的效果。已有研究发现不同性别分组干预对女性个体学习成绩的影响不显著；然而，混合性别组的男性表现明显好于单性别组。③ 另外，在个人态度上，男性倾向于混合性别、性别平衡和性别多数的分组，然而，女性更喜欢单一性别和性别少数群体。④ 但总体来讲，因为随机分组的不确定性较大，因此在实际课堂教学中，教师不太倾向于选择随机分组的方式。

（2）自选分组的效果。通过仔细系统地分析收集到的数据可知，采用这样的分组方法进行合作学习，有助于提高学生学习时的自信心，而且还能够让学生在学习过程中对彼此更加熟悉，从而营造一种既和谐又舒适的学习工作环境，因此该种分组方法得到了众多学生的喜爱。虽然学生很喜欢，但是该种分组方法对于学习效果的正面影响相对并不明显。因此，教师可能并不多用这样的分组方法。

（3）基于标准分组的效果。基于标准的分组方法对于学习者的学习效果、内在动机以及态度等方面都产生了积极的影响。在促进学习效果方面，该方法能够大大提高协作学习中分组的科学性以及可信赖性，而且使协作学习的效果能够获得很大程度上的提高。

总之，无论是基于计算机的大数据下的分组，还是基于其他标准如基于认知诊断的分组方法、基于学生行为序列的分组框架等，都在或多或少的程度上对学生的学习能力、协作学习的成效、课堂教学的教学成效等方面产生积极的影响。因此，基于标准分组比其他两种分组方法更具优势，也是现在教师更倾向于采用的一种分组方法。尽管这种分

---

① Hooper S. The effects of persistence and small group interaction during computer-based instruction[J]. Computers in Human Behavior, 2003, 19(2): 211-220.

② 胡慧，何聚厚. 基于改进蚁群算法的协作学习分组研究[J]. 计算机工程与应用, 2014, 50(13): 137-141.

③ 周梦熊，叶岩明，任一支，等. 基于密度聚类的协作学习群组构建方法[J]. 计算机工程与设计, 2016, 37(10): 2710-2716.

④ 同上。

组方法比其他两组更耗时间,但总体的学习效果相对于其他两种分组方法是有提升的。

四、协作学习的应用案例

(一)案例一:商业学习游戏——Novicraft 在协作学习中的应用

当前,数字游戏已被视为一种有效的协作学习方式,目前的研究已将数字游戏确定为协作学习和教授团队合作技能的一种手段。因此,有必要进一步了解基于计算机的模拟游戏如何被应用于加强团队合作技能的学习。

力瓦力(Riivari)等人为了加强大学生的协作学习能力,摒弃了传统小组协作学习中的讲座和强制性小组作业,取而代之选择了一个商业学习游戏——Novicraft,其具体游戏内容如下:①

该游戏由五个任务组成,每个任务侧重于不同类型的团队合作、协作和领导技能。模拟游戏是根据游戏开发者的建议在电脑教室中进行的,每个游戏环节最多有 12 名学生,按照开发者对游戏促进的指示,学生们分成 3 ~ 5 个小组,每个参与者都有自己的电脑,小组成员也可以面对面互动。在每个游戏环节开始之前,主持人都会强调游戏的目的是培养学习团队合作技能和能力。玩游戏时,学生使用各种沟通策略和战术来解决游戏设置中包含的问题。小组成员可以互相走动,了解其他组员的问题或亲自给出建议。在学生团队完成游戏后,学生将填写个人反馈表,每个团队进行汇报讨论。小组讨论后,主持人要求每个团队编写一份与学习团队技能相关的团队报告,其中他们评估了团队角色,并分析了团队的有效性和决策制定。这个游戏很受学生们的欢迎。学生们认为,它是协作小组学习的一个令人耳目一新的方案。②

(二)案例二:《母亲节的礼物》

本案例选自有关文献③,具体内容为:

《母亲节的礼物》这一学习活动选自《高中信息技术》(沪科课标版)选修二第五章创作多媒体作品第三节,着眼于帮助学生掌握在幻灯片中如何应用模板和设计自定义动画效果。学生在这个学习任务中被要求分组制作母亲节的电子贺卡,他们被鼓励自主学习,并在实践中运用所学知识。他们不仅需要掌握在幻灯片中应用模板的技能,同时还

---

① Riivari E, Kivijärvi M, Lämsä A M. Learning teamwork through a computer game: for the sake of performance or collaborative learning? [J]. Educational technology research and development, 2021, 69: 1753-1771.

② 同上。

③ 董丰圆. 基于教育云平台的高中信息技术课程协作学习模式研究[D]. 重庆: 西南大学, 2020: 45-63.

需要深入了解如何设计自定义动画效果。这种自主学习的方式有助于激发学生的学习兴趣,加强了学生之间的交流与合作,还促进了彼此之间的创意碰撞。此外,协作学习是这个活动的又一特点。学生在协作中能够共享资源、交流意见,更好地理解和应用所学知识。在活动结束后,向学生发放应用效果调查问卷,结果显示,学生在学习活动中的参与度较高,学习积极性和主动性被调动,大部分学生达到了原定的学习目标。

总体而言,这个活动在信息技术课程中为学生提供了一个丰富而创新的学习体验。通过自主学习、小组合作和线上协作,以及实际的制作任务,学生不仅仅掌握了技术层面的知识,还培养了创造性思维和团队协作的能力。这样的学习模式在培养学生综合素质和解决实际问题的能力上发挥了积极作用。

学习链接

请查阅相关资料,了解学习方式的相关研究进展,以下为部分相关文献举例。

1. Rohmawaty E, Rostikawati Husen I, Vicahyani Utami N, et al. The effectiveness of games in learning antihypertensive drugs on medical students: A cross-sectional study [J]. Cogent Education, 2022, 9(1): 2007573.

——游戏化学习被应用于多个学科专业的教学中。根据这篇论文,研究者通过开展一项横断面研究,比较了抗高血压药物游戏和传统的教育方法(讲座)对医学生知识和观念的影响。根据这篇论文,就体验到知识增加(后测成绩优于前测成绩)的学生人数而言,游戏组的人数要高于讲座组;玩游戏的学生知识得分比听讲座的学生高1.8倍。

2. 徐晓东. 校际协作学习相互启发的原理及其教育价值[J]. 教育研究, 2011, 32(8): 103-107.

——这篇论文从"启发他人的同时自己也会受到启发而实现自我启发"这一角度出发,对校际协作学习实践进行了理论建构,探讨分析了相互启发的原理、相互启发的教育价值以及相互启发的教育实践意义。

3. 王晓晨, 蔡进, 杨浩. 美国数字公民教育的游戏化学习课程建设及启示[J]. 电化教育研究, 2021, 42(7): 122-128.

——这篇论文分析了数字公民教育与游戏化学习的融合,并基于案例剖析了美国数字公民教育的游戏化学习课程建设的要素。

4. 郑兰琴, 范云超, 牛佳玉. 基于在线协作学习交互文本的跨领域知识图谱构建技术[J]. 电化教育研究, 2022, 43(12): 70-77.

——这篇论文提出了基于在线协作学习交互文本的跨领域知识图谱构建技术,包括实体识别、关系抽取和领域知识图谱生成技术。自动构建的领域知识图谱为学习者提供直观、可视化、实时的反馈,促进协同知识建构和社会性调节,也为教师提供个性化学习支持服务。

学习总结

1. 从教育学的视角看,学习方式是开展学习的方法、手段或途径等。学习方式是影响学生学习质量的重要因素。

2. 依据不同的分类依据,可以将学习方式分为多种类型。从学习的自主性看,学习方式可以被分为自主学习与他主学习;从学习的主动性和探究程度看,学习方式可以被分为接受学习和发现学习;从是否独立开展学习来看,学习方式可以被分为独立学习与协作学习;从使用的媒体技术来看,学习方式可以被分为移动学习、游戏化学习、计算机支持的协作学习等方式;从学习过程中的信息化应用水平来看,学习方式可以被分为传统学习与数字化学习。

3. 游戏化学习是一种将游戏元素和设计融入学习中的学习方式。

4. 与游戏化学习相关的理论有古典游戏理论和现代游戏理论。

5. 探究学习,也被称为"基于探究的学习",是指学生在教师指导下,以类似科学探究的方式开展学习活动的一种学习方式。

6. 建构主义视角下的学习观为促进科学探究提供理论支撑。

7. 协作学习是一种由多个学习者通过互相交流、讨论和分享,共同合作以实现学习目标的学习方式。

8. 协作学习是基于社会建构产生的,其基本原则是以学习者为中心,强调互动、团队合作以及为真实挑战制定解决方案。

9. 协作学习中的分组方法主要有三种类型:随机、自选和基于标准,其中基于标准分组又分为同质分组、异质分组、部分同质和部分异质分组,以及混合分组。

学习评价

1. 什么是学习方式?

2. 学习方式有哪些分类?

3. 什么是探究学习?

4. 有哪些与游戏化学习相关的理论内容?

5. 协作学习中的分组方法有哪些?

6. 请用思维导图梳理本章内容,并与同伴分享。

7. 请结合本章内容,并查阅相关资料思考,如果您是一名老师,该如何指导学生找到适合自己的学习方式?

8. 请结合本章内容并查阅相关资料,谈谈能够支持在线协作学习的技术有哪些?

第七章 学习环境

学习导入

人类的学习无时无刻不受周围环境的影响,从古至今我们生活的社会发生了巨大变化,学习环境也在不断地演变。过去,学习环境通常是一种封闭的空间,教师和学生都被限制在特定的场所中。随着科技的发展,现在的学习环境变得更加开放、更加智能,教师和学生可以随时随地进行交流和学习。同时,互联网和智能设备也为学生提供了更加丰富的资源和工具,使得学生可以更加轻松地完成学习任务。那么,学习环境究竟指的是什么?如何设计与优化学习环境,以更好地促进学习?本章主要探讨"学习环境"这一主题,相信大家在学习本章后会对学习环境有更加全面的认知。

内容简介

本章围绕"学习环境",首先探讨了学习环境的含义、特征以及学习环境的变化,让学习者对学习环境有一初步认知。其次,本章介绍了学习环境的分类与构成要素,进一步加深学习者对学习环境的理解。再次,介绍了学习环境相关的情境认知理论、分布式理论以及活动理论等三个理论,以及学习环境设计的要点等内容。最后,本章探讨了基于具身认知的学习环境,为学习者设计与优化学习环境提供参考。

学习目标

1. 掌握学习环境的含义。
2. 熟悉学习环境的特征。
3. 了解学习环境的变化过程。
4. 掌握学习环境的分类。
5. 熟悉学习环境的构成要素。
6. 熟悉学习环境的相关理论。
7. 熟悉具身认知学习环境的内容。

8. 能设计与优化适合不同类型学习者的学习环境。

9. 养成乐于探究、严谨认真的学习态度。

第一节 学习环境概述

20 世纪 90 年代,学习心理学家基于对行为主义与认知的信息加工理论的深入反思,指出人类学习具备建构、参与及社会协商等本质,这些对应了学习环境设计的隐喻。① 同时,学习环境概念随着社会的变迁和教育的发展而不断地演变和变革;新兴数字技术的发展催生了多样化、创新型的学习环境。本节主要探讨学习环境的概念,并阐述这一概念的变化。

一、学习环境的含义

任何学习活动的开展均以一定的环境为依托。在教育学领域中,学习环境被认为是对学生的学习产生场景性和背景性影响的关键因素。

自 1990 年开始,教育领域与心理学见证了学习理论的深刻变革,这场变革的实质在于学习的本体论、认识论和现象学发生的转变。学习环境成为新的教学隐喻,国内外诸多学者基于不同的研究视角,对这一概念界定做出了努力。② 国外不同学者从各自角度探讨了学习环境的含义。威尔逊(Wilson B G.)认为,学习环境是支持学习者以目标为导向,借助多种资源及工具支持,与同伴协作从而解决问题的场所。③ 荷兰学者基尔施纳(Kirschner)认为,学习环境是学习者能找到充分的信息资料和教学辅助手段的地方,借助学习环境,学习者能够有机会根据自身的情况及其与他人的关系去构建定向基础,决定他们将介入的目标与活动。④

国内,朱晓鸽认为学习环境是学习者与学习资源面对面交流的一种学习过程⑤;武法提认为学习环境是学习活动展开的过程中赖以持续的情况和条件⑥;何克抗等学者认为,

---

① 戴维. H. 乔纳森,苏珊. M. 兰德. 学习环境的理论基础[M]. 2 版. 徐世猛,李洁,周小勇,译. 上海:华东师范大学出版社,2015:6.

② 钟志贤. 论学习环境设计[J]. 电化教育研究,2005,(07):35-41.

③ Wilson B G. Metaphors for Instruction:Why We Talk About Learning Environments[J]. Educational Technology,1995,35(5):25-30.

④ Kirschner P,盛群力,等. 旨在获得学习能力和专业能力的学习环境设计[J]. 远程教育杂志,2004(4):17-23.

⑤ 朱晓鸽. 论学习环境设计[J]. 中国电化教育,1996(7):16-18.

⑥ 武法提. 基于 WEB 的学习环境设计[J]. 电化教育研究,2000(4):33-38,52.

学习环境学习资源和人际关系的组合①;钟启泉指出学习环境主要包括物质和人,物质方面包括教室中的硬件设施、教科书等;人方面包括教师和学生,此外还包括人与物的交互所形成的行为和表达等的整体。②

基于以上论述可以发现,虽然不同研究者对于学习环境的理解不全相同,但是存在以下的共性之处:一是学习环境的构建要以学生为中心、以学生学习活动的开展为中心,支持多个体的实践、协商与意义建构,支持学习者参与真实实践以获得更深入的理解。二是学习环境中要注重多种资源与工具的结合,以支持多样化的学习互动。

二、学习环境的特征

21世纪的教育面临诸多变革,学生的个性特点、信息技术对教育的影响以及教育理念的变化,这些变革对传统学习空间提出了挑战,新时代学习环境研究成为研究者们最新的关注焦点。新时代的学习环境需要适应未来社会、经济、科技和文化发展需要,培养具有创新精神和实践能力的综合型人才的学习环境,具体包括以下特征。

(一)以学习者为中心

注重学习者的主动性、个性化和多元化,尊重学习者的兴趣、需求和差异,激发学习者的学习动机和潜能。③ 在这样的学习环境中,学习者的主动性、个性化和多元化得到了充分的尊重和支持。教师不再是传统意义上的知识传授者,而更像是学习的引导者和激励者,致力于激发学习者的内在动机和潜能。学习目标不再是僵化的、外部强加的,有助于更好地激发学习者的学习兴趣和动力。

(二)以问题为导向

注重学习者的探究性、合作性和反思性,培养学习者的批判性思维、创造性思维和解决问题的能力。④ 这样的学习环境支持学习者发现问题,得出原因以及提出解决方案。在此学习环境中,问题成为学习的关注点,学习者被鼓励以探究性、合作性和反思性的方式来解决问题,这不仅培养了学习者的思维能力,还提高了他们的实际解决问题的能力,使他们具备了更好地适应未来社会发展的能力。

(三)以技术为支撑

注重学习者的信息素养、数字素养和媒体素养,利用现代信息技术和网络资源,拓展

---

① 何克抗,李文光.教育技术学[M].北京:北京师范大学出版社,2002:187.

② 钟启泉.学习环境设计:框架与课题[J].教育研究,2015,36(1):113-121.

③ 任友群.以学习者为中心的建构主义学习环境的建构[J].教育科学,2002(4):40-42.

④ 王林发.基于Wiki的"反思性学习"的教学设计与实施[J].电化教育研究,2010(2):71-75.

学习者的学习渠道和学习空间。[①] 例如，可以通过获取更广泛的信息，更便捷的数字工具进行数据分析和可视化呈现，有助于学习者更好地理解和应用知识。通过可视化资源、工具与脚手架为学生提供处理、操作以及交流的功能，可以支持学习者创建人工制品，支撑整个学习过程中学习者的意义建构、过程管理以及表达和反思。

（四）以社会为背景

注重学习者的公民素养、全球意识和跨文化交流能力，关注社会的现实问题和未来挑战，培养学习者的社会责任感和参与意识。当代学习理论越来越关注意义建构的社会本质，从社会建构主义观点看，学习既是内部过程，也是社会协商，学习环境应注重学习活动参与者之间的意义构建。

此外，从本质上讲，学习环境就是一个"学习场"。即通过人际关系所形成的场域，其中个体与他人相互交流、互相影响并各自发生变化。[②] 在以社会性对话为中心的"学习场"中，个体既是体验者也是被体验者，不仅受到认知和理性的影响，还包括情感、情绪和身体等人的整体作用。因此，需要关注语言所表达和传递的行为，并从多个角度把握每个在场的具体场景以及人们所传达的信息。然而，需要注意的是，虽然语言可以传递很多信息，但并不是所有的信息都能通过语言来传递，沉默也可以传递许多信息。在学习场中，探究制约个体生成和变化的各种要素非常重要。学习场论关注通过文化和人际关系生成的各种沟通形式，捕捉个体变化的现场，并且提炼丰富学习场能量的方略。[③]

三、学习环境的变化

学习环境伴随社会发展不断变化，其与社会时代特征、教育发展方向以及学习主体教育需求高度相关。传统的远程学习环境在 100 多年前是以邮寄印刷学习品的方式开始的，被称为函授学习或附设课程。最初始于欧洲，1873 年进入美国。[④] 20 世纪初的学习环境主要以传统的面对面教学为主导。教室和教学资源相对匮乏，学习者的学习空间和学习渠道受到较大限制。进入 20 世纪 60 年代至 80 年代，随着计算机技术的发展，学习环境迎来了信息化变革，也为学习科学领域的研究者提供了更广阔的研究空间。进入 21 世纪，虚拟现实、增强现实等新兴技术的应用也为学习环境带来了全新的可能性，学习者可以通过沉浸式体验获取更加直观和深入的学习体验。当前，学者们对学习环境的理

---

① 赵炬明. 助力学习：学习环境与教育技术：美国"以学生为中心"的本科教学改革研究之四[J]. 高等工程教育研究，2019(2)：7-25.

② 马文华，刘永春. 基于幼儿园健康教学活动视频的师幼互动分析[J]. 陕西学前师范学院学报，2021，37(7)：7.

③ 钟启泉. 学习环境设计：框架与课题[J]. 教育研究，2015，36(1).

④ 吴丽林，黄秋畅. 美国远程学习环境概念的演变[J]. 教育评论，2006(5)：99-101.

解已经越来越全面和深入,研究者们逐渐意识到学习环境不仅包括物理环境,还涉及社会环境和技术环境。[①] 21 世纪所需的学习环境不仅是认真听教师的讲解和背诵内容,还是一个学习者可以互相回应的"应答性环境"。国内外许多高校已经开始探索学习空间创新的理论研究与实践,逐渐涌现出具有创新功能的新型学习空间。

如果结合社会发展的时代特征,学习环境的发展变化如下。

(一)原始社会的学习环境

原始社会的教育处于"非形式化"阶段,所对应的学习空间更倾向于"融合式"状态,即生活空间与学习环境相互交叉、相互融合。具体表现为学习以时间为参照,在空间内遵循生活的轨迹绵延、扩展。在此阶段,人类学习的主要目的在于生存和适应环境,学习环境主要是自然环境和社会环境。同时,学习空间对于学习主体没有客观条件上的限制,对每一个个体而言,学习与生活是融合式关系。比如有些年幼的孩子就已经学会了打猎、捕鱼、撑船等活动。这一时期人的"身体"在学习中的作用是显而易见的。人类的身体是学习的主要工具和载体,通过身体的动作、感觉、表情等,与自然和社会进行交互,获取知识和技能。

总之,在这一时期,学习是与生活相辅相成的。学习空间几乎没有限制,学习方式和工具相对简单,多是使用生活中已有的方式和工具。学习时间也几乎没有限制,学习的内容和活动很早就开始。

(二)古代社会的学习环境

随着社会的发展,古代社会的学习环境逐步呈现出特定的形态。在此阶段,学习空间较为独立,建立了特定的学习场所,脱离了日常生活空间的集体环境。然而,此时的学习空间仍然存在明显的随意性与个体化倾向,处于"粗放式"阶段。也就是说,虽然古代社会的学习环境开始关注学习场所的固定性,但在场所的选择上仍有一定的随意性,并且社会学习空间开始具有明显的个体化倾向。然而,学习空间的设计和建构缺乏统一的、科学的标准和考虑,如对于学习活动的特殊性、学习者的需求等,均未给予全面的、准确的、科学的考量。

古代社会学习空间中,学习者可以根据自己的意愿和需求选择学习的交流对象、对话形式和内容,个体化倾向也日益明显,呈现出非正式和粗放的状态。学习者享有较大的自主权,社会学习空间中个体之间的交往多元共存。但过分张扬的个性与缺乏共同规则使得该时期的社会学习空间呈现粗放性和松散性。

(三)现代社会的学习环境

现代社会,教育活动向正式化转变,学习空间转向标准化,学习环境呈现出集约式特

---

① 杨开城.建构主义学习环境的设计原则[J].中国电化教育,2000(4):14-18.

征。在此阶段,人类学习的主要目的在于发展和进步。学校内主要以班级授课制为主,物理学习空间的布局变得统一化,这样的学习环境,满足了社会对人才培养的需求。[①] 由此,社会学习空间内的布局与个体之间的交往、学习方式等发生了巨大的改变。社会学习空间趋向于控制化,被设计为统一、标准化的布局,教师居于单一的中心位置,而学习者被边缘化。[②]

过于集约化的学习环境使得学习者的个性和特长难以得到充分发展,对学习者的主动性和创造性造成了一定程度的压抑。在这样的学习环境中,教育活动更多地强调了知识的传授和应试能力的培养,而忽视了学习者的个性发展和创新能力的培养。随着教育转型的持续推进,教育活动的目的和方式得到重新审视,更加开放、多样化的学习环境进入研究视野。学习环境越来越注重学习者的全面发展,旨在为社会培养更多具有创新精神和实践能力的人才,每个学习者都能够找到适合自己的学习方式,实现个性化的成长和发展。

近年来人工智能等技术的迅猛发展,推动了学习环境不断拓展时空、联结社群、赋能主体。学习环境有望打破时空限制,成为线上线下相融合、校内校外相联通、正式与非正式相结合的泛在学习空间,学习者能够灵活参与同步建构和异步建构。学习者也不再是孤立的个体,而能够根据自身的意愿参与灵活的社区协作,通过跨文化、跨社群的协作不断提升社交能力。学习者的主体性被归还。同时,人类通过多媒体、网络、人工智能等,与虚拟和智能进行交互,获取知识和技能,形成创意和变革,身体在学习中的作用将重新受到关注和重视。身体被视为人类学习的资源和潜力,也被视为人类学习的参与者和合作者。面向未来,学习空间将进一步优化。可以看到,随着技术的进步和对现代学习空间的反思,学习空间也呈现出智能化转向的特点,智能学习环境应运而生。智能学习环境同样是由物理学习空间、社会学习空间、精神学习空间构成,但与现代语境下的学习空间相比,呈现出不同的特点。智能时代的物理学习空间越来越强调个性化、开放性与多元化的并存,社会学习空间呈现出现实与虚拟交错发展的局面,而精神学习空间则呈现出同质化与异质化共存的局面。[③] 智能时代的学习环境不断突破与升级,科技赋能学习环境的变革与升级是教育体系对数字化时代发展的必要回应。这一变革涉及教育理念、教育利益相关方以及技术等复杂要素的系统性转变,也将塑造新的学习模式,深刻改变教育系统的运作机制,为重塑教育生态注入新的动力。

---

① 伍璇.高等教育管理个人本位和社会本位之辩证统一性[J].教育与教学研究,2014,28(4):90-92.

② 王美倩."感知—行动"循环中的互利共生:具身认知视角下学习环境构建的生态学[J].中国电化教育,2016(9):74-77.

③ Han I, Black J B. Incorporating haptic feedback in simulation for learning physics[J]. Computers & Education, 2011, 57(4): 2281-2290.

第二节 学习环境的分类与构成要素

一、学习环境的分类

根据不同的分类依据，可以对学习环境进行不同的分类。

（一）从宏观和微观视角进行分类

从宏观和微观视角对学习环境进行分类，可以将其分为广义的学习环境与狭义的学习环境。广义的学习环境泛指学习者身边的一切事物，在教育学中是指影响学习者学习的场景性、背景性的客观环境。客观环境本身并不能直接决定孩子的学习和发展，而是由认知的学习环境来决定。① 这里重点讨论的是狭义的学习环境。参考钟启泉对于微观的学习环境的分类②，从教师实践的角度来看，学习环境大致可以分为以下三种（钟启泉在相关表述中使用的是“儿童”这一词语，在此结合实际使用“学生”这一词语展开学习环境分类的相关表述）。

1. 人际环境

人际环境指的是学生在学习过程中，学生与教师、学生与学生之间或者是学生与他人之间的人际关系。人的成长不是孤立的，而是与人相互联系的，学生的成长、发展，需要在良好的人际环境中进行，因此人际环境在学生的学习中占有重要的角色。

2. 间接性环境

间接性环境指在正式学习开始之前的学习环境，使学生有着积极主动的学习意愿、能够提高学生的兴趣。在学生的学习过程中，会受到各种各样的间接性环境的影响，包括班级文化、家庭、学校、社区等，这些环境对于学生的学习过程起着重要的作用。

3. 直接性环境

直接性环境指在正式学习开始之后的环境中，有效地配置学生可能自由运用的一切媒体。例如，多功能教室、作业坊、学习中心等物理学习空间；教学媒体、信息网络环境等。这些都属于直接性环境的范畴，是对学生的学习效果起直接影响作用的。

（二）按照上课时所处的环境进行分类

按照上课时所处的环境进行分类，可以将学习环境分为两类。一类是课内学习环

---

① 钟启泉. 学习环境设计：框架与课题[J]. 教育研究，2015，36(1)：113–121.

② 同上。

境，它涵盖了诸多方面，如课内的时间安排、教师的语言修养和教态、师生之间的合作和交流方式等。这些因素直接影响学生的学习体验和教学效果。另一类是课外学习环境，它包括校外的社会环境、家庭环境以及校外各种机构的活动设施等。这些因素对于学生的成长和发展也具有不可忽视的作用。

1. 课内环境

首先，课内时间安排是课内学习环境的重要组成部分。对课堂教学进行合理的教学设计，有利于学生巩固和提高教学效果。教师作为教学的引导者，其语言修养和教态也是影响学生学习效果的重要因素。教师语言简洁明了、教态自然大方，可以激发学生的学习兴趣，提高他们的学习积极性。此外，师生之间的合作和交流方式则是实现有效课堂的关键。通过师生互动、合作探究等方式，可以促进学生对知识的理解和掌握，培养学生的思维能力和创新能力。

2. 课外环境

校外的社会环境和家庭环境可以为学生提供更为广阔的学习空间和资源。通过参与各种社会活动和家庭亲子互动，学生可以接触到更多的信息和知识，培养自己的兴趣爱好和实践能力。校外各种机构的活动设施也是学生课外学习的重要资源。例如，图书馆、科技馆、博物馆等场所为学生提供了丰富的知识资源和实践机会，有助于学生拓宽知识面，培养各种技能和能力。

因此，在教育教学中，我们应该努力营造良好的学习环境，为学生提供更为全面、丰富的学习资源和机会，促进他们的成长和发展。

（三）按照学习环境中的主客体关系进行分类

按照学习环境中的主客体关系，可以将学习环境划分为校园学习环境、自然学习环境、社会学习环境和虚拟学习环境等。这些不同类型的环境在物质条件、社会心理因素等方面存在差异，对学习者的学习效果产生不同的影响。

1. 校园学习环境

校园学习环境是指学习者在校园内所处的学习环境，包括教室、图书馆、实验室、操场等场所和设施。校园学习环境的特点是具有较为严谨的教学计划和课程安排，强调学科知识的系统和深入，以及教师对学生的指导和评价。

2. 自然学习环境

自然学习环境是指学习者在自然环境中所处的学习环境，如大自然的山川、森林、海洋等。自然学习环境的特点是强调对自然生态和自然规律的探索和体验，以及对自然现象的观察、描述和分析。

3. 社会学习环境

社会学习环境是指学习者在社会环境中所处的学习环境，包括家庭、社区、企业、社会团体等。社会学习环境的特点是强调对社会的认知和适应,以及通过对社会现象的观察、分析和参与来获得知识和技能。

4. 虚拟学习环境

虚拟学习环境是指学习者通过数字化技术所处的学习环境,如网络课堂、在线学习平台、虚拟实验室等。虚拟学习环境的特点是突破了时间和空间的限制,提供了更为灵活的学习方式和丰富的学习资源,同时需要学习者具备一定的信息技术能力和自我管理能力。

不同类型的环境各有其特点和学习效果,学习者应根据自身的学习需求和兴趣选择适合自己的学习环境,同时教育者也应根据学习者的特点和教学目标来设计和优化学习环境,提高学习效果和教学质量。

(四)按照影响学习的因素进行分类

还有一种常见的分类方式是按照影响学习的因素进行分类,将学习环境分为物理环境、资源环境、心理环境和文化环境等。

1. 物理环境

物理环境是学习环境的基础。物理学习环境是指学习者进行学习活动时所处的具体物理空间和设施。它包括教学场所和教学设施两个要素。其中,教学场所指的是学习者所处的物理位置,如学校、校园、教室、图书馆、操场和实验室等。这些场所的地理位置、空间大小、采光条件、通风情况等都会影响到学习者的学习效果。教学设施则是指在学习场所中配备的各种设施,如多媒体设备、实验仪器、图书资料等,而这些设施的齐全程度、质量和使用状态都会对学习效果产生影响。

2. 资源环境

资源环境在学习环境中最为重要。资源学习环境指的是学习者进行学习活动时可以获取和利用的各种学习资源的环境。这包括学习材料、工具、技术设备以及其他支持学习的资源。一个丰富、多样化的资源学习环境有助于提升学习者的学习体验和成果。它包括教学媒体、学习材料、学习与认知环境、学习空间等要素。教学媒体是传递学习信息的工具,如文字教材、视听教材、多媒体课件等,它们的多样性、实用性和交互性都会对学习效果产生影响。学习材料是指学习者直接使用的各种学习资源,如课本、参考书、网络资源等,它们的内容和质量会直接影响学习效果。学习与认知环境是指学习者在学习过程中所处的认知状态和情境,如问题解决环境、项目合作环境等,它们会影响学习者的思维方式和问题解决能力。学习空间是指学习者进行学习活动的场所,如实体教室和虚拟学习空间,它们会影响学习者的学习方式和交流方式。

3. 心理环境

心理环境是学习环境中最为隐蔽的一部分,它包括校风班风、课堂气氛、人际关系等要素。校风班风是指学校或班级的整体氛围和学习风气,它可以对学习者产生潜移默化的影响,促进或阻碍学习者的学习积极性。课堂气氛是课堂中师生之间、学习者之间的互动氛围,它会影响学习者的学习情绪和学习效果。人际关系是指学习者之间的人际交往和互动,它会影响学习者的学习动机和学习效率。学习者需要感到在学习环境中是被接纳和尊重的,能够表达自己的情感而不受到歧视或指责,使学习者能够在社交情境中培养情感智慧、解决问题、表达自己的情感需求。

4. 文化环境

文化环境是学习环境中最为深层次的一部分,它包括教师文化和校园文化两个要素。教师文化是指教师所具有的教育观念、教学思想、教育方式等,它们会影响学习者的学习方向和学习效果。校园文化是指学校所倡导的价值观念、行为准则、校风学风等,它们会影响学习者的思想观念、道德品质和学习态度。

此外,有研究者将目光投向了非正式学习环境,此类环境由于具有独特的优势,资源丰富,学习方法灵活等特点,已成为教育界、学习科学等诸多领域的研究热点。场馆学习环境是一种具有情境感知、具身学习、分布式认知、移动互联共享和个性化体验的非形式化学习环境。馆内的学习环境分为物理馆的学习环境和数字馆的学习环境两部分。而场馆学习环境的建设,则是将实体场馆与数字场馆相融合,借助网络技术与手机终端的辅助,能够对非正式学习的产生起到积极的推动作用,进而改善场馆的教育质量,提高市民的学习能力和人文素养。① 此外,还有研究者提出不同的看法。例如,威尔逊还将学习环境划分为三种类型:电脑微世界,教室型环境(丰富的主动学习环境、抛锚式教学),以及开放的虚拟环境。不论是根据哪种分类标准,学习环境的各个方面均相互联系、相互影响,共同构成了一个完整的学习环境体系。在教育实践中,我们应该充分认识到各个方面的作用和影响,根据不同的教育目标和学习者特点来设计和优化学习环境,提高教育质量和效果。

二、学习环境的构成要素

学习环境的构成要素多种多样,这使得学习环境的形式也变得多种多样。不同的学习环境可以满足不同的学习需求。例如,传统的学习环境可以满足大部分学生的学习需求,而智慧学习环境则可以为学生提供更加智能化、个性化的学习体验。

对于什么是学习环境的构成要素,研究者们有着各自的理解。例如,杨开城认为建构主义学习环境可被概括为一种支持学习者开展建构性学习的,由不同类型的学习资源

① 李志河,师芳.非正式学习环境下的场馆学习环境设计与构建[J].远程教育杂志,2016,34(6):95-102.

组成的一个整体。① 钟志贤等认为“任务—情景—问题”三者紧密联系在一起，形成了一个完整的、不可分割的整体结构，是构建学习环境的一个重要组成部分。② 而谭姣连等经过调查和商议后，确定将活动体验、学习者投入、物理环境条件以及社会场域关系等作为学习环境设计的核心要素。③ 虽然已有研究对学习环境构成要素的认识不全相同，但仍有一些共同点，如情境、资源、工具、支架和学习共同体。

伴随着“智慧教育”概念的提出和实施，移动智慧课堂、智慧教室、智慧实验/实训室、智慧学习中心、智慧创客空间等的构建与应用也逐渐成为人们关注的焦点。例如，有研究者提出了一个由学习活动、教学活动、学习管理活动、物理环境、技术环境等五大要素组成的智能学习环境结构。④

不同的理论也对学习环境的构成进行了不同的解释和分析，为学习环境的构建提供了理论支持和实践指导。因此，在构建学习环境时，应该根据不同的学习需求和学习目标来选择合适的学习环境形式和构成要素，以满足学生的学习需求和提高学生的学习效果。随着技术的不断发展和教育理念的不断更新，未来可能出现更多新型的学习环境，为教学与学习带来更多的可能性。

第三节　学习环境的构建

一、学习环境的相关理论

（一）情境认知理论

情境认知理论主要关注学习和问题解决过程中的认知负荷，特别是在处理复杂信息时，认知负荷如何影响学习效果。情境认知理论认为，学习效果更好的情境是那些减轻了认知负荷的情境。情境认知理论区分了三种类型的认知负荷：内在认知负荷，与任务本身的复杂性相关，是学生在学习新的概念或技能时所必须承担的认知负荷；外部认知负荷，由于任务中不必要的信息或设计不当而引起的负荷，是学生在学习过程中不必要承担的负荷；引导认知负荷，用于处理和整合新学习内容的认知负荷，有助于学生建立深

① 杨开城. 建构主义学习环境的设计原则[J]. 中国电化教育，2000(4)：14-18.

② 钟志贤，刘春燕. 论学习环境设计中的任务、情境与问题概念[J]. 电化教育研究，2006(3)：16-21.

③ 谭姣连，徐晓东. 基于技术与工程素养培养的学习环境设计：要素与模型[J]. 远程教育杂志，2022，40(5)：93-102.

④ 习海旭，廖宏建，黄纯国. 智慧学习环境的架构设计与实施策略[J]. 电化教育研究，2017，38(4)：72-76.

层次的理解。[①]

有学者将情境导入融入哲学的微课设计中，探究其学习效果的影响，利用个案研究发现，这样的教学使课程更加有趣，抽象的知识更容易理解。[②] 杨彦栋等学者对自学型课件设计中提出五条建议，分别是学习者引入情境的设计、知识学习情境的设计、问题情境的设计、学习合作情境的设计、反思和迁移情境的设计。[③]

（二）分布式理论

分布式理论是一种认知科学中的理论，强调认知过程不仅限于个体的大脑，还涉及个体与环境、工具、其他人和文化等外部资源之间的相互作用。分布式理论认为，认知是一种分布在整个系统中的活动，包括外部环境和个体之间的相互作用。有学者认为，分布式认知是一个包括认知主体和环境的系统，是一种包括所有参与认知的事物的新的分析单元，认知分布于个体内、个体间、媒介、环境、文化、社会和时间等之中。分布式认知跳出了传统认知强调个体认知的局限，以功能系统为新的分析单元，认为智能存在于学习环境、学习者使用的工具、学习者之间的交互以及所有学习者之中。[④] 有研究通过设计学习交互"复制和粘贴"的功能，探讨了分布式认知理论在教育情境中的应用。研究得出，能够促进适当的学习效果。[⑤]

（三）活动理论

活动理论认为，人们通过参与有意义的活动来认识世界、获取知识。这个理论有六个核心要素：主体（即活动的参与者）、客体（活动的对象）、共同体（参与者的社交环境）、工具（活动使用的工具）、规则（活动的规则和要求）和分工（在活动中承担的任务）。这些要素相互作用，共同构成生产、消费、交换和分配四个子系统。[⑥] 在这个过程中，活动的主体受到动机和信念的驱动，产生一系列的行为和自动化的操作。他们进行个体知识的建构，根据规则规范自己的行为，参与群体知识的建构，并分工承担任务。最终，活动的

---

① 王文静.情境认知与学习理论研究述评[J].全球教育展望,2002(1):51-55.

② 朱育贤,郑小军,梁秋远,等.基于情境认知理论的哲学微课设计个案研究[J].中国教育信息化,2018(8):57-59.

③ 杨彦栋,欧阳明,贺卫宏.情境认知理论对自学型课件中情境创设的启示[J].中国教育信息化,2011(4):79-81.

④ 陈锦昌,刘菲,陈亮,等.基于分布式认知理论的移动学习游戏设计原则研究[J].电化教育研究,2016,37(11):60-66.

⑤ Morgan M, Brickell G, Harper B. Applying distributed cognition theory to the redesign of the 'Copy and Paste' function in order to promote appropriate learning outcomes[J]. Computers & Education, 2008, 50(1):125-147.

⑥ 胡海明,祝智庭.个人学习环境的概念框架:活动理论取向[J].开放教育研究,2014,20(4):84-91.

目标是把客体转化为学习的结果。[①]

活动理论强调学习是通过人与工具、文化以及社会环境的紧密互动来实现的。在设计学习环境时，需要深入思考学生作为主体如何与教学工具、技术，以及所处的文化背景相互作用，以促进有效的学习活动。此外，活动理论强调学习不仅是个体心智的过程，而是深深嵌入在社会和文化活动中的。因此，学习环境的设计应该反映社会和文化的特征，以便学习者能够在更广泛的社会背景中理解和应用所学知识。工具介质的作用是活动理论关注的另一个核心点，而学习环境的设计需要有效整合各种工具，包括传统教具和现代技术，以支持学习活动的进行。周期性的学习活动阶段、社会情境的重要性、文化工具的应用，以及冲突与变革的概念，都是在设计学习环境时应考虑的关键因素，共同构建了一个促进学习者综合发展的有益框架。这种设计理念旨在创造一个具有丰富互动和社会文化背景的学习环境，以推动学习者的认知发展和全面学习。

二、学习环境的构建要点

学习环境设计的基本理念是以学习者为中心，支持自主、探究、协作或问题解决等类型的学习，并由学习者自己控制学习。构建一个有效的学习环境需要结合科学的理论，关注设计要点。

（一）明确学习目标

在设计学习环境之前，明确具体的学习目标是关键的一步。这些目标可以包括知识的掌握、技能的培养、创造性思维的发展等。具体明确的学习目标不仅有助于激发学习者的学习动机，让学习者知道他们正在学习的内容，增强他们的兴趣和参与度，还能让学习者更加集中精力在达到特定目标所需的知识和技能上，从而提高学习效率，促进个人发展。教育者通过明确的学习目标可以更好地设计教学活动和评估工具，确保教学与学习目标一致，提高教学质量和效果。

（二）了解受众

了解学习者的需求、背景和学习风格同样是设计学习环境的关键因素。学习者在年龄、能力水平、学科兴趣等方面存在差异。这些个体差异直接影响学习者对学习环境的需求和反应。"一刀切"的教学和学习环境设计可能无法满足所有学习者的需求。例如，年龄较小的学习者可能更喜欢色彩丰富、互动性强的学习环境，而高中生可能更注重实践性和深度的学习体验。此外，学习者在发展阶段上也存在差异。例如，青春期的学习者可能更注重个体认同和自我表达。在设计学习环境时，要考虑学习者所处的发展阶段

① 吴娟，翟芸，王智颖，等. 活动理论视角下数字阅读徽章体系构建与应用[J]. 电化教育研究，2022，43(4)：92-98，115.

和个体差异,以提供更贴近他们发展需求的学习环境。

(三)确定学科和教学方法

根据所教学科和采用的教学方法来设计学习环境。不同学科的性质和要求差异很大,可能需要不同类型的资源和设施,而采用的教学方法也直接影响学习环境的设计。例如,在教授科学和工程学科时,学习环境可能需要实验室和专业设备,为学习者提供实践性的学习机会,激发学习者的创造性思维和实践能力,满足学习者开展实验和项目的需要。艺术类学科需要提供创造性的学习环境,包括艺术工作室、音乐室、舞蹈室等。学习者可能需要访问各种艺术资源,如画廊、演出场馆和博物馆,以拓宽他们的艺术视野。语言和文学课程可能需要提供安静的学习环境,用于阅读和写作。例如,图书馆、研讨室和文学角落都可以为语言学习提供适宜的场所。不仅如此,数字化资源和多媒体技术也可用于语言学习。

(四)整合技术和资源

整合现代技术和多样化的学习资源是提高学习效果的关键因素。随着科技的不断发展,学习环境的设计可以充分利用各种技术工具和资源,提供更灵活、互动和个性化的学习体验。利用在线学习平台,教育者可以提供课程资料、视频讲座、在线测验和讨论板等丰富的学习资源。学习者可以根据自己的时间表自主学习,从而促进自主学习和深度学习。此外,可以根据学习者的学科兴趣、认知水平和需求,利用技术创建个性化的学习平台,为学习者提供定制的学习材料和活动。这有助于满足学习者的个体差异,提高学习效果。利用移动学习应用,学习者可以在任何时间、任何地点访问学习资源。这种灵活性使学习者能够根据自己的日程进行学习,促进了学习的连贯性和便捷性。

(五)创造互动机会

促进学习者之间的互动和合作是一个重要的设计考虑因素。设计学习环境时,通过提供适当的小组工作区域、讨论区域和其他互动机会,可以有效地鼓励学习者分享观点、合作解决问题,并培养团队合作和社交技能。设置专门的小组工作区域,为学习者提供一个合作学习的场所,如圆桌讨论区、讨论角或在线讨论板,有助于促进学习者之间的深入交流和思想分享。可以通过问题解决和案例分析的方式,引导学习者在小组合作中共同探讨、分析问题,并提出解决方案。定期安排小组分享,让学习者有机会展示他们的成果、观点和解决方案。这不仅可以激发学习者的批判性思维和创造性解决问题的能力,也会提高他们的自信心和表达能力。

(六)设立反馈和评价机制

设计一个有效的反馈和评价机制,帮助学习者了解自己的学习进度并提供改进的机会。包括定期评估、即时反馈和自我评价等。在学习过程中设定多次小规模的形成性评估,以了解学习者的学习进展,包括小测验、课堂参与、小组项目。在学习后进行总结性评价，可以是期末考试、综合项目或论文等形式，综合考察学习者在整个学习过程中的学业表现。教师应该提供即时反馈，指导学习者在过程中发现和纠正错误，鼓励学习者相互之间进行反馈，这可以让他们从不同的角度获得反馈。学习者定期进行自我评价，如书面的自我评估报告、学习日志或在线问卷，评价他们在学习目标上的表现。

总而言之，无论在哪个步骤中，为了保证学习环境的设计全面和有效，教育者、学习者和其他利益相关者的合作是非常重要的。此外，还需要考虑学习环境的可持续性、空间的布局和配置，因为合理的座位安排、设备摆放、工作区域的设置等都会直接影响学习者的互动和集中注意力的状态。学习环境的设计是一个持续的过程，需要定期收集反馈、观察学习效果，并根据实际情况进行调整和改进，以不断适应学习者的需求和教学方法的发展。

第四节　具身认知与学习环境

具身认知强调身体与思维、感知、情感等认知过程之间存在密切的关联。具身认知的核心思想是身体与思维之间相互作用，通过身体与环境的互动来塑造和支持认知。融入具身认知的学习环境可以激发学习者的学习兴趣和动机，通过与实际生活情境相连接，学习者更容易看到学习的实际意义，从而增加学习的积极性。具身认知强调学习者的创造性和表达性，学习者在实际的学习体验中更有机会发挥创造性思维，通过实践性的学习活动，更容易将理论知识转化为实际技能，从而培养解决问题的能力，加强学习者对知识的实际应用能力。有研究者认为，传统认知科学使得学习环境深陷“离身”困境，而基于具身认知理论视角的学习环境强调学习环境与身体、知识与情景以及活动的存在密切关联。[①] 具身认知学习环境通常鼓励学习者之间的合作和社交学习，通过团队项目、互动活动，学习者更容易与同学互动，分享经验和知识。[②] 总体而言，基于具身认知的学习环境不仅关注认知层面，还注重身体参与和实践经验，有利于学习者的全面发展。因此，本节聚焦具身认知与学习环境进行阐述。

需要注意的是，具身认知与学习环境的关联应该考虑个体差异，由于不同学习者对于具身认知学习活动的反应可能有所不同，因此设计学习环境时应该充分考虑学习者的个体差异。

---

① 肖菊梅，李如密．从“离身”到“具身”：课堂学习环境的新构建[J]．教育理论与实践，2018，38(1)：56-60.

② 李志河，李鹏媛，周娜娜，等．具身认知学习环境设计：特征、要素、应用及发展趋势[J]．远程教育杂志，2018，36(5)：81-90.

一、身体与学习环境

身体与学习环境之间存在密切的关系，这种关系体现了学习过程中身体参与的重要性。学习环境不仅包括课堂、教材和技术设备，还包括学习者的身体体验、感知和动作。学习者通过感知、行动和身体经验来建构对知识的理解，身体动作和感知被认为是认知活动的一部分，对于深化学习和理解至关重要。学习环境的物理空间设计也需要考虑学习者的身体参与①，例如，合适的座椅和桌子高度、灵活的教室布局，可以促使学习者更好地参与课堂活动。此外，利用现代技术如虚拟现实（VR）和增强现实（AR），可以创造出更具身临其境感的学习体验。这种技术可以模拟真实场景，增强学习者对学科知识的理解。总体而言，通过充分考虑学习者的身体参与，设计出更具互动性和实践性的学习环境，有助于提高学习者的学习体验和学术成就。

（一）“身体”在教育教学中的角色变化

1.“身体”在教育教学中被“忽视”

自古以来，人们对身体的态度不断转变，经历了从无视身体到轻视身体再到重视身体的转变。古代社会，在看待身体在教育中的作用方面，中国和西方的观点有很大差别。西方社会认为身体和教育教学是完全分离的，坚持身心二元论；而身心合一是中国古代思想的基本观念。②

西方社会身心二元论的观点，即身体和心智被看作是两个相互独立的实体。③ 这种观点源自古希腊时期，教育和教学过程中更加强调知识和理性思维的培养，导致身体的需求被忽视或贬低。教育被视为纯粹的观念传递和心智培养的过程，而学习则被看作是一种可以脱离身体的精神训练，身体只起到提供能量和执行指令的作用。④ 而在我国古代思想中，身体被认为不仅是生理器官的集合，还具有与天地相通的精神层面。身心之间的影响是相互的，二者互相嵌入，互相融合。也可以说，中国古代思想的“身、心、世界”体系是三者始终互为贯穿的。⑤ 然而，当前教育中的班级授课制和座位排列变化使得学生的身体需求得不到足够的重视，排斥了身体在教育中的作用。

总体来看，身心二元论在西方文化中根深蒂固，西方的教育和教学更加关注精神层

① 柴阳丽，陈向东. 面向具身认知的学习环境研究综述[J]. 电化教育研究，2017，38(9)：71-77，101.

② 雷思温. 物理与伦理：笛卡尔的目的论思想[J]. 道德与文明，2022(2)：55-69.

③ 张静静. 身心二元论的消解及其教育影响：基于杜威经验哲学观的思考[J]. 基础教育，2014，11(5)：31-37.

④ 黄富琨. 具身发展：自主生长式教师专业发展的特征：基于具身认知理论视域[J]. 成才，2019(5)：35-37.

⑤ 黎晓丹，叶浩生. 中国古代儒道思想中的具身认知观[J]. 心理学报，2015，47(5)：702-710.

面，却忽视了身体的需求。相反，中国古代的身体观念强调身心合一，认为身体和心智是相互依存、相互融合的。[①] 然而，随着时间的推移，身体在教育中的地位逐渐被忽视。这一情况使得对身心合一的追求需要重新审视和反思。

2.“身体”在教育教学中被重视

随着西方对教育过程的研究不断深入，身心二元论已然不再适用，而具身认知思潮逐渐兴起。具身认知主张认知和心智不是抽象的符号操作，而是与身体结构、感觉运动系统的体验以及身体与环境的互动密切相关。不少学者对这方面做出详细的解释。例如，英国哲学家约翰·洛克（John Locke）认为，人类所有的观念都来源于经验，而不是神的旨意或理性思维。他主张心智就像一块白板，通过感官获得的经验在心智上留下印记。这一观点启发了当代具身认知思潮，主张心智由各种身体经验构成。此外，法国哲学家莫里斯·梅洛-庞蒂（Maurice Merleau-Ponty）在《知觉现象学》中强调身体作为学习的主体，认为知觉和学习的指挥者和执行者是身体。美国实用主义哲学家、教育家约翰·杜威（John Dewey）认为，人类心智的形成和发展与对自然环境的适应紧密相连，他的“从做中学”理念充分体现了对身体的重视，强调经验在教育和教学中的重要性。

具身认知认为，身体感觉和运动系统不仅是认知的外在表现，而且是认知的内在构成，它们对思维方式的塑造起着重要的作用。身体的动作和感觉直接影响概念形成、逻辑推理等心智过程。具身认知思潮的兴起为身体在教育中的复归提供了理论依据，促进了教育者对身体在学习中的作用的重新认识，以及对具身学习的探索和实践。

（二）基于具身认知的学习环境

具身认知是一种认知理论，强调人的身体在认知加工过程中发挥着关键作用。认知是通过身体与环境的交互体验和活动形式而形成的，主要依赖于身体的各种感官。认知、身体和环境之间是相互嵌套、不可分离的关系，它们构成了一个整体的认知系统（图7-1）。认知的产生依赖于身体感官所产生的经验，而身体感官又受到物理、生理和文化环境的影响。认知存在于大脑中，而大脑则存在于身体中，身体又存在于环境中。[②]

基于具身认知的学习环境被称为具身学习环境。[③] 具身学习环境强调学习者的身体感知、情感和行动的整合，促进学习者的主动、深层和创新学习，激发学生的学习兴趣，为学生提供更贴合个体需求的学习体验，促进学生更深层次的思考和理解。例如，在社会科学课程中，通过角色扮演或模拟活动，学习者可以更深刻地理解历史事件或社会问题。

① 张学智．中国哲学中身心关系的几种形态[J]．北京大学学报（哲学社会科学版），2005(3)：5-14.

② 李志河，李鹏媛，周娜娜，等．具身认知学习环境设计：特征、要素、应用及发展趋势[J]．远程教育杂志，2018，36(5)：81-90.

③ 王美倩，郑旭东．基于具身认知的学习环境及其进化机制：动力系统理论的视角[J]．电化教育研究，2016，37(6)：54-60.

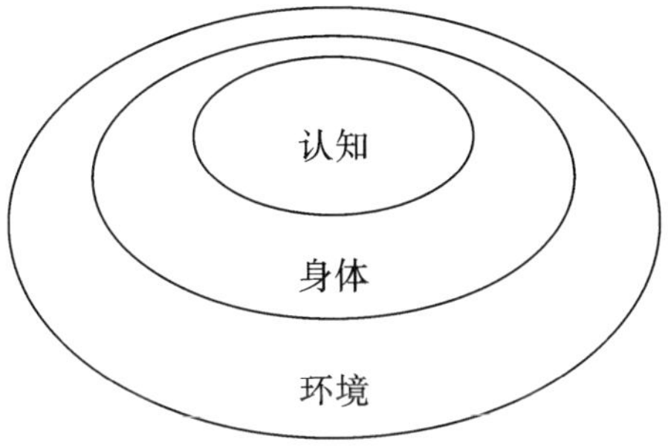

图 7-1　认知、身体与环境的嵌套关系

英国认知科学哲学家马克·罗兰兹(Mark Rowlands)认为,认知涵盖了外在环境辅助加工和内在个体主动加工的混合过程。外在加工过程主要依靠环境构成要素中的资源技术环境的显性支持,如抽象的概念和规则、可视化处理的技术应用、分步骤呈现的高难度技能等。而内在的认知加工过程则需要外在环境各要素的隐形支撑,如学习者的认知特征、学习经验和认知风格等。因此,具身学习环境通过整合外在环境的显性支持和内在个体的隐性支撑,促进学习者在认知加工过程中的身心融合和主客一体的体验,从而提供更有效的学习体验和知识构建。① 这种环境包括了学习者的身体参与和感知,利用身体感官(比如触觉、视觉、听觉)来丰富学习过程,通过将学习者的身体感知和动作纳入学习过程,从而促进更深层次的学习和理解。

研究者们还进一步探讨了具身学习环境中各要素的作用和关系。例如,李志河等认为,在具身认知学习环境系统中,社会文化环境会形塑学习者的认知模式,不同的文化背景会导致不同的认知方式;资源支持环境为学习者提供所需的物质与信息资源,满足具身互动的需要;情感心理环境关注学习者的情感体验,创设情境化的语境,产生正向情感,增强学习体验;行为化设计的学习环境,可以支持学习者利用身体进行探索、表达和创造,实现主动参与,而这些要素的整合,促进构建支持具身认知的学习环境,使学习者在情境中充分体验、增强知识内化和迁移。②

二、基于具身认知的学习环境的实现

(一)具身技术

具身技术是一种让智能系统拥有物理身体和感知行动能力的技术,它可以让智能系

① 柴阳丽,陈向东.面向具身认知的学习环境研究综述[J].电化教育研究,2017,38(9):71-77,101.

② 李志河,李鹏媛,周娜娜,等.具身认知学习环境设计:特征、要素、应用及发展趋势[J].远程教育杂志,2018,36(5):81-90.

统与环境进行交互和学习，从而实现更高层次的智能和认知。美国哲学家唐·伊德（Don Ihde）结合多名专家学者的观点，对“技术具身”进行了大量探索，其理论具有一定借鉴意义。德国哲学家马丁·海德格尔（Martin Heidegger）、法国著名哲学家莫里斯·梅洛-庞蒂等的相关理论，提出了人与技术之间的四种关系，即具身关系、诠释关系、他异关系、背景关系。① 在具身关系中，人与具身技术融为一体，通过技术的介入，身体各感官的体验和对知识信息的感知会发生或多或少的变化。

技术与具身紧密相连，在具身学习中起着重要的中介性作用。在具身认知学习环境中，技术的具身有多种形式。根据技术与身体部位的嵌入点不同，可以将具身技术分为四种：①内嵌在体内；②位于身体附近；③依附在身体某部位；④位于体外。② 具体如表7-1所示。

表7-1　具身技术的分类及特点

交互点	特点	具身技术
内嵌在体内	固定的，可植入的	纳米技术、连接器、微刺激等
位于身体附近	将人的身体作为转换的媒介，邻近交互的技术主要在于存储、传输信息	无接触交互、跟踪定位技术、虚拟游戏、体感技术、投影、虚拟物呈现技术、3D眼镜、数据手套等
依附在身体某部位	可随时佩戴与拆卸	3D眼镜、数据手套、运动手环、助听器等
位于体外	日常生活中常见的	全方位转向摄像头、电子触摸屏、虚拟游戏等

（二）具身认知学习环境构建的相关技术

智能时代赋予了具身认知学习环境新的内涵，大数据、深度学习技术为开展具身认知学习提供了新的动能。在智能时代，具身认知学习环境的构建中，不仅需要关注传统的学科知识传递，还需要整合先进的技术，以满足学习者在认知、技能和情感方面的多层次需求。

在此背景下，具身认知技术作为助学者角色支持学习者的学习，不断支持学习者获取丰富、适切的外界信息，将建构的内在信息外显化，实现更为动态化的双向交互。依托多样化的智能技术，学习者可以切身体验外在的信息，从而实现对抽象知识的具体化建

① 唐·伊德. 技术与生活世界：从伊甸园到尘世[M]. 韩连庆，译. 北京：北京大学出版社，2012：98.

② 李志河，李鹏媛，周娜娜，等. 具身认知学习环境设计：特征、要素、应用及发展趋势[J]. 远程教育杂志，2018，36(5)：81-90.

构,生成深层次的认知结构。结合人工智能和大数据分析,可以实现个性化学习体验,促进学习者的自主学习。

此外,智能时代的发展和具身技术影响的扩大,促使设计者们引入了图像识别、文本分析和眼动追踪等新技术来构建具身认知学习环境,以提高学生的身体参与度。[①] 教师可以通过学生的面部神态、音调和眼动情况及时掌握学生的真实学习状态和情感,从而及时发现并解决问题。其中,人脸表情识别等技术可以判断学生的课堂行为状态和面部情绪变化,将学生的真实学情反馈给教师,协助教师进行更精准、多元的诊断。当学生学习语文拼音时,教师可以利用语音识别技术来判断学生的读音音调是否准确,并进行纠正[②]。教师还可以借助情感计算技术分析学生学习过程中的情绪波动和专注程度,并及时提醒。此外,引入机器人作为学生的智能学习伙伴或智能导师,可以缓解学生在合作学习过程中的情感焦虑,并帮助教师了解每位学生的学习状态并实时调整学习方式。例如,在法国的课堂教学中,教师可以使用小型机器人来辅助学生学习拼音等。此外,数据伦理教育、跨学科整合、可访问性和包容性以及游戏化元素的应用等,共同构建了具身认知的学习环境,满足学习者在智能时代的多层次需求。

当前,未来教室的发展受到了愈加广泛的关注。已有诸多研究在探索设计"未来教室",例如苹果公司的"明日教室"、加拿大麦吉尔大学的智能教室、塞格德大学由微软资助的未来课堂项目等。国内比较有代表性的是清华大学的"智能教室"、华东师范大学的"未来课堂"等。这种类型的教室设计采用了先进的传感技术,允许环境感知学生的存在、位置以及其所在环境的状态。结合通信技术,这种教室环境不仅能够识别学生位置,还可以提供个性化的学习内容和交互。人工智能技术的应用进一步赋予智慧教室更强大的适应性和智能性,帮助教师能够实时调整教学内容和形式,以更好地迎合学生的需求和学习习惯。通过这些创新的技术和设计,智慧教室成为一个互动性强、个性化教学特点鲜明的学习空间。[③]

(三)具身认知学习环境的构建原则

构建具身认知学习环境是推动学习者全身心参与课堂学习,促进有意义学习的关键。为构建这样一种学习环境,需要深入了解和融入学习者的个体差异、认知特点、心理需求和文化背景。此外,具身认知学习环境的搭建也需结合课程目标和教学内容设计,将具身认知与实际学科内容相结合,使学习环境的构建不仅关注认知学习环境的实体,

---

① 杨南昌,刘晓艳.具身学习设计:教学设计研究新取向[J].电化教育研究,2014,35(7):24-29,65.

② Benitti F B V. Exploring the educational potential of robotics in schools: A systematic review[J]. Computers & Education,2012,58(3):978-988.

③ 张洁.基于境脉感知的泛在学习环境模型构建[J].中国电化教育,2010,(2):16-20.

更要考虑如何将知识理念与技术应用相融合。因此,可以参考如下原则构建具身认知学习环境。

1.促进身体感官与环境更为多样的交互

具身认知视角下,学习者的认知来源于从具体体验中产生的不同类型的经验。学习者利用身体与环境交互,实现对此类经验有意义地构建。普赖斯(Price S)等人归纳了人与技术的交互类型,包括泛在交互、临近交互、可佩戴交互、感知特定的交互、可植入交互和多模态交互。① 随着智能技术的快速发展和广泛应用,具身学习空间的概念逐渐得到了进一步的拓展和丰富。在这一背景下,出现了三种主要类型的具身学习空间:首先,基于移动技术和传感技术的具身学习空间将身体活动与抽象概念相连接,通过物理空间的实际动作和体验来促进学习过程中的认知建构;其次,强调沉浸感的具身学习空间致力于提供与物理世界相似的感知觉体验,通过虚拟空间中的身临其境的体验来增强学习者的参与感和学习效果;最后,虚拟/现实混合空间则在虚拟空间和现实空间之间进行交互体验,为学习者提供更加丰富和多样化的学习体验。

这三种具身学习空间的出现,为学习环境的设计和实施提供了更加多元化的选择和可能性。通过结合移动技术、传感技术、虚拟现实技术等先进技术手段,教育者可以为学习者创造更加丰富、生动和具体的学习体验,从而促进认知过程的深化和知识的内化。同时,这些具身学习空间的设计也将为学习者提供更为个性化和灵活的学习路径,有助于激发学习者的学习动机和兴趣,提高学习的效果和质量。随着具身学习空间的不断演进和丰富,教育者将有更多的机会和挑战来设计和实施更加创新和有效的学习环境,为学习者提供更为丰富和多样化的学习体验,从而推动教育的不断发展和进步。具身认知学习环境需为学习者提供外在条件,使他们能够产生对事物的具体经验,并能够将身体各感官全面融入其中。美国当代著名的技术哲学家唐·伊德曾以透过玻璃窗看外部世界为例,指出"我与世界"的关系实际上是"我通过窗户看世界"。由于媒介是透明的,具身的视觉和肉眼的视觉几乎一致,用德国哲学家马丁·海德格尔(Martin Heidegger)的术语来说,玻璃从视觉的既定目标中"抽身而去",使玻璃正如眼镜一样融入观看中。②

在学习过程中,学习者的各感官在知识的理解、迁移和应用中扮演着至关重要的角色。身体感官的信号对于知识的深入吸收和加深理解起着关键作用。当学习者的感官信息被激活并输入大脑的工作记忆中时,有助于加强对知识的记忆和掌握。因此,采用虚拟现实等技术以及提供丰富的视听觉材料能够全面刺激学习者的各种感官,使他们沉

---

① Price S, Roussos G, Falco T P, et al. Technology and embodiment: relationships and implications for knowledge, creativity and communication[J]. Beyond current horizons, 2009, 01(1): 1-22.

② Dempsey L P, Shani I. Stressing the flesh: in defense of strong embodied cognition[J]. Philosophy and Phenomenological Research, 2013, 86(3): 590-617.

浸在一个多感官的学习环境中。这种身临其境的学习体验有助于激发学习者的深入思考和探索，从而推动知识的深刻理解和应用。

2. 促使学生用身体动作将自己的思维模式外显化

学生思维的外显化涵盖了以下几个重要层面。首先，通过技术手段以显性的方式呈现教学材料，可以有效地增强学生对知识的感知与触觉体验。这种方式弥补了传统离身教学方法的不足，使学生能够更深入地理解和体验所学的内容。其次，学生利用具身技术以显性化的方式表达和阐释自己的理解、思维和推理过程，从而让他人更容易理解他们解决问题的思路。通过显性化，学生的思维过程更加清晰明了，方便教师和同伴对其思考方式和问题解决途径有更深入的了解。实现思维的显性化，需要根据不同的学科和课程内容选择合适的工具和具身技术。这可能包括利用数字化的教学资源，虚拟实验室，互动式学习软件等，以直观的方式呈现抽象的概念和内容。同时，学生也可以通过多媒体展示、数字化作品或模型等方式，展示他们的学习成果，并清晰表达其思考过程。这种显性化方法不仅有助于加强学习者对学习材料的理解和实践，还能促进学生间的交流和协作，推动更深入、更广泛的学习和思考。

具身认知学习环境的设计和实现需要考虑到多个方面的因素，包括学习者认知和情感状态、学习共同体、物理环境和学习资料等。其中，学习氛围和学生情绪是影响学习者认知和情感状态的重要因素，需要得到特别关注。在具身认知学习环境中，我们需要通过合理的设计和实现，为学习者营造良好的学习氛围，包括提供舒适的学习环境、合理的学习任务和挑战，以及积极的学习反馈等。同时，我们也需要关注学生情绪的变化，及时调整学习环境和学习任务，以保证学习者的情感状态处于积极的状态。只有在充分理解和应用这些因素的基础上，我们才能够为学习者提供具有高度适应性和灵活性的学习环境，从而促进学习者的学习。

3. 满足教学活动的动态生成

具身认知理论强调了学习和教学的具身性，即教师、学生和学习环境之间相互影响的重要性。在传统的离身学习环境中，教师通常按照预先准备的教案或电子课件进行知识传授，学生的学习过程相对被动，教学流程和课件内容都是固定不变的。然而，在具身认知学习环境中，教师将采用更多的教学方法来引导学生学习，学生也能够充分利用具身认知学习环境的优势，采用更多样化的学习方法。在这种环境下，教学不再局限于单一的“教法”，而更加注重以学生为中心的理念。

具身认知学习环境的优势在于它能够更好地促进教师和学生之间的互动和合作，以及提供更多元化的学习体验。教师可以根据学生的不同需求和学习风格，选择更加灵活多样的教学方法，如小组讨论、问题解决、案例分析等，从而更好地激发学生的学习兴趣和参与度。而学生则能够通过具身认知学习环境获得更多元化的学习体验，例如通过虚拟实验、模拟情境等方式,更好地理解和应用所学知识。具身认知学习环境的引入为教学带来了更多的可能性和灵活性,有助于打破传统教学的局限性,更好地满足学生个性化学习的需求,促进学生的全面发展和学习效果的提升。在具身认知学习环境构建中,要综合考虑学习者特点和变化,以促进学生对知识的认知和建构。

学习链接

1. 请阅读以下材料,了解典型的具身认知学习环境,并思考具身认知学习环境的相关内容对我们设计与优化学习环境有何借鉴。

(1)国外典型的具身学习环境——感觉增强的学习环境。感觉增强的学习环境的设计目的在于利用身体感知器官、肢体动作和运动来加深对信息的理解和意义的感知。这类环境的优势在于拓展了学习者的感知通道,通过提供触觉和动作反馈,进一步丰富了学习体验。这样的感知方式能够使学习者更加主动地参与到学习过程中,从而更深入地理解学习对象和其在环境中的关系。这种增强的感知有助于将知识的理解更牢固地嵌入学习者的大脑中,增进对学习内容的综合理解和应用。

在感觉增强的学习环境中,可以采用多种策略来整合多感官刺激,为学习者提供更全面、深刻的学习体验。例如,通过整合视觉、听觉、触觉、嗅觉等感官刺激,使用多媒体、实物展示和音频效果等方式,创造出更为丰富的学习内容;利用虚拟现实(VR)技术,让学习者仿佛置身于真实场景,通过虚拟实验室、虚拟旅行等方式进行实践,深化学习者对抽象概念的理解;利用增强现实(AR)技术,将虚拟信息叠加在真实世界中,丰富学习场景,为学习者提供更为直观的学习体验;在学习环境中引入如触摸屏、手势控制、虚拟实验的操控等交互式元素,提高学习者的参与度等。此外,采用游戏化设计通过奖励系统、任务设定等方式有利于增强学习者的学习动机,提供更具有挑战性和趣味性的学习体验。这一系列策略共同构建了一个感觉增强的学习环境,旨在激发学习者的兴趣、提高学习效果,并提供更丰富的学习体验。

(2)国外典型的具身学习环境——身体参与运动的环境。

1)亚利桑那州立大学建立的多媒体情境艺术学习实验室(situated multimedia art learning lab,简称 SMAL Lab)是一个集视听动感于一体的教育环境。SMAL Lab 利用计算机网络、物联网和红外传感技术,将实体教室和虚拟空间相结合,使学习者的位置和动作信息等被运动捕捉系统和投影等工具传输给计算机。而且,学习者可以通过肢体动作与投射出的虚拟物体互动，感受和学习相关主题的知识和原理，而无须实际触碰物体或地面。①

2）具有人性化形象的代理也能增强学习者的感知体验，激励他们主动探究知识，从而提升理解力和学习效果。例如，EPAs（embodied pedagogical agents）是具有并能够通过多种方式的体验和身体姿势引出用户某些情感的情绪教学代理。EPAs 提供的社会线索可以促进学习者与计算机交互，增加学习者学习动机，改善学习情绪，促进互动学习。

2. 请查阅相关资料，了解学习环境与技术的相关研究进展及存在的问题。以下是可供参考的部分文献举例。

（1）钟柏昌，刘晓凡. 论具身学习环境：本质、构成与交互设计［J］. 开放教育研究，2022，28（5）：56-67.

——这篇论文探讨了认知理论的嬗变、具身学习环境的特质，以及具身学习环境的设计策略等内容。

（2）黄荣怀，杨俊锋，胡永斌. 从数字学习环境到智慧学习环境：学习环境的变革与趋势［J］. 开放教育研究，2012，18（1）：75-84.

——这篇论文提出了智慧学习环境的概念，分析了普通学习环境与智慧学习环境的差异，提出了智慧学习环境的系统模型，以及分析了智慧学习环境应具有的特征等。

（3）西恩·贝洛克. 具身认知：身体如何影响思维和行为［M］. 李盼，译. 北京：机械工业出版社，2000.

——过去几年中，“具身认知”吸引了大量研究者的关注。这本书运用了大量数据和生活现象，展示了身心如何相互作用的相关知识，让读者更好地了解身体与环境是如何影响思考与行动的。

学习总结

1. “学习环境”被认为是对学生的学习产生场景性和背景性影响的关键因素。

2. 学习环境的构建要以学生为中心、以学生学习活动的开展为中心，支持多个体的实践、协商与意义建构，支持学习者参与真实实践以获得更深入的理解。学习环境中要注重多种资源与工具的结合，以支持多样化的学习互动。

3. 学习环境的特征包括：以学习者为中心、以问题为导向、以技术为支撑、以社会为背景。

4. 如果结合社会发展的时代特征，学习环境的发展变化包括：原始社会的学习环境、

---

① Skulmowski A, Pradel S, Kühnert T, et al. Embodied learning using a tangible user interface: The effects of haptic perception and selective pointing on a spatial learning task［J］. Computers & Education, 2016, 92-93（Jan./Feb.）: 64-75.

古代社会的学习环境、现代社会的学习环境。

5. 根据不同的分类依据，可以对学习环境进行不同的分类。其中，从宏观和微观视角对学习环境进行分类，可以将其分为广义的学习环境与狭义的学习环境。按照上课时所处的环境进行分类，可以将学习环境分为课内和课外学习环境。按照学习环境中的主客体关系，可以将学习环境划分为校园学习环境、自然学习环境、社会学习环境和虚拟学习环境等。按照影响学习的因素进行分类，将学习环境分为物理环境、资源环境、心理环境和文化环境等。

6. 学习环境的构成要素多种多样，这使得学习环境的形式也变得多种多样。

7. 学习环境相关的理论有情境认知理论、分布式理论以及活动理论等。

8. 构建学习环境时，可以关注以下要点：明确学习目标、了解受众、确定学科和教学方法、整合技术和资源、创造互动机会，以及设立反馈和评价机制等。

9. 具身认知强调身体与思维、感知、情感等认知过程之间存在密切的关联。基于具身认知的学习环境被称为具身学习环境。

10. 具身学习环境强调学习者的身体感知、情感和行动的整合，促进学习者的主动、深层和创新学习。

11. 构建具身学习环境，可以参考如下原则：促进身体感官与环境更为多样的交互、促使学生用身体动作将自己的思维模式外显化，以及满足教学活动的动态生成。

学习评价

1. 如何理解学习环境的含义？它在教育教学中的地位和作用如何？

2. 学习环境有哪些分类呢？

3. 自古希腊以来，学习空间不断发展变化，这些变化有什么共同之处？它们为我们的教学带来了哪些启示？

4. 身体在教育中是如何逐渐受到重视的？

5. 什么是具身认知？具身学习环境主要由哪几部分组成？

6. 具身认知学习环境如何构建？

7. 请查阅国内外还有哪些关于具身学习环境的最新技术研究成果，并与同伴交流、分享。

8. 与学习环境相关的理论有哪些？如何应用这些理论来设计与优化学习环境呢？

9. 请查阅有关资料，分析下智慧教室与传统教室相比，有哪些优势与不足？

第八章 学习评价

学习导入

在学习中，教师常常会通过测验、考试等形式对学生的学习情况进行评价，而学生也会对自己的学习情况进行阶段性总结。在生活中，我们处处可以听到“评价”一词。可以说，“评价”与我们的学习和生活息息相关。那么，学习评价是什么呢？在我们的学习中发挥了哪些功能呢？我们又该如何科学地开展学习评价呢？通过本章的学习，我们会对以上问题有更深入的认知。

内容简介

本章聚焦“学习评价”，主要包括以下方面的内容：一是学习评价的概述，具体包括了学习评价的概念、历史发展等内容，以促进学习者对学习评价形成初步认知，知道“学习评价”是什么；二是学习评价的功能和分类的相关内容，此部分内容针对不同分类依据下的学习评价还进行了进一步的介绍，以加深学习者对学习评价的理解，并为合理开展学习评价提供基本依据和参考；三是学习评价的方法与技术，此部分内容具体包括了评价量规、档案袋评价、概念图、知识地图、基于 VR 与 AR 技术的学习评价以及多模态数据支持的学习评价等，为开展学习评价提供方法与技术参考。

学习目标

1. 掌握学习评价的概念。
2. 了解学习评价的历史发展。
3. 熟悉学习评价的功能。
4. 掌握学习评价的分类。
5. 了解常用的学习评价的方法与技术。
6. 能根据评价需要灵活选择适宜的学习评价方法。
7. 养成善于思考、勤于钻研的学习态度。

第一节　学习评价概述

一、测试、测量与评价

测试、测量和评价是三个不同的概念，虽然它们在某些方面有相似之处，但它们的内涵有所不同。因此，有必要在介绍学习评价之前，对三者的概念进行辨析。

（一）测试

测试是一种特殊测量技术，目的是获取量化的信息，该信息反映应试者所掌握的某一方面的知识或能力的程度。通常，测试可以用来评价一个系统、产品或服务的性能和功能，旨在发现潜在问题，进而确保系统、产品或服务能够按预期运行。在软件开发中，测试是非常重要的一部分，它能够确保软件的可靠性和稳定性。在教育中，测试通常被用来评价学生在某个学科中所学习的知识和技能。同时，教师也能通过测试来评价学生的进展，并根据学生的需求调整教学方法。

（二）测量

测量是使用特定的工具或方法，对观察到的对象或现象进行量化的描述。测量涉及各个领域，如物理、化学、生物、经济等领域。测量可以是对身高、体重等数据进行直接测量，也可以是通过问卷调查等方式获得的反馈数据进行间接测量。它可以帮助我们了解事物的真实状态和性能，为决策提供依据。在教育领域，测量是使用测量手段对教育活动进行定量测定，可以被应用于与教育活动相关的背景、内容、过程和结果等方面。①

（三）评价

评价是指根据一定的标准和方法，对一个对象、现象或事件进行价值判断。通过评价，可以确定对象、现象或事件的价值、意义、优缺点等，以便做出决策或提供反馈。评价可以涉及各个领域，如教育、医疗、经济、社会等。在教育领域中，评价的目的不仅是为了检查学习者的知识，更是为了更好地支持学习者的学习。

在教育领域，与评价相关的概念较多，具体包括了教育评价、学校评价、教学评价、课程评价以及学习评价等。其中，教育评价是一种人类发现教育价值，并揭示教育价值的教育活动。② 20 世纪 30 年代，美国教育家拉尔夫 · W. 泰勒（Ralph W. Tyler）于《史密斯

---

① 邱均平，王碧云，汤建民. 教育评价学 理论 · 方法 · 实践[M]. 北京：科学出版社，2016：13.

② 刘尧. 论教育评价的科学性与科学化问题［J］. 教育研究，2001(6)：22-26.

泰勒报告》中,首次提出并使用"教育评价"这一概念。[①] 他认为评价应该被用于确定课程和教学大纲实际达到教育目标的程度,评价是为了更好地达到教育目标。随后,美国教育评价家斯塔弗尔比姆(Stufflebeam)在其CIPP评价模式中加入了过程评价这一要素,认为在评价过程中应关注评价对象之间的充分交流,为教育评价增添了人文主义色彩。教育评价包括了学校评价、教学评价、课程评价以及学习评价。

总之,测试、测量和评价是三个不同的概念,它们的内涵有所不同。测试主要是为了发现潜在的问题和缺陷,测量是获取客观的数据和指标,而评价主要是为了判断对象的价值和优缺点。但不同概念间也有一定的关联。邱均平等学者认为教育测量和教育评价关联紧密,一方面,教育测量是通过对学生的知识掌握、智能发展、思想品德变化、体质状况等方面的测定,为教育评价提供依据;另一方面,教育测量的结果只有通过教育评价才能获得实际意义,为决策者提供具有参考价值的信息。[②]

二、学习评价的历史发展

随着时代的不断变化,学习评价的内容、呈现方式、评价手段等也会因此产生相应的变化,这也让学习评价越来越符合实际需要。在整个发展过程中,教育评价专家提出了多种评价方式。

我国古代即有学习评价的思想。古代中国夏商时期的学习评价主要是对学习结果的评价,比如,"以射取士"是那一时期以学习评价甄选人才的典型现实应用。西周时期则初步建立了教学考评制度,这一时期的学习评价主要是以定性描述为主。直到隋唐时期,科举考试的出现极大地改变了前述的学习评价方式,科举考试制度渐趋成熟,这一制度使得人才的选拔流程更加严谨。[③] 我国最早采用百分制始于清朝。1902年清政府颁布的《钦定学堂章程》提出:"评定分数以百分为满格,通过各科平均计算,每科得60分者为及格。"时至今日,"分数"在国内学习评价中仍占据重要地位。

关于教育评价的理论发展,国外学者库巴和林肯在其所著《第四代评价》(*Fourth Generation Evaluation*)一书中,从测量时代、描述时代、判断时代以及建构时代等四个方面对教育评价的发展展开了系统的阐述。[④]

---

① Tyler, Ralph W. Changing concepts of educational evaluation[J]. International Journal of Educational Research, 1986, 10(1): 1-113.

② 邱均平,王碧云,汤建民. 教育评价学 理论·方法·实践[M]. 北京:科学出版社,2016:14.

③ 赵晋,王婷婷,张建军. 我国学习评价体系变迁及其驱动要素分析[J]. 中国考试,2021(9):23-31.

④ 卢立涛. 测量、描述、判断与建构:四代教育评价理论述评[J]. 教育测量与评价(理论版),2009(3):4-7,17.

（一）测量时代

19 世纪末至20 世纪30 年代期间的评价以测量和测验为主，主要标志就是测量理论的形成和测量技术和手段的使用。在这一时期，教育领域越来越多的专家关注测验测量，编制了大量的标准化测验，进而发展出了除学业测验之外的针对学习者学习的不同方面的测验，比如专家们对学习者的智力、人格等方面设计测验并评价。1904 年，桑代克出版了《心理与社会测量导论》一书，他在书中详尽地梳理了统计方法在测量中的应用，并且在书中也呈现出了关于编制测验的基本原理，使得教育测量的方式变得更为客观，也为教育测量提供了依据标准，自此，统计和测量技术开始运用于学习评价领域，但也使人们简单地把评价等同于测量。① 1923 年，美国的第一个标准化成绩测验——《斯坦福成绩测验》的出现使得评价变得更为正规。

在这一时期，相比于传统的考试，国外的学习评价——测验，则具有较高的科学性。评价的目标主要是选拔人才，但人们仍将测量、测验与评价放在同一层面。国内的学习评价开始将量化分数作为评价的方式，其目的是让学习者获得更高的分数。但这种评价方法过度量化，使得评价标准片面化。②

（二）描述时代

20 世纪30 年代至50 年代期间，泰勒评价模式的形成及应用在学习评价领域是一个重要里程碑。在这一时期，学习评价主要是定性地描述学习者的“测验结果”，以判断实际的教育活动是否达到了预期的教育目标。1933—1940 年，美国进步主义教育协会领导的课程改革委员会，对30 所高中学生的中学阶段和大学的学习分别进行了4 年的学习追踪，制订“8 年研究”计划，课程与评价专家拉尔夫·泰勒担任评价小组的组长。在此期间，“教育评价”这一概念首次被其提出，他指出评价的目的是更好地达到教育目标的评价，逐步形成了教育评价“泰勒模式”。③ 在这一理念的影响下，评价方式也逐渐由测量转变到对“测验结果”的描述。主要是描述教育活动结果和教育目标的一致性。因此，这一时代也被称为是“描述时代”。

此期的学习评价的特点可以总结为两点：①学习评价相比之前更为客观，其目的是达到对学习者的全面评价；②重视学习目标实现情况、采用量化和描述相结合的评价方法及评价标准多样化。④

① 孙晓雯，郭海荣. 国内外学业成绩评价制度简述[J]. 教学与管理，2001(9)：43-45.

② 古贝，林肯. 第四代评估[M]. 秦霖，蒋燕玲，等译. 北京：中国人民大学出版社，2008：1-2.

③ 董奇，赵德成. 发展性教育评价的理论与实践[J]. 中国教育学刊，2003(8)：22-25，49.

④ 卢立涛. 测量、描述、判断与建构：四代教育评价理论述评[J]. 教育测量与评价(理论版)，2009(3)：4-7，17.

（三）判断时代

1957 年苏联卫星发射成功后，美国发动了教育改革，这一事件成为判断时代的开端。20 世纪 50 年代末至 70 年代末，这期间的评价发生了更高的跃迁，在描述的基础之上进一步对学习者进行“价值判断”。在这一时期，人们发现了泰勒评价模式并不是完美的，并对这一模式提出了质疑，发现泰勒评价模式中对于教育目标本身，无法保证其合理性和可行性；而且，泰勒评价模式中对于非预期和难以行为化的目标的评价是有所缺失的。因此，斯塔弗尔比姆于 1966 年提出了包括背景评价（context）、输入评价（input）、过程评价（process）、成果评价（product）等四个评价的 CIPP 评价模式。他认为教育评价不应以检验教育目标的达成程度为唯一宗旨，而应通过评价改进教育工作，以提升教育质量为最终目标。① 1975 年，Beeby 强调评价要对学习活动的价值做出判断，这也是学习评价的本质之所在。②

总体来看，在这一时期，评价者不仅要收集资料，开展描述，还需要根据一定的判断标准与目标进行价值判断。因此，这一时代也被称为“判断时代”。

（四）建构时代

自 20 世纪 80 年代以来，评价的一个明显的特点就是“共同建构”。卡尔-波瑞特和马琳·斯卡德玛利亚一起提出了知识建构理论。该理论关注知识生成的创新性与应用性，强调以学生观点为中心，注重引导学生深层次建构知识。③ 此后教育研究者们开始注重学习者的主体性，以学习者为中心，评价领域也因此发生了转变，“共同建构”“全面参与”“价值多元化”“建构主义评价法”等评价思想和方法层出不穷，“学习评价”也作为一个明确的术语被提出。④

在这一时期，评价关注“共同建构”，因此这一时期也被称为“建构时代”。

三、学习评价的含义

学习评价是围绕学习者所开展的评价。针对学习者学习的评价古已有之。比如，我国古代的学习评价的形式主要以书面考试为主。当前，诸多研究者围绕学习评价开展了研究与实践，形成了对于学习评价的多样化认知。比如，胡中锋认为，学习评价指评价者

① 任玉丹. 铸牢中华民族共同体意识教育成效评价指标体系构建研究：基于 CIPP 模式和知信行理论[J]. 西南民族大学学报（人文社会科学版），2022，43（2）：209-218.

② 王琰春. 西方教育评价观的演进及对我国的启示[J]. 教育与现代化，2003（01）：74-78.

③ 柴少明. 知识建构引领教育创新：理论、实践与挑战：访国际知名学习科学专家波瑞特教授和斯卡德玛利亚教授[J]. 开放教育研究，2017，23（4）：4-11.

④ 王中男. 学习评价：评价领域的哥白尼式转向[J]. 教育理论与实践，2013，33（34）：56-60.

根据一定的价值标准对学生的学习成就、个性发展及品德状况等方面进行价值判断，进而将价值判断结果应用于改进教学过程，是对学生学习进展与变化的评价①。赵晋等学者认为，学习评价不仅是在学习目标的基础上对学习效果的价值判断，也是对学生学习进展的反馈。② 崔允漷认为，学习评价是一种针对学习行为和学习质量的价值判断。③ 魏善春则基于怀特海过程哲学的相关思想，将学习评价理解为一种以促进教师教学反思、提升学生学力，以及促进学生成为独立自主的学习者为目的的文化实践。④

虽然不同学者对于学习评价的概念理解不全相同，但是至少在以下方面形成了一些共识：一是学习评价的焦点在于学习者的学习过程或学习成果；二是可以认为学习评价是一种价值判断的过程；三是学习评价需要采用科学有效的评价技术和方法；四是开展学习评价，不仅是为了衡量学习者的学习效果与预设目标之间的差距，更重要的是促进学习者的发展和改进。

结合已有研究成果，本书将“学习评价”理解为一个对学习过程或学习成果的价值做出判断的过程。学习评价既关注学习者对知识与技能的理解与掌握，又关注学习者情感和态度的形成与发展；既关注学习者学习的结果，更关注学习者在学习过程中的动态和发展；不仅涉及对学习成果的定量评价，还包含对学习态度、方法、过程等的定性评价。

学习评价与价值判断

从已有学习评价的相关研究中，多数研究者认为学习评价是一种价值判断。那么，什么是价值判断呢？

在评价过程中，我们首先需要对事实做出判断，即客观地描述事物的现状、属性和规律。事实判断需要具备客观性，即真实地反映事物的实际情况。与事实判断不同，价值判断不仅仅由客体决定，而且要考虑事物的价值、重要性以及好坏等主观因素，而这些因素可能受到个人的观点、价值观和经验等的影响。不同主体由于其需求和期望不同，对于同一活动可能会产生不同的价值判断。价值判断是在对事实进行描述的基础上，根据评价者的需求和愿望对客观事物进行评价和判断。⑤ 这意味着，对于同一活动，不同的人可能会根据他们的价值观、经验、文化背景等因素做出不同的价值判断。

---

① 胡中锋. 教育评价学[M]. 北京：中国人民大学出版社，2008：241-242.

② 赵晋，王婷婷，张建军. 我国学习评价体系变迁及其驱动要素分析[J]. 中国考试，2021(9)：23-31.

③ 崔允漷. 试论新课标对学习评价目标与路径的建构[J]. 中国教育学刊，2022(7)：65-70，78.

④ 魏善春. 学习评价的过程性阐释[J]. 现代教育管理，2021(3)：68-75.

⑤ 孙承毅，娄立志. 试论教育价值判断的合理性标准[J]. 教育理论与实践，2004(7)：15-18.

四、学习评价的要素

结合上述内容，学习评价包含以下要素。

（一）评价对象

学习评价的评价对象是指学习评价的作用对象。结合上述内容，学习评价涵盖学习者的学习过程、学习成果等多个方面。

（二）评价目的

评价目的是希望通过评价达到的目的。多数学者对学习评价目的的认识都指向了促进学习。例如，王泽钰等认为，评价的目的在于调节学习者的学习行为，以促进学习者的学习行为发生转变。① 陈明选等认为，评价的最终目的是促进学生发展，以评价促进学习。② 日本教育学者梶田叡一认为，“学习评价的目的在于改进教育实践，而这种实践是旨在‘支援学习’的”。③

（三）评价主体

不同类型评价的主体不同。例如，诊断性学习评价的评价主体可以是教师、学生、家长；选拔性考试（如中考、高考）的评价主体一般是国家教育行政部门或招生学校。④ 学习评价的主体可以是多元的，比如学习评价主体可以包括教师、教学专家、学习者本人、同伴、家长、社区、企业，以及与学习相关的部门等。而不同主体的评价应该是相互关注与彼此参照的，以便从多种评价视角对评价对象进行了解。⑤

（四）评价过程

评价过程是指开展评价的操作流程，具体包括确定评价对象、明确评价目标、选择评价方法与技术、实施评价、分析评价结果，以及反馈评价结果等。评价应在不同评价主体之间形成共识的基础之上开展。

（五）评价方法与技术

评价方法和技术是在开展评价中所采用的评价手段，包括评价量规、档案袋评价、概念图、知识地图等，这部分内容在后续的第三节中有详细介绍。当前，数字技术的不断发

---

① 王泽钰，杨晓宏．简论数字化学习中的学习评价［J］．中国电化教育，2003(4)：31-33.

② 陈明选，邓喆．教育信息化进程中学习评价的转型：基于理解的视角［J］．电化教育研究，2015，36(10)：12-19.

③ 钟启泉．学习评价的模式与方法：日本教育学者梶田叡一教授访谈［J］．全球教育展望，2007(8)：8-12.

④ 崔允漷．试论新课标对学习评价目标与路径的建构［J］．中国教育学刊，2022(7)：65-70，78.

⑤ 魏善春．学习评价的过程性阐释［J］．现代教育管理，2021(3)：68-75.

展与更新，也为学习评价方法与技术的更新提供了支持。

（六）评价结果与反馈

评价结果与反馈是指评价主体所获得的对被评价者学习过程或学习成果的价值判断。要将评价结果及时、有效地反馈给教师和学生，帮助教师和学生了解自己的教学和学习状况，从而更好地调整教学方法和学习策略。

表现性评价

20世纪80年代，以建构主义学习理论为基础的表现性评价在美国开始兴起。随后，欧洲相继掀起表现性评价的研究热潮，如美国合作教育中心提出了表现性评价质量框架（图8-1）。① 其实，表现性评价并不是一种新型的评价方式。从古至今，人们一直在生活实践中使用表现性评价。比如，苏格拉底的问答法、科举考试中的武试、驾照考试中的路考等。

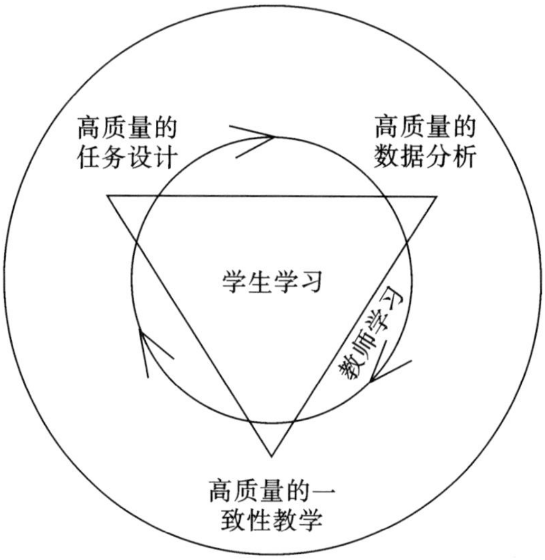

图8-1　表现性评价的质量框架

表现性评价是指通过考察学习者在真实情境，或者模拟真实情境里任务完成过程中的表现，对学习者的问题解决、交流与合作、创造性思维等复杂能力，以及在完成任务中所表现出来的情感意志等进行评价的方法。其基本流程可以分为确定评价的能力、确定表现性任务、确定评分方法等三个步骤。②

① Center for Collaborative Education. Quality Performance Assessment: A Guide for School and District[M]. Boston: Center for Collaborative Education, 2012: 6.

② 王小明. 一种高级学习的评价方法[J]. 全球教育展望. 2003, 32(11): 47-51.

表现性评价再度兴起的原因主要是由于教育界开始重视学习者的全面发展、创新思维和实践能力的培养。同时，表现性评价技术也不断完善和发展，能够更好地适应教育改革的需求。21 世纪 20 年代，一部名为《中国和丹麦中学教育》的纪录片中，研究者就通过表现性评价的方式，考察了两国学生的合作能力、创造性思维。此案例也让观众看到了表现性评价在评价合作能力、创新思维等高阶能力时的优势。

第二节　学习评价的功能与分类

学习评价在学习系统中扮演着重要的反馈调节机制角色。我们必须认识到，学习本身就是一种极其复杂的活动，所以对学习的评价更是千差万别。学习评价不仅有多种功能，而且分类多样，本节我们将介绍学习评价的功能与分类。

一、学习评价的功能

（一）诊断功能

开展学习评价，可以分析学习者的学习效果及其原因，了解教学的各个方面，判断学习效果、学习中存在的矛盾和问题。通过合理的评价，不仅可以描述学习者当前的学习状况，还可以诊断学习中的问题，如学习者的动机、归因和态度问题。学习评价就像医生诊断病情一样，只有经过科学的分析和诊断才能对症下药，制定出有效的治疗方案。

（二）导向功能

学习评价指导现实的学习活动的设计。评价的不同要素对教师、学生改进的方向有着不同程度的影响，评价的标准影响着教师和学生关于教和学的目标定向，评价的内容则影响教师教学活动的设计和学生学习活动的设计。

（三）激励功能

科学、合理的学习评价可以激发学生的积极性，使他们更专注于学习的核心内容。通过评价，学生成绩得到提升和改善，从而得到教师、家长的肯定和鼓励，学生的心理满足感得到极大提升。

（四）调节功能

学习评价的结果映射了学习者学习过程和学习成果的相关信息。及时地对这些信息进行分析和反馈,可以为学习者提供改进学习的依据,帮助学习者对其自身的学习过程进行调控,使其了解自身的学习状况。一方面,通过他人评价的反馈结果,学习者进行改善;另一方面,学习者依据一定的标准对自身进行评价,实现自我调节。

二、学习评价的分类

依照不同的标准,可对学习评价做不同的分类。

(一)根据评价功能的不同进行分类

根据评价功能的不同,可以将学习评价分为诊断性评价(diagnostic evaluation)、形成性评价(formative evaluation)和总结性评价(summative evaluation)。诊断性评价、形成性评价、总结性评价的比较详见表 8-1。

1. 诊断性评价

诊断性评价,也称事前评价,是指评价学生在开始教学活动前的基本知识、技能和体力,以了解他们目前的水平和准备状态,从而决定他们是否具备实现新的教学目标所需的基本条件,并做出相应的教学决策,使教学活动更适合学生的个人需求和背景。在教学中,“诊断”是一个广泛的概念,不仅包括对缺陷和问题的识别,还包括对各种优势和特殊人才的识别。因此,诊断性评价的目的是设计一个满足不同起点和学习风格的学习者需求的课程,并将学习者组织在最合适的学习计划中。

2. 形成性评价

形成性评价是在学习活动中进行的持续评价。它有助于及时了解当前的教学成果和学生的学习进度,以及存在的问题,及时提供反馈并调整教学工作。这种类型的评价经常进行,如单元后的测验、知识点后的问题和练习等。

促进学习的课堂评价

美国评价专家赫里蒂奇指出,可以将形成性评价当作促进学习的课堂评价。促进学习的课堂评价可以理解为,在课堂教学情境中,教师、学生和同伴依据一定的学习标准或学习目标,收集相关证据,对学生的学习过程或学习结果做出描述性或价值性判断。他所提出的学习评价包括 10 个组成要素(图 8-2)。[1]

---

① Haghi S. Assessment of or for learning? Developing a new approach to assessment as a teacher-researcher: a guide for in-service teacher training programmes. [J]. English Language Teacher Education and Development (ELTED), 2015, 17: 5-12.

从一开始就需要根据学生的学习进程确定学习目标，并设立目标达成的标准。然后，进入"反馈循环"，其一，在课堂中借助各种工具、手段，获取有关学生学习的证据，比如教师评价、自我评价、同伴评价等。其二，解释这些学习证据，并依据之前设定的标准，发现差距在哪。其三，将发现的差距反馈给学生，或是对学生的学习需求进行回应。其四，在学生的最近发展区范围内搭建支架，以满足调整后的学习需求，再次进入证据的收集。如此循环，直至最终弥合差距。因此，不难看出，促进学习的课堂评价的一个重要部分就是让学生了解他们作为学习者的进步情况，让他们相信自己是学习者，这样他们才会继续努力。①

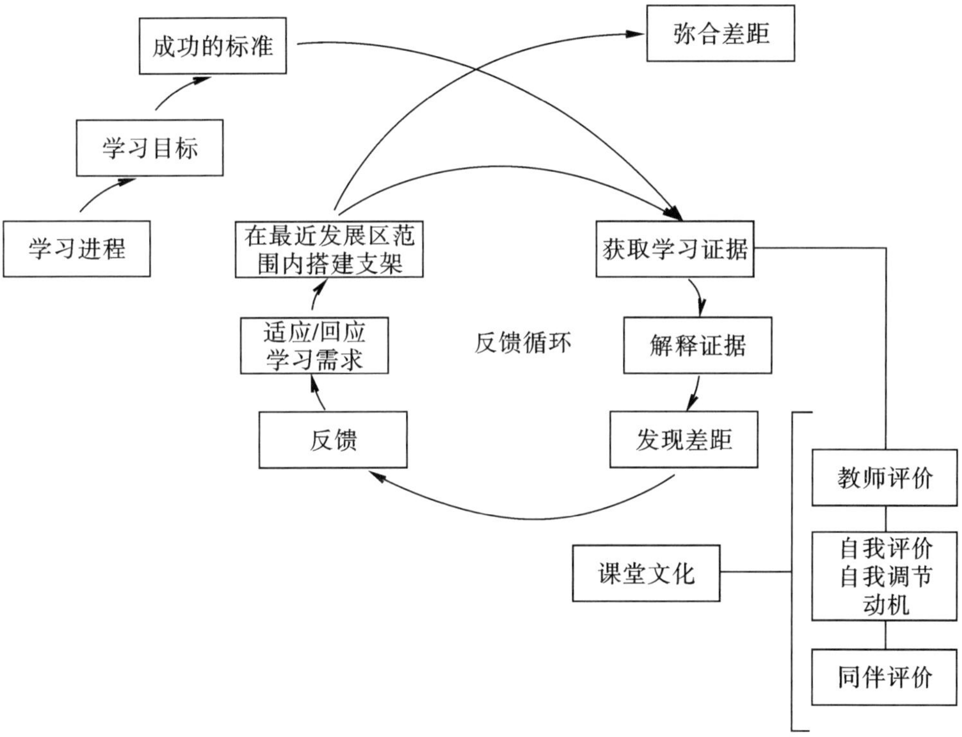

图 8-2　赫里蒂奇提出的学习评价十要素

① 简·查普伊斯，瑞克·斯蒂金斯，史蒂夫·查普伊斯，等. 促进学习的课堂评价：做得对用得好[M]. 2 版. 赵士果，译. 上海：华东师范大学出版社，2021：4-8.

3. 总结性评价

总结性评价,又被称为终结性评价、后置性评价,通常在教学活动结束后,评价最终的学习效果。在学校教学中,一般在期末或学年末对学生的各项课程进行检查和评价就是其典型的应用实例,其主要目的是检查学生的学习成绩是否符合各学科的教学要求。

表 8-1 诊断性、形成性和总结性评价的比较

种类	诊断性评价	形成性评价	总结性评价
主要作用	了解学习者的基础知识、技能和能力水平,为教学活动做好准备	及时了解学生的学习情况,为教学活动和学习活动提供有效反馈	全面评价学生在一段时间内的学习成果和目标达成情况
主要目的	合理安置学生,考虑个性化教学	调整教学方案,改进教学过程	考察学习已达到的水平
评价重点	素质、过程	过程	结果
评价手段	测验、学籍档案和观察记录分析等	经常性检查、作业、日常观察等	考试等
评价内容	先前知识储备和技能掌握情况、学习风格和兴趣、个体差异和需求等	课堂参与表现、作业完成情况、实践操作完成情况等	期末考试、标准化测试等方面的表现
实施时间	课程或学期、学年开始时,教学进程中需要时	课题或单元教学结束后,经常进行	课程或一段教程结束后,一般每学期 1 ~ 2 次

(二)根据评价方法的不同进行分类

按照评价的方法不同,可以将学习评价分为定性评价和定量评价。

1. 定性评价

定性评价主要是利用分析、综合、比较、分类、推导等逻辑分析方法对评价数据进行"定性"分析,对自然观测和调查中获得的数据和信息进行处理。定性评价的结果有两种类型:一种是定量水平低甚至没有数量概念的描述性材料;另一种是虽然涉及定量但主要是描述性材料。在教学中,定性评价可以理解为通过观察、访谈、案例分析等方式,对学生的学习进展、表现和态度进行全面的描述和评价。

2. 定量评价

定量评价是通过数据表明被评价对象的状态,使用统计方法从复杂数据中得出规律性结论的过程。由于教学中涉及的各类因素及其相互作用的复杂性,因此,为了揭示数据的特征和内涵,有必要通过定性评价来为定量评价提供评价的方向和范围。在教学评价中，定量评价一般通过考试、测验、问卷等方式来量化学生的学习成果。需要强调的是，定性评价和定量评价各有优势，相辅相成。

（三）根据评价基准的不同进行分类

按照评价的不同基准，可以分为常模参照评价、标准参照评价和自我参照评价。

1. 常模参照评价

常模参照评价，又称为“相对评价”，指的是将被测试对象的表现与一个特定的常模进行比较，以评价其在特定团体中的相对位置。这个常模通常是由具有代表性的样本在同样的测量工具上获得的平均表现所形成。这种评价的主要目的是确定个体在团体中的位置，可以确定组内每位成员的相对劣势和优势，通常被用于选拔或者区分个体在团体中的相对表现。例如，高考就是一种常模参照评价，它被用来确定个体在所有参加高考的学生中的位置。

常模参照评价在学校中有广泛的应用。这种评价被家长与教师广泛接受和理解，尤其是在简单地用排名来表示评价的结果时更是如此。通常，学校为了判断哪位学生是相对优秀的学生，以决定授予奖学金或奖励时，就会采用常模参照评价。这种评价并没有说谁实际学得怎么样，只是说谁比谁学得好。可以说，常模参照评价的优点在于适用性广、可辨别性强。无论学生群体的水平如何，都可以进行利弊比较。然而，缺点是评价基准会随着群体的不同而变化，评价标准相对容易偏离教学目标。

2. 标准参照评价

标准参照评价，又称为“绝对评价”，是指将被测对象的表现与一个明确界定的标准进行比较，以评价其是否达到该标准。这个评价标准通常基于课程和相应的评价规则，比如可以是一个特定的分数线或者及格线。

标准参照评价的主要目的是解释个体本身的绝对水平，它通常用于考查个体是否达到了某一特定的标准。其应用场景也很常见，一个常见的生活例子就是机动车驾驶证的考试。机动车驾驶资格证考试会预先用表阐明合格的标准、应该做什么、应该避免什么。申请人如果不达标，通常会继续教他们并让他们再次参加考试。在教育领域，教师资格证考试也是一种绝对评价，只要达到及格线就可以获得证书。总之，标准参照评价的优点是评价标准相对客观。如果使用得当，它可以让每个被评价的人看到自己与客观标准之间的差距，并找到努力的方向。但是这样做的缺点是，在制定和获取评价标准时，评价者的初始经验和主观意愿很容易对其产生影响。

3. 自我参照评价

自我参照评价包括比较被评定者的过去和现在。它是评价主体对自己思想、愿望、行为和个性特点的判断和评价。开展自我参照评价需要做到：一是制订学习计划，即学习者根据自己的学习目标，制订具体可行的学习计划，并在学习过程中不断调整和完善。

二是记录学习过程,即学习者记录自己的学习过程和成果,包括课堂笔记、作业完成情况、考试成绩等。三是进行反思和总结,即学习者定期对自己的学习进行反思和总结,发现问题并及时改进,同时总结经验教训,为后续学习提供参考。

(四)根据评价主体的不同进行分类

1. 自我评价

自我评价是指学习者根据教学目标和标准,对自己的学习过程和成果进行评价和反思,以便更好地调整自己的学习策略和方法,提高学习效果。需要注意的是,自我评价不是武断和主观的评价,而是基于某些标准进行评价,这里提到的标准主要是指预定义的学习目标和要求。自我评价的意义在于能够帮助学习者了解自己的学习状况和水平,发现个人在学习上的优点和不足,从而为学习提供改进方向;有助于培养学习者的自我监控和自我管理能力,提高学习者的自主学习能力;帮助教师了解学生的学习需求和问题,从而调整教师的教学策略和方法。因此,自我评价有助于提高学习者的自我调节能力,促进学习者养成好的学习习惯。①

2. 他人评价

他人评价指除了学习者自身,其他人对学习者所做的评价。借助他人的客观评价,反映自身真实学习状况。例如课堂上教师的考核、指导性的评价、同伴互评等。但在这种评价中,评价者的主观意见、评价者所掌握的信息等均会影响评价的结果,从而有可能导致不公平、不客观的现象。比如,一名教师不太了解学生 A,但相对了解学生 B,那么他对这两名学生的评价可能是不够全面的。

(五)根据评价内容的不同进行分类

依据评价内容的不同,可以将学习评价分为过程评价和成果评价。

1. 过程评价

过程评价是在教学过程中持续进行的,主要关注的是学生在学习过程中的表现、进步和成长。开展过程评价,有助于及时发现学生的学习问题,及时调整教学策略,帮助学生改进学习方法,提高学习效率。例如,可以采用课堂测验、日常作业等形式来评价学习过程。过程评价通常在教学过程中进行。当然,它也对时间、成本和学生接受度进行了全面评价。

---

① 钱小龙,宋子昀.终身学习者在线学习的自我调节:理论指引、逻辑关系和实践方案[J].中国电化教育,2021(11):97-105,114.

增值评价

增值评价(value-added assessment,VAA)中的“增值”是经济学中的一个概念,用于描述“产出量”与“输入量”之差以求经济利润。1971年,哈努舍克(Eric Hanushek)首次将“增值”引入教育领域。1966年,美国的《科尔曼报告:教育机会公平》报告引发了世界对学校效能的争论,催生了学校增值评价的出现。20世纪八九十年代,美国掀起教育改革的热潮,并提出了学校问责制的概念。随后,随着美国联邦教育法案《不让一个孩子掉队》(*No Child Left Behind*,NCLB)的出台,增值评价越来越受教育学者和国家政策的认可和青睐。增值评价逐渐成为美国教育评价的主流方式。教育中的增值评价通过深度挖掘数据信息,量化分析评价对象在一定时期内教育成果的变化,即观察分数与预测分数之差或者成果变化的幅度。它是一种进步评价。具体而言,教育增值评价通过关联学生成绩、家庭因素、教师因素与学校因素,运用增值模型(value-added models,VAM)或方法对学生德智体美劳方面的能力进步、教师教学效能、学校甚至更高级别宏观单位的效能进行评价。2020年10月,中共中央、国务院印发了《深化新时代教育评价改革总体方案》,提出“探索增值评价”。我国众多学者围绕增值评价开展了相关研究探索。

目前,增值评价已成为国际上前沿的教育评价方式。增值评价不以学生的考试成绩作为评价学校和教师的唯一标准,强调进步,不做横向比较。比如,一名原来知识基础相对薄弱的学生有了大的进步,那么就该褒奖;而原来条件比较好的学生,如果原地踏步,甚至退步,即使它依旧比较强,也应该受到批评。

2. 成果评价

在教育领域中,成果评价指的是对学生的学习成果进行评价。成果评价可以评价学生的学习水平和学习质量,反映学生的学习能力和发展潜力。成果评价通常采用较为正式的评价方式,例如期末考试、升学考试等。

第三节 学习评价的方法与技术

随着学习目标的变化,对学习的评价也发生了全面而深刻的变化。因此,我们需要从多个渠道收集学生的情况信息,扩展有效学习评价的方法与技术,实现评价过程的常态化和过程化。本节我们将介绍几种常用的学习评价的方法与技术,以为实现科学有效的评价提供有力的手段。这些评价方式和方法均有其时代背景、使用范围以及与之相适应的教学方式,如果不能准确把握它们的实质和基本特点,在实际运用中就会产生较大的负面影响。

一、学习评价的方法与技术介绍

(一)评价量规

评价量规是一种可靠的评价工具,用于评价学习者的作品、成果和表现。海蒂·古德瑞齐把量规定义为:对一项工作的评分工具的标准制定。[①] 因此,它可以被称作是一套用于评价的标准。此外,评价量规还是一种有力的教学工具,能够连接教学和评价,为教师提供指导和反馈,帮助学生更好地理解和掌握学习内容。使用量规评价学生的学业成绩是一种有效的方式,可以作为预测学习结果的依据,并为最终的成绩评定提供标准框架。在学生开始学习新内容或新单元之前,教师可以先发放量规给学生,这样学生会将教师视为学习上的伙伴,共同努力追求学习的成功。只有学生明白了"只有刻苦才有好成绩"的道理,才能提前做出准备,更加积极自信地参与学习的过程。[②]

量规不只强调学习要达成的目标,还揭示了学习成功的要素,包括努力、组织、排序、判断、分析、合作、合理利用资源、注意力以及元认知能力等。

评价量规会让学生认识到"努力才是通往成功的关键因素"。如果学生在每周至少获得一次学科学习的反馈,他们会更加刻苦地学习。具体的应用案例如下:

学生按照1~4级评价自己的努力,下面为四个层次呈现出不同的注意力水平,可让学生从中选出一项最适合自己行为的。

- 我试图集中注意力完成任务,但不能立刻得到答案,我想在获得帮助前自己解决问题。
- 我试图集中注意力完成任务,但一遇到困难就开始寻求帮助。
- 大多时候,我都集中注意力,但不会做的时候,就放弃了。
- 我不能集中注意力。

(以上四个等级还可以用描述性语言替代,比如非常好、好、较好、有待提高等)

学生完成自评后,留出一些时间进行同伴互评和教师评价。坚持几周,让学生看到刻苦努力与学习成功存在着正相关。作为可预测的工具,可视化的评价证明了学生自己才是自我实现的驱动者。有了这个参考,学生就会明白,成功与否完全取决于自身。这个评价真实地说明了"努力就有回报"的道理。

---

① 闫寒冰.信息化教学评价[M].北京:教育科学出版社,2003:19.

② Judy Willis M. D. 点燃学生的学习热情:基于脑科学的教学策略[M].吕红日,汤雪平,译.北京:中国轻工业出版社,2016:89.

(二)档案袋评价

档案袋评价(portfolio assessment)是指教师通过搜集一段时间内学生的作文、研究设计以及其他一些反映高级心理机能的作品,以此评估学生进步程度。① 档案袋评价是一种综合性的评价形式,可以展示学生在各个方面的进步和成就。

随着当代信息技术的广泛应用,各种电子档案袋(e-portfolio)评价工具得到了广泛应用。这些工具不仅可以方便地存储和整理学生的各种学习材料,还可以通过数据统计和分析,对学生的学习情况进行量化和可视化展示。这大大提高了档案袋评价的效率和准确性,推动了档案袋评价的迅速发展。

传统的档案袋可以是真正的袋子,也可以是抽屉或文件夹。与传统的档案袋相比,电子档案袋为学习者提供了更多的学习和交流机会。教师可以清楚地展示学生们的学习过程,并促进班级成员和教师交流和分享他们的学习经验。根据档案袋功能的不同,常用的学习档案袋主要有以下几种类型:

(1)作为学生进步的记录袋。这种档案袋用于收集学生的作品样本,并提供关于学生学业进步或退步的相关证据。该档案袋可以包括学生的写作作品、项目作品、考试成绩、参与课堂活动的表现等。通过收集和分析这些作品样本,教师可以更全面地了解学生的学习发展情况,并为他们提供个性化的指导和支持。

(2)展示学生成就的档案袋。在此种档案袋中收集了学生的最佳作品,并对学生作品进行评价和反思。

(3)评价学生状况的档案袋。它通过收集和整理学生的作品和相关材料,以提供客观的证据来评价学生的学习状况。这有助于提供有关学生学习情况的客观证据,为教师和学生提供重要的反馈和指导。通过对这些材料的分析和评价,教师可以更准确地了解学生的学习进展,并制定相应的教学策略。

档案袋评价是一种非常灵活的评价方法,其具体构成可以根据使用目的和学生的具体情况而有所不同。档案袋必须进行精心的设计。在进行档案袋评价时,必须注重其灵活性和针对性,同时以新的学习观念和评价观念为指导,才能充分发挥其优势,为学生的学习进步和成长提供更好的支持和指导。档案袋评价可以和一致的、公开的评分标准结合使用,给家长和学生本人提供其进步的证据。为使档案袋评价有足够的信度和效度,档案袋评价也可以和其他的结构化的评价方式结合使用。②

---

① 罗伯特·斯莱文.教育心理学理论与实践[M].7版.姚梅林,等译.北京:人民邮电出版社,2004:355.

② 罗伯特·斯莱文.教育心理学理论与实践[M].7版.姚梅林,等译.北京:人民邮电出版社,2004:356.

（三）概念图

概念图（concept map）是一种图形化展示概念之间关系的工具。它使用节点来表示概念，并通过连线来连接不同概念之间的关系。概念图的制作通常需要先确定核心概念，然后添加相关联的其他概念，并使用箭头和文字说明来连接不同概念之间的关系。

概念图的理论基础是美国认知教育心理学家奥苏贝尔（Ausubel）的有意义学习理论。奥苏贝尔认为，知识的构建始于对事物的观察和认识过程，并通过已有的概念来建立概念网络，不断地向这个网络中添加新的内容。有意义学习的关键在于：学习者需要将新的知识与已经学过的概念建立联系，需要在学习新知识之前通过一段话或者一个先前学习过的知识点，即先行组织者作为“桥梁”将两者联系起来。奥苏贝尔的先行组织者理论主张使用一幅大的图画，首先呈现最笼统的概念，然后逐渐填充细节和具体的内容，能够帮助学习者更好地理解和掌握知识。可以看出，概念图由三部分组成：“节点”“连线”和“相关文字标注”（图 8-3）：

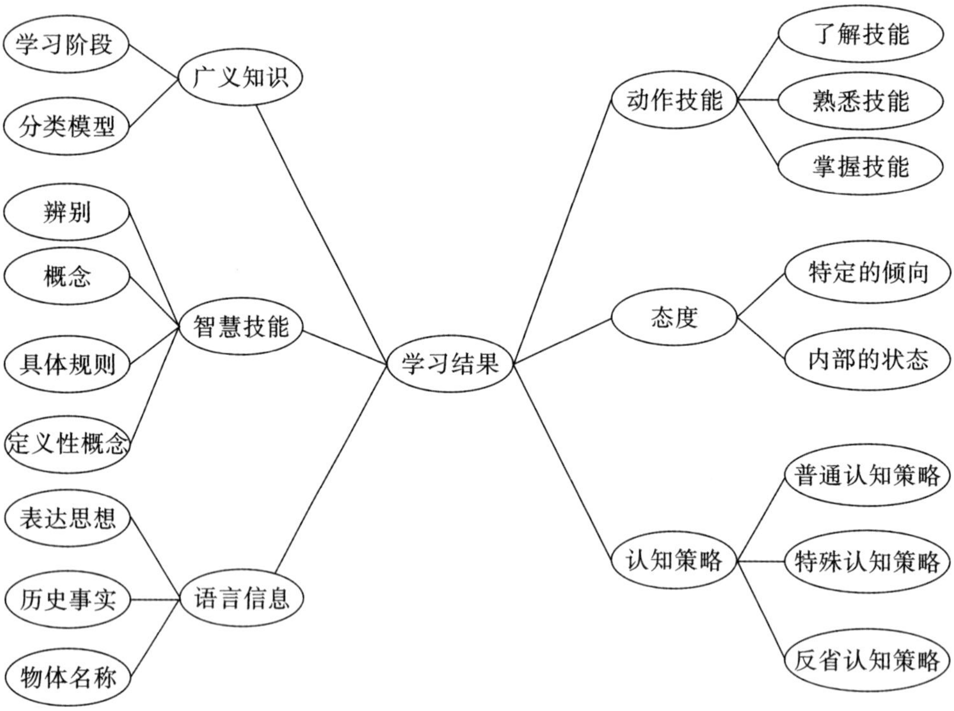

图 8-3　概念图示意

（1）节点：表示某个概念。具体可以用几何图形、图案、文字等在图中进行标识。每个节点代表一个独立的概念，同一层级的概念通常使用相同的符号（比如使用相同的图形）来标识。

（2）连线：概念图通过使用不同形式的线条将不同节点连接起来，以表示节点之间的有意义的关系。这些线条的形式和连接方式反映了构图者对概念的理解程度。

(3)文字标注:用以阐述概念图中节点上的概念,并为整个地图提供相关解释。

(四)知识地图

知识地图的组织结构通常包含三个方面的特征。[①②]

第一,知识地图是对知识结构及其内在关系的表征。它通过图形化的方式展示知识之间的关联和层次结构,帮助学习者更好地理解和掌握知识体系。

第二,知识地图能够揭示知识在整体结构中的位置,但并不直接指向具体的知识内容。这意味着知识地图提供的是知识的大致框架和关联关系,而不是具体的细节或具体的知识点。

第三,知识地图是一种智能化的站点导航和知识管理工具。它能够连接各种知识资源、知识主体及其相互间的关系,形成动态可变的知识与结构。这种网络结构可以根据需要进行动态调整和扩展,以适应不同学习者的需求和学习层次。[③]

当前,尊重学习者个性发展和成长需求的个性化学习愈发受到关注。从技术应用的层面来看,通过收集和分析交互数据,可以深入分析学习者与智能移动设备(平板、手机、电脑等)之间的交互及其形成原因。通过仿真技术,可以建立学习者的知识结构模型和能力模型,并提供个性化的、有针对性的练习与辅导。这种精确化的学习指导可以避免无效的重复练习,减少学生的作业和考试总量,全面减轻他们的学习负担。

随着技术的发展和教育实践的不断探索,教育理念不断发展,教师需要成为考虑到学生个人特点的知识提供者和学习指导者,而学生也需要从被动的知识接受者转变为主动的自主学习的学生。而深入了解学生的知识结构和个性特征,对于促进学生主动学习具有重要意义。

例如,著名的可汗学院(Khan Academy)开发了一个练习系统(图 8-4),该系统借鉴了游戏的评价体系,能够完整记录学生对每个问题的练习情况。系统通过分析相关数据,能够形成学生的知识地图。教师可以在后台查看全班的数据。根据知识地图,教师可以了解学生的学习情况,并根据学生需求录制微型课程,以实现更有效、更有针对性的指导。

---

① 李大鹏.基于本体的学科知识地图构建研究[D].武汉:华中师范大学,2011:35.

② 姜宛彤,钱松岭,万超.以问题解决为导向的微课知识地图构建研究[J].中国远程教育,2019(3):43-49,91.

③ Edmond F. Vail III. Knowledge Mapping: Getting Started with Knowledge Management[J]. Taylor & Francis Group,2006,16(4):1-20.

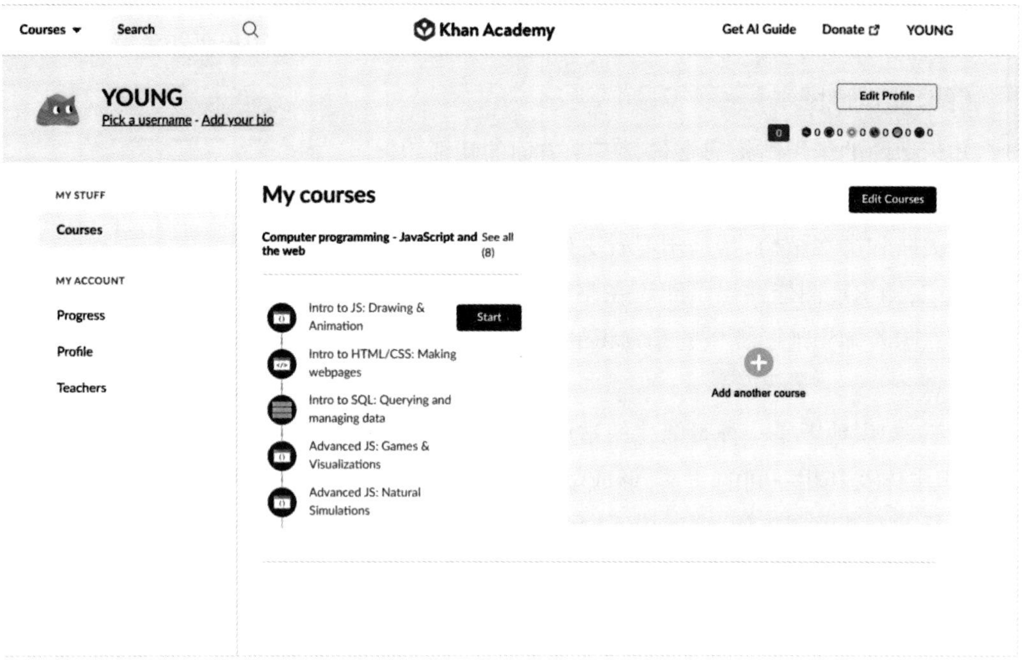

图 8–4　可汗学院学习系统界面

在练习和测试仪表板模块中,学生可以通过知识地图直观地了解主题知识的完整结构和知识点之间的链接。同时,他们还可以使用缩放功能查看更详细的知识点名称。此外,该平台还根据学习状态提供不同颜色的知识点笔记,以帮助学生更好地理解和掌握知识。

通过电子书包中的知识地图,教师可以更好地了解学生的学习状态和需求,并为他们提供更加个性化和有针对性的教学指导和支持。同时,学生也可以更好地了解自己的知识结构和薄弱环节,从而更加有效地进行自主学习和自我提升。这种基于知识地图的个性化学习方式可以帮助学生更好地发挥自己的潜力,提高学习效果和学习质量。

(五)基于 VR 与 AR 技术的学习评价

1. VR 与 AR 技术

随着计算机技术和多媒体制作软件的发展,开发了许多可以用于教学设计的模拟软件,使那些成本高、难以在现实中开展的教学活动和实验能够在计算机模拟环境中进行,极大地方便了教师和学生的教学与学习活动。虚拟现实(VR)技术是由计算机创建的完全虚拟的世界,通过佩戴交互设备提供沉浸式体验,比如键盘、手柄或触控笔等工具。增强现实(AR)技术是在现实世界中通过计算机技术增强显示信息,可通过手机、平板等实现。虚拟现实技术和增强现实技术的出现,能够为学生提供更加仿真的学习环境。这种技术将真实和虚拟的世界融合在一起,创造出一种能够实时互动的 3D 空间,将虚拟和真实物体精确展示,能够与真实世界相媲美。

这种充满虚拟数据的互动方法为教师提供了一种新的表达方式,也为学生学习提供了支持。基于增强现实技术的仿真空间可以实现抽象学习内容的可视化;能够为学生提供真实世界的情境,并支持学生随时随地学习;可以增强学生的存在感、直觉和专注力;能够支持学生以类似于真实环境的自然方式与学习对象互动,从而获得真实的互动体验;能够把正式学习与非正式学习相结合。① 虚拟现实技术为学习者提供沉浸式、交互性及可复用性的学习体验,可以很好地突破当前传统教学的瓶颈。在教育中有益于革新学习方式,构建多样化的学习场景,为学生提供与虚拟对象多感官互动的机会。基于虚拟现实技术的虚拟实验室可提供沉浸交互的教学,可以根据学习者的学习需求,为学习者设计不同的学习过程,实现以学生为主体的教学过程,从而改善学习体验。②

使用虚拟现实技术和增强现实技术创建的模拟环境极大地支持了各学科教学。此外,这种技术也可以应用于游戏、模拟飞行、虚拟化妆等领域,让用户感受到更加真实的虚拟体验。同时,这种技术还可以用于在线教育、远程工作和虚拟旅游等领域,让人们能够更加便捷地获取信息和体验不同的场景。随着技术的不断发展,这种真实和虚拟融合的技术也将越来越普及,为人们的生活带来更多的便利和乐趣。

2. 应用案例

虚拟现实技术和增强现实技术提供的模拟环境为医学教育和临床模拟技能的教学提供了一种新的方法,对培养医学生的技能具有重要意义。它强调以学生为中心的学习,为学生提供最大限度接近真实患者的学习体验。这种模式具有方便、灵活、安全、低风险等优势,有助于增强医学生的实践操作能力,助力培养医学生敏捷的临床思维,营造良好的技能培训氛围。例如,很多医学院利用了虚拟现实教学系统开展教学实践,该系统可以与投影设备连接,学习者可以观察操作过程和教师的演练步骤。学习者在计算机终端上的软件中通过操作界面进行数据导入和分析。

(六)多模态数据支持的学习评价

开展基于人工智能的课堂学习评价,通过收集课堂学习活动的多模态数据,综合使用不同的识别和分析技术赋能评价,可以促使课堂评价更科学化。在目前的研究中,分析和评价主要基于单模态数据,如上所述,用于课堂中的语言、行为和情绪分析。基于多模态数据的智能分析还相对较少。应用多模态数据分析,可以更全面、立体地还原课堂教学,评价课堂教学。

---

① 蔡苏,王沛文,杨阳,等.增强现实(AR)技术的教育应用综述[J].远程教育杂志,2016,34(5):27-40.

② 沈阳,纪海林,叶心怡,等.虚拟现实沉浸式学习中的人机交互技术研究:以K12物理实验教学为例[J].电化教育研究,2023,44(10):87-94,120.

多模态数据支持的学习评价是指利用教育领域的多模态数据，来评价学习者的学习过程和结果。它结合了多种数据源（如学习行为数据、学习材料、学习环境等）和多种评价方法（如机器学习、数据挖掘、人工智能等），以使评价更全面、更准确。学习评价主要关注学生的学习过程和学习成果。在学生的学习活动中，通过采集他们的声音、姿态、面部与生理信号等多元数据，进行识别与分析算法设计，可以开展语言分析、行为分析、情感分析等，从而有助于了解学习者的学习行为、学习策略和学习成果，为教育决策和个性化学习提供支持。可以看到，通过全方位、多层次的数据采集和分析，将多模态数据采集与分析应用于学习评价，为我们提供了一种全新的评价方式，可以帮助教师优化课堂教学活动的设置，调动学生的学习积极性，使学生充分参与课堂教学活动，提高课堂教学质量。然而，如何将其应用于实践中或在混合世界的学习环境中收集多种来源的数据，成为学习分析必须开拓的研究领域。① 下面介绍几种常见的被应用于学习评价中的人工智能技术。

1. 自然语言处理技术

自然语言处理（NLP）是一种人工智能技术，它使得计算机能够理解和处理人类语言。NLP 的主要应用领域包括机器翻译、舆情监测、自动摘要、观点提取、文本分类、问题回答、文本语义对比、语音识别和光学字符识别（OCR）等方面。例如，在处理声音数据层面，通过采用语音识别技术，可以将人类语音信号转换成相应的文本，从而进行进一步的自然语言处理任务。此外，声音信号中的语音语调也能反映出发言人的情感状态，比如高昂的语调常常表达激动的情绪，而低沉的语调则表达悲伤或者阴郁的情绪等。

语言是课堂教学活动中的主要交流形式。以师生语言行为为抓手切入课堂教学过程，有利于还原课堂教学整体样貌。通过利用人工智能技术分析教师的语言类别和结构，可以帮助教师发现并纠正可能存在的问题，从而提高教学质量。此外，通过识别和分析教师课堂上使用的语言，我们还可以比较不同教师之间的语言行为，找出优秀教师的共同特征，为新手教师提供可供参考的发展建议。已有研究使用自动语音识别（automatic speech recognition，ASR）方法实现了师生课堂互动的自动编码，并统计师生各类语言的占比，以量化的形式剖析课堂师生语言行为。② 另有研究者利用人工智能专家统计系统（SAIES）对课堂会话进行自动转录、分类和分析，为基于人工智能技术的课堂师生语言分析提供了实践经验。③

---

① 汪维富，毛美娟．多模态学习分析：理解与评价真实学习的新路向［J］．电化教育研究，2021，42（2）：25-32.

② 骆祖莹，赵琦琦，段福庆．基于教师近场语音的课堂教学过程自动分析［J］．现代教育技术，2021，31（8）：76-84.

③ 赵明明，周森．如何分析课堂发言：人工智能与统计方法的结合［J］．北京大学教育评论，2019，17（4）：35-44，184-185.

然而,目前的研究主要侧重于区分语言类别和计算不同语言所花费的时间比例,忽略了分析师生行为的教育意义。此外,语言特征与行为、情感特征等之间的关系尚未明确,这也是今后课堂语言分析研究中需要进一步探索的问题。

2. 人脸识别技术

当前,基于图像的人脸识别技术已日趋成熟,基于高分辨图像的传统人脸识别技术已相对成熟。[①] 在课堂教学中,利用人脸识别,可以基于学生面部信息迅速判别学生信息,掌握学生出勤情况和位置信息。[②] 在实际教学中,人脸识别技术可以被应用于课堂考勤、学生注意力检测等。例如,有研究者提出一种联合学生人体检测和人脸角度筛选的课堂学生出勤率检测方法,以实现无感知、低漏检、高准确的学生识别。[③] 再如,有研究者提出利用安装在黑板正上方的摄像头来对课堂上学生的学习情况进行录像采集,通过数据提取、人脸面部特征点定位、头部姿态角度估计以及注意力判别检测等四个步骤对学生头部姿态进行检测,最后利用注意力检测系统进行课堂学习情况检测。[④]

3. 姿势识别技术

人的手势、动作、姿势等可以反映人体状态或意图。姿势识别技术通过建模、设置点和分割人体结构等,分析姿势中传递的情感取向。当前,研究者们围绕学习者的姿势识别进行了研究与探索。例如,有研究者通过提取人体骨架信息,实现了对学生听讲、看书、站立、举手和写字五大行为的识别。[⑤] 另有研究者设计算法以对学生起立发言、注视前方、阅读、书写、交谈、身体转向背后等课堂行为进行检测,获得了较好的识别结果。[⑥]

4. 表情识别技术

表情是情感在表达和交流过程中的外在表现。因此,通过捕捉和分析面部表情,可以使机器识别人类话语所揭示的信号和意图。面部识别处理主要有两种类型,一种是对局部特征的识别,即通过对眉毛、眼睛、鼻子、嘴巴等关键点特征的定位和分析,对面部表

---

① 周燕,项杨,曾凡智,等.超分辨率重建的微小人脸识别算法[J].小型微型计算机系统,2020,41(11):2340-2346.

② 王宸,刘剑飞,郝禄国,等.一种基于 InsightFace 算法的课堂人脸识别方法研究[J].南开大学学报(自然科学版),2022,55(2):59-68.

③ 方书雅,刘守印.基于学生人体检测的无感知课堂考勤方法[J].计算机应用,2020,40(9):2519-2524.

④ 郭赟,张剑妹,连玮.基于头部姿态的学习注意力判别研究[J].科学技术与工程,2020,20(14):5688-5695.

⑤ 徐家臻,邓伟,魏艳涛.基于人体骨架信息提取的学生课堂行为自动识别[J].现代教育技术,2020,30(5):108-113.

⑥ 刘新运,叶时平,张登辉.改进的多目标回归学生课堂行为检测方法[J].计算机工程与设计,2020,41(9):2684-2689.

情进行分类;二是对整体特征的识别。“特征脸方法”和“弹性匹配方法”是两种常用的基于面部整体属性进行识别的技术。[①] 在课堂中,学生的学习体验和知识掌握情况可以通过清晰的面部表情和身体姿势来反映,如专注、放松和积极的表情,坐直和抬头听课等反映了他们积极参与教学活动,知识掌握情况较好;身体左右倾斜,目光不集中在黑板或书本上等则反映了他们处于困惑或消极状态中。利用人工智能技术,可以收集学生的面部和身体姿势数据,以获得他们的情绪特征,并将其传递给老师,以便及时调整课堂教学的内容和方法。

已有研究中,有研究者借助面部识别技术提取学习者的眼部与嘴部特征。[②] 另有研究者基于面部表情、身体动作、语音信息等获取学习者的情感特征,开展课堂情感分析,为精准全面地反映课堂教学效果提供数据支持。[③④] 此外,有研究者提出了一种将表情识别与视线跟踪相结合作为获取表情形式反馈信息的方法,并提出基于表情识别和视线跟踪技术的智能教学系统结构模型,以判断学习者对学习内容的兴趣、理解与掌握等情况。[⑤]

值得注意的是,教师在课堂上的情绪状态会在一定程度上影响课堂教学的整体氛围,从而影响教学效果。[⑥] 因此,尝试分析和研究教师课堂情绪,是人工智能赋能课堂教学评价改革的重要方向之一。

5. 基于脑电波的识别技术

生理信号主要包括脑电图、心电、机电、皮肤温度等。通过收集和分析生理信号,可以捕捉到微妙的情绪变化,从而为课堂教学提供更准确的情绪分析结果。其中,基于脑电特征的学习者情感信息识别具有易操作、效果好的优势。根据脑电信号的不同特征,可以从时域、频域、时频域、空间域等四个维度对脑电信号特征进行分析,开展情绪归类。[⑦] 当前,基于脑电信号开展学习评价的相关研究已日益受到广大研究者的关注。例

---

① 丁嵘,苏光大,林行刚.特征脸和弹性匹配人脸识别算法的比较[J].计算机工程与应用,2002(7):1-19.

② 王婷婷,吴彦文,艾学轶.基于面部表情识别的学习疲劳识别与干预方法[J].计算机工程与设计,2010,31(8):1764-1778.

③ 柴金焕,马希荣.基于情感计算的和谐人机教学模型的研究[J].微计算机信息,2010,26(28):219-221.

④ 付彦飞,牛秦洲,陶小梅.基于情感计算的个性化 E-learning 系统的研究[J].微计算机信息,2010,26(36):241-244.

⑤ 程萌萌,林茂松,王中飞.应用表情识别与视线跟踪的智能教学系统研究 [J].中国远程教育,2013(3):59-64.

⑥ 邱莉.教师课堂情绪对教学效果影响的实验研究[J].教育研究与实验,2014(1):72-76,85.

⑦ 张冠华,余旻婧,陈果,等.面向情绪识别的脑电特征研究综述[J].中国科学:信息科学,2019,49(9):1097-1118.

如，有研究者将 EEG 用于追踪课堂活动中小组互动的脑部变化，学生脑同步程度可以预测学生在课堂中的注意力和社交关系，说明脑同步性可能是动态社会互动的神经标记。①

可以看到，在获取生理数据的基础上，可以进一步学习和深入了解身体活动的学习状态。随着技术的发展，一些大脑可穿戴设备的快速普及和测量精度的提高，使得测量个人学习状态、过程、注意力和情绪已经成为可能。对于特殊个体，更专业的大脑结构和功能测量、基因测试、基因表达测试等，可以与行为数据一起，实现对个体学习能力的更精准表征，以及对学习困难的更准确诊断。② 随着人工智能、脑电图技术和教育的不断深入融合，将有可能在教学中收集和分析语音、图像、视频、空间、态度等多模态数据，全面跟踪课堂轨迹，提取和分析课堂中的多维数据，实现一体化的课堂教学和研究智能诊断和反馈。多模态数据支持的智能收集和分析技术也将服务于更广泛的课堂评价实践中。我们通过尝试建立一种基于多模态数据的课堂学习评价机制，将有利于探索课堂表现背后的重要性和教育价值，而这也是可供进一步深入研究与探索的方向。

评价三角

学习评价是一种复杂且重要的过程。出于不同目的、应用于不同情境的各种评价在不同的时间跨度中表现出非常大的差异，但它们遵循了一些共同的原则。其中一条便是：评价往往是一个从证据中进行推理的过程。

使用评价三角能够帮助我们描述从证据中推理的过程。评价三角中有三个元素：认知、观察和解释（图 8-5）。

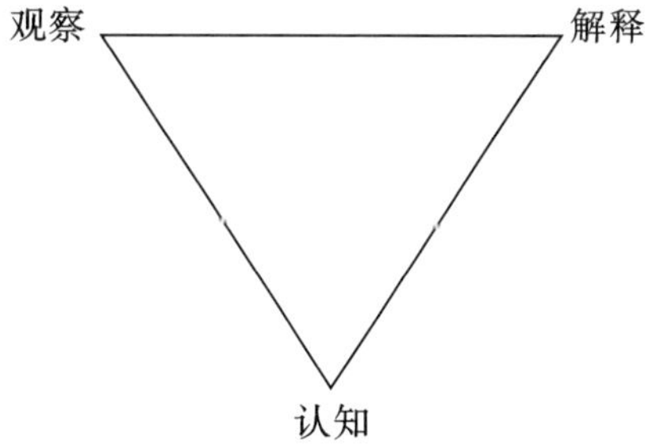

图 8-5　评价三角

评价三角中的认知角是一种理论或观念，用于展示学生在特定学科领域内的所知和所能，如学生的学习发展路径、学生的学科能力发展水平等。

评价三角中的观察角代表了对会引发出学生启发性反馈的评价任务的描述和一系列详细说明。评价以关于这些任务及情境的一系列假设和原则为基础，促使学生说出、做出或创造出一些东西来展示重要知识和技能。

---

① Suzanne Dikker et al. Brain-to-Brain Synchrony Tracks Real-World Dynamic Group Interactions in the Classroom[J]. Current Biology, 2017, 27(9): 1375-1380.

② 陈晨，杨成，王晓燕，等. 学习测量：大数据时代教育质量提升的新力量[J]. 现代教育技术，2017：33-39.

评价三角中的解释角是指在对观察进行推理时用到的工具和方法。它表明与被评价的知识和技能相关的证据是如何通过对一系列评价任务的观察而形成的。所有评价都是基于解释假设和模型的,并以此解读从观察中收集的相关证据。

评价三角中的三个元素不仅独立发挥作用,而且会与另外两个有意义地联结起来,只有这样才能得出有效的评价与可靠的结论。

结合以上内容,高质量的评价是什么?这些评价都基于三个相辅相成的关键元素:①它们都来源于基于内容的认知理论和数据,并且指出了应该评价的知识和技能;②它们通过任务与观察提供了一些证据与信息,可以证明学生是否掌握了应会的知识与技能;③它们使用了定性和定量的方法来解释学生的学习表现,可以捕捉到被评价学生在知识与技能上的区别。因此,评价的设计与应用应该被作为学习科学中概念研究的一种主要形式。

绩效技术

"绩效"这一概念常常见于企业管理和培训中。随着对学习者学习成果进行更科学地评价的期望不断增高,"绩效"这一概念也见于学习评价中,学习绩效和绩效技术也受到越来越多研究者的关注。绩效技术是一种获得理想成果或结果的方法。[①] 绩效技术涉及对绩效问题的深度分析,对绩效系统进行科学设计、有效开发、实施与评测,以及系统化的管理。在教育领域,存在着一种对学生学习情况的表征词汇,即学习绩效。

根据美国绩效促进国际协会(ISPI)提出的绩效技术的操作模型,绩效技术可以分为五个阶段来实施:绩效分析,原因分析,干预选择、设计与开发,干预实施与调整,以及评价(图 8-6)。[②] 其中,评价包括形成性评价、总结性评价、确认性评价以及后设性评价,评价不仅是对干预实施结果的被动的、静态的测评,而且是对整个绩效改进过程所进行的主动的、连续的测评。评价结果将反馈给组织观察和分析过程中,从而为新的绩效改进提供起点。[③]

---

① 黄荣怀,沙景荣,彭绍东. 教育技术学导论[M]. 北京:高等教育出版社,2006:152-153.

② 黄荣怀,沙景荣,彭绍东. 教育技术学导论[M]. 北京:高等教育出版社,2006:153-154.

③ 同上。

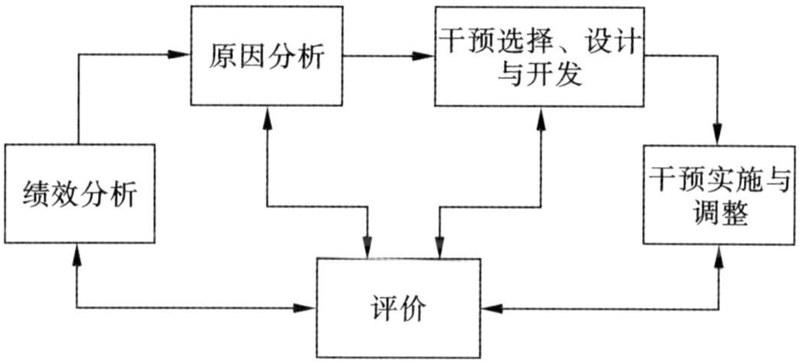

图 8-6 HPT 简化模型

二、学习评价的发展趋势

(一)促进评价主体全面化发展

随着学习科学的发展,以学习者为中心的思想将得到更进一步的关注和发展。未来的学习评价更需注重学生的个性化学习需求,关注个人学习风格,关注学生的综合能力与素质的培养,如批判性思维、创新精神、合作与沟通能力等。通过对学生学习过程中的即时诊断、即时反馈,将有利于促使学生的学习更加有效,成为全面发展的学习者。在未来,评价方式也将从单一的考试成绩评价向多元化评价转变,包括作品展示、项目报告、平时表现等多种形式,以全面了解学生的学习情况和能力。同时,随着技术手段的不断进步,学习评价也将结合大数据和人工智能等技术,实现个性化、精准化的学习支持与反馈。总之,未来的学习评价将更加注重学生的全面发展,培养具备核心素养的优秀人才。①

(二)由经验主导转向数据驱动

大数据时代的来临、人工智能和机器学习的应用、实时评价的需求、个性化评价的兴起以及跨领域合作与融合。既往教育评价由于数据采集技术和分析方法的落后,评价方法主要是基于假设的小数据评价方法,其要么局限于评价主体的主观推断,要么依托理论假设的小规模抽样统计,导致评价结论的生成多侧重于“路径依赖和对研究者主观观

① 鹿星南,高雪薇.人工智能赋能教育评价改革:发展态势、风险检视与消解对策[J].中国教育学刊,2023(2):48-54.

念的个性依赖”。[①] 对于评价数据的采集，利用物联网感知、视频监控、在线学习平台等智能工具实现多模态教育教学数据的动态抓取，再现真实、自然的教育样态，不断提升评价依据的客观性。未来，可以通过综合运用教育数据挖掘和学习分析等算法技术，对多模态教育数据进行清洗、加工和转换，并通过建立可解释的评价模型，在对评价数据分析的基础上探求数据背后隐含的教育价值和规律，促成教育评价的价值判断走向精准化。在评价数据的反馈方面，可以通过利用大数据可视化技术将评价数据分析结果以直观、具象的方式表达为可感知的图表或图形，真实刻画评价对象的成长轨迹，持续增强评价反馈的有效性。

总而言之，利用人工智能、大数据和脑科学等技术，对学生的作业、测验、考试、学习动机、学习行为等多维度多层次的数据进行量化分析，有利于以智能技术赋能学习评价，开展更科学的学习评价。

学习者画像

学习者画像是指基于学习者的基本属性和学习过程数据而抽象出来的学习者模型。其本质是针对学习者的各种数据进行挖掘，给学习者贴上各种各样的标签，据此勾勒出学习者形象，还原学习者的心理特征、行为特征、社会背景、兴趣爱好，甚至揭示出学习者的内心需求、动机水平等潜在属性，从而全面细致地描述学习者的学习特征。[②]

学习者画像的应用已经相当广泛。一方面，学习者画像被广泛地应用于在线学习平台、自适应学习系统以及教育数据挖掘中，以实现个性化的学习路径推荐、学习资源推荐等。例如，有研究者提出了一种基于学习者画像的个性化课程推荐的方法。[③] 另一方面，学习者画像也被应用于教育评价和决策支持中。例如，有研究者通过流数据聚类算法对学习者数据进行处理，以生成学习者画像，并在此基础上对分析学习者学习行为，构建学习者综合评价模型。[④]

① 刘涛雄，尹德才. 大数据时代与社会科学研究范式变革[J]. 理论探索，2017(6)：27-32.

② 张琪. 学习分析技术与方法[M]. 北京：科学出版社，2018：135.

③ 王莉莉，郭威彤，杨鸿武. 利用学习者画像实现个性化课程推荐[J]. 电化教育研究，2021，42(12)：55-62.

④ 张倍思，陈烨，齐艺，等. 多源过程性数据驱动的学习者综合评价模型研究[J]. 情报科学，2022，40(5)：104-110.

学习链接

请查阅相关资料，了解学习评价的相关研究进展，以下为部分相关文献举例。

1. 赵德成. 教学中的形成性评价：是什么及如何推进[J]. 教育科学研究，2013(3)：47-51.

——这篇论文在对形成性评价的相关文献进行梳理的基础上，对形成性评价的本质特点进行了分析，并探讨了如何在实践中推进形成性评价。

2. 张浩，吴秀娟，王静. 深度学习的目标与评价体系构建[J]. 中国电化教育，2014(7)：51-55.

——这篇论文围绕如何评价深度学习，提出了以布鲁姆的认知目标分类法、比格斯的 SOLO 分类法、辛普森的动作技能目标分类法，以及克拉斯沃尔的情感目标分类法为基础的深度学习多维评价体系。

3. 桑德拉·米丽根，张忠华，高文娟. 大数据、人工智能与学习评价方式[J]. 北京大学教育评论，2019，17(4)：45-57，185.

——这篇论文聚焦学习评价的前沿领域，剖析了数字技术的迅速发展对学习评价方式的影响，研究能否以及如何利用学习管理系统及其他数字学习工具所生成的大量数字化、以过程为导向的数据，对学习者掌握复杂能力和通识能力的程度进行判断。

4. Pellegrino W J, DiBello V L, Goldman R S. A Framework for Conceptualizing and Evaluating the Validity of Instructionally Relevant Assessments[J]. Educational Psychologist, 2016, 51(1): 59-81.

——这篇论文讨论了当人们进行学习评价时，要关注于教与学过程的评价。它提供了一个概念框架，从效度的三个方面——认知、教学和推断展开描述，以及提供可以和应该获得的证据形式，以确定支持教学评估的有效性。这篇论文里还以美国一个流行的 K-5 数学课程中的评估为例，说明了该框架的应用。

5. 这本书梳理了前三代评估学的发展历程，呈现了现实的构建与再构建及其范式与方法论，并提出了超越纯粹科学范畴的，涵盖人性、政治、社会、文化以及其他相关因素的第四代评估，供读者参考。

——古贝，林肯. 第四代评估[M]. 秦霖，蒋燕玲，等译. 北京：中国人民大学出版社，2008.

学习总结

1. 测试、测量和评价是三个不同的概念，虽然它们在某些方面有相似之处，但它们的内涵有所不同。其中，测试是一种特殊测量技术，目的是获取量化的信息，该信息反映应试者所掌握的某一方面的知识或能力的程度。测量是使用特定的工具或方法,对观察到的对象或现象进行量化的描述。评价是指根据一定的标准和方法,对一个对象、现象或事件进行价值判断。

2. 学习评价是围绕学习者所开展的评价。学习评价是对学习过程或学习成果的价值做出判断的过程。学习评价对学习者的知识与技能的理解与掌握,情感和态度的形成与发展、学习的结果以及学习过程中的动态和发展进行评价。

3. 学习评价在学习者的学习中发挥着诊断、导向、激励和调节等功能。

4. 依照不同的标准,可对学习评价做不同的分类。

5. 根据评价功能的不同进行分类,可以将学习评价分为诊断性评价、形成性评价和总结性评价。

6. 根据评价方法的不同进行分类,可以将学习评价分为定性评价和定量评价。

7. 根据评价基准的不同进行分类,可以将学习评价分为常模参照评价、标准参照评价和自我参照评价。

8. 根据评价主体的不同进行分类,可以将学习评价分为自我评价和他人评价。

9. 根据评价内容的不同进行分类,可以将学习评价分为过程评价和增值评价。

10. 常用的学习评价的方法与技术包括了评价量规、档案袋评价、概念图、知识地图、基于 VR 与 AR 技术的学习评价,以及多模态数据支持的学习评价等。

11. 评价量规用于评价学习者的作品、成果和表现。

12. 档案袋评价是教师通过搜集一段时间内学生的作文、研究设计以及其他一些反映高级心理机能的作品,以此评估学生进步程度。

13. 概念图是使用节点来表示概念,并通过连线来连接不同概念之间的关系,以图形化展示概念之间的关系。

14. 知识地图是对知识结构及其内在关系的表征。它通过图形化的方式展示知识之间的关联和层次结构,帮助学习者更好地理解和掌握知识体系。

15. 基于 VR 与 AR 技术的学习评价是借助虚拟现实技术和增强现实技术,为学生提供更加仿真的学习环境。

16. 基于教育数据的多模态学习评价是指利用教育领域的数据来评价学习者的多模态学习过程和结果。我们可以借助自然语言处理技术、姿态识别技术、表情识别技术以及脑电波采集技术等收集多种数据,结合机器学习、数据挖掘、人工智能等多种方法,促使评价更全面、更准确。

学习评价

1. 学习评价是什么?

2. 学习评价有哪些功能?

3. 学习评价可以分为几类?

4. 常用的学习评价的方法与技术有哪些?

5. 诊断性评价、形成性评价与总结性评价有哪些不同?

6. 知识地图有哪些特征?

7. 请和同伴们合作,用思维导图将本章内容梳理下。

8. 结合自身的教育实践经历,谈谈您自己使用过或经历过哪些学习评价方法?

9. 请和同伴们一起讨论下,如何开展学习评价才能更好地促进学习?

10. 请和同伴们合作,搜索其他更多的学习评价方法与技术的应用案例。

11. 请和同伴们合作,查阅相关文献,搜索人工智能如何更好地助力学习评价。

参考文献

一、中文著作与译作

[1]施良方. 学习论[M]. 北京:人民教育出版社. 2001.

[2]安德烈·焦耳当. 学习的本质[M]. 杭零,译. 上海:华东师范大学出版社,2015.

[3]戴维·H. 乔纳森,苏珊·M. 兰德. 学习环境的理论基础[M]. 2 版. 徐世猛,李洁,周小勇,译. 上海:华东师范大学出版社,2015.

[4]张琪. 学习分析技术与方法[M]. 北京:科学出版社,2018.

[5]R. 基思·索耶. 剑桥学习科学手册[M]. 2 版. 徐晓东,杨刚,阮高峰,等译. 北京:教育科学出版社,2021.

[6]弗兰克·费舍尔,辛迪·赫梅洛-西尔弗,苏珊·戈德曼,等. 国际学习科学手册[M]. 赵建华,尚俊杰,蒋银健,等译. 上海:华东师范大学出版社,2022.

二、中文期刊论文

[1]黄荣怀. 刘黄玲子. 协作学习的系统观[J]. 现代教育技术. 2001(1):30-34,41-76.

[2]"科学探究性学习的理论与实验研究"课题组. 探究式学习:含义、特征及核心要素[J]. 教育研究. 2001(12):52-56.

[3]任友群. 以学习者为中心的建构主义学习环境的建构[J]. 教育科学,2002(4):40-42.

[4]Kirschner P,盛群力,等. 旨在获得学习能力和专业能力的学习环境设计[J]. 远程教育杂志,2004(4):17-23.

[5]吴也显,刁培萼. 课堂文化重建的研究重心:学习力生成的探索[J]. 课程·教材·教法,2005(1):19-24.

[6]王亚鹏,董奇. 脑的可塑性研究及其对教育的启示[J]. 教育研究,2005(10):35-38.

[7]钟志贤,刘春燕. 论学习环境设计中的任务、情境与问题概念[J]. 电化教育研究,2006(3):16-21.

[8]马庆国,王小毅. 认知神经科学、神经经济学与神经管理学[J]. 管理世界,2006(10):139-149.

[9]周加仙. 学习科学:内涵、研究取向与特征[J]. 全球教育展望,2008(8):17-19,29.

[10]陈佑清. 多维学习与全面发展:促进全面发展的学习机制探讨[J]. 教育研究,2011,32(1):45-49.

[11]黄荣怀,张进宝,胡永斌,等. 智慧校园:数字校园发展的必然趋势[J]. 开放教育研究,2012,18(4):12-17.

[12]邱莉. 教师课堂情绪对教学效果影响的实验研究[J]. 教育研究与实验,2014(1):

72-76,85.

[13]韩宝平. 大学生学习投入影响因素分析[J]. 国家教育行政学院学报,2014(8):77-82.

[14]文敏,甘怡群,蒋海飞,等. 成就动机与学业倦怠、学业投入:未来取向应对的纵向中介投入[J]. 北京大学学报(自然科学版). 2014,50(2):38-396.

[15]王运武,朱明月. 学习方式何以变革:标准与路径[J]. 现代远程教育研究,2015(3):27-35.

[16]钟启泉. 学习环境设计:框架与课题[J]. 教育研究,2015,36(1):113-121.

[17]黎晓丹,叶浩生. 中国古代儒道思想中的具身认知观[J]. 心理学报,2015,47(5):702-710.

[18]龚少英,上官晨雨,翟奎虎,等. 情绪设计对多媒体学习的影响[J]. 心理学报,2017,49(6):771-782.

[19]刘涛雄,尹德才. 大数据时代与社会科学研究范式变革[J]. 理论探索,2017(6):27-32.

[20]尚俊杰,裴蕾丝,吴善超. 学习科学的历史溯源、研究热点及未来发展[J]. 教育研究,2018,39(3):136-145+159.

[21]潘新民,王升. 教学论视域下学习方式概念的新探索[J]. 教育研究,2018,39(2):89.

[22]裴蕾丝,尚俊杰. 回归教育本质:教育游戏思想的萌芽与发展脉络[J]. 全球教育展望,2019,48(8):37-52.

[23]赵炬明. 助力学习:学习环境与教育技术 美国"以学生为中心"的本科教学改革研究之四[J]. 高等工程教育研究,2019(2):7-25.

[24]姜宛彤,钱松岭,万超. 以问题解决为导向的微课知识地图构建研究[J]. 中国远程教育,2019(3):43-49,91.

[25]赵明明,周森. 如何分析课堂发言:人工智能与统计方法的结合[J]. 北京大学教育评论,2019,17(4):35-44,184-185.

[26]杨刚,徐晓东,刘秋艳,等. 学习本质研究的历史脉络、多元进展与未来展望[J]. 现代远程教育研究,2019,31(3):28-39.

[27]周琴,文欣月. 从自适应到智适应:人工智能时代个性化学习新路径[J]. 现代教育管理,2020(9):89-96.

[28]张丽,吕康银. 智慧城市公共服务数据画像及应用模式研究[J]. 情报科学,2020,38(10):61-67;89.

[29]刘新运,叶时平,张登辉. 改进的多目标回归学生课堂行为检测方法[J]. 计算机工程与设计,2020,41(9):2684-2689.

[30]贺琴,周加仙. 教育神经科学视角下发展心理学的教学设计[J]. 教育生物学杂志,

2021,9(3):239-243.
[31]徐金海.学习方式变革的五个关键要素[J].教育发展研究,2021,41(24):3.
[32]魏善春.学习评价的过程性阐释[J].现代教育管理,2021(3):68-75.
[33]崔允漷.试论新课标对学习评价目标与路径的建构[J].中国教育学刊,2022(7):65-70,78.
[34]张倍思,陈烨,齐艺,等.多源过程性数据驱动的学习者综合评价模型研究[J].情报科学,2022,40(5):104-110.
[35]薛红果.在线学习环境下大学生学习动机与自我调控学习研究[J].中国电化教育,2023(8):112-118.
[36]赵诚.个性化学习时代:人工智能如何重塑教育[J].中国教育信息化,2023,29(6):3-7.
[37]叶浩生.具身心智与具身的教育[J].教育研究,2023,44(3):32-41.

三、学位论文

[1]王梅艳.基于 Malone 内在动机理论的小学课堂教育游戏软件的设计与开发[D].西安:陕西师范大学,2008.
[2]袁加锦.情绪效价强度效应及神经机制研究[D].重庆:西南大学,2009.
[3]李大鹏.基于本体的学科知识地图构建研究[D].武汉:华中师范大学,2011.
[4]章潞妮.初中生科学学科学习力评价研究[D].金华:浙江师范大学,2016.
[5]谭秋霞.基于认知内驱力的高中生地理学习兴趣培养策略探究[D].武汉:华中师范大学.2019.
[6]董丰圆.基于教育云平台的高中信息技术课程协作学习模式研究[D].重庆:西南大学,2020.

四、外文期刊论文

[1]KOLB B,GIBB R,ROBINSON T E. Brain plasticity and behavior[J]. Current Directions in Psychological Science,2003,12(1):1-5.
[2]ANSARI D,COCH D. Bridges over troubled waters:Education and cognitive neuroscience[J]. Trends in cognitive sciences,2006,10(4):146-151.
[3]BARAB S,SQUIRE K. Design-Based Research:Putting a Stake in the Ground[J]. The Journal of the Learning Sciences,2009,13(1):1-14.
[4]FISHMAN B J,PENUEL W R,ALLEN A R,et al. Design-based implementation research:An emerging model for transforming the relationship of research and practice[J]. Teachers College Record,2013,115(14):136-156.
[5]KOSKINEN A,MCMULLEN J,NINAUS M,et al. Does the emotional design of scaffolds enhance learning and motivational outcomes in game-based learning? [J]. Journal of Computer Assisted Learning,2023,39(1):77-93.